재난에 강한 리더

순간 결정은 리더의 운명이다

송재빈

재난에 강한 리더

순간 결정은 리더의 운명이다

송재빈 저

도서출판 디자인21

머리말

사회가 발달할수록 대규모 재난 사고가 시간과 장소만 달리할 뿐 끊임없이 반복되고 있다. 재난과 사고를 최대한 예방하고 그 피해를 최소화하는 것이 국가의 중요한 과제 중 하나이다. 그러나 국가와 사회, 각 개인이 아무리 주의하고 전력을 기울여도 인간 능력 한계로 완벽하게 예방하기는 어렵다. 재난 발생하고 극복하는 리더의 역할이 가장 중요한 이유가 여기에 있다.

과거 재난 극복 성공한 리더와 실패한 리더 차이점은 어디서 출발하는가를 분석해 보고 다가올 재난을 대비해야 할 것이다.

사고는 과학이다.

내일은 내일의 해가 반드시 뜬다. 중력과 원심력 자연의 법칙에 따라 지구와 해가 약속을 지켰기 때문이다. 자연에 존재한 재료는 거짓말을 하지 않는다. 모든 사물의 이치에도 서로 다른 두 가지가 존재하지 않는다. 그러나 그것을 다루고 사용한 인간은 그렇지 않다. 일부러 아니면 몰라서 재료와 정해진 규정과 약속을 지키지 않는다. 이런 경우 사고로 이어진다.

자연재해를 제외하고 일반적인 붕괴, 침몰, 압사, 화재 등은 인간과 사회가 일으킨 것이다.

지진이나 홍수 등의 자연현상으로 배가 침몰하거나 건물이 붕괴되는 사고가 났다해도 자연에게는 그 책임을 물을 수 없다. 배나 건물이 어느 정도까지 견디게 하느냐를 정하는 것은 국가, 사회, 개인이기 때문이다. 국가와 사회는 여러 가지 기준을 통해 법과 지켜야 할 규정을 만든다. 이 법과 기준이 지켜지지 않을 때, 반드시 사고로 이어진다는 사실을 과거 재난이 증명하고 있다.

우리 사회 잘못된 것 중 하나가 세월호 사고 후 대형사고가 터지면 대통령이 당연히 사과하는 잘못된 습관이 생겼다. 관계 장관, 청장, 도지사, 시장 등이 베이지색이나 청색 점퍼를 입고 현장을 방문하는 것이 중요한 행사로 자리 잡았다. 정말로 중요한 정책과 재난 예방, 대비는 그 다음 순위로 밀리고 사고가 터질 때마다 똑같은 현장 방문, 사과, 계획 등을 발표하나 여전히 사고는 계속되고 있다.

재난 현장 대응 가장 큰 걸림돌은 관료주의

클라우제비츠가 『전쟁론』에서 명언을 남겼다.

"낮은 지위에 있을 때는 매우 훌륭한 활동력을 과시한 지휘관이 일단 최고의 지위에 올라 앉게 되면 정신적, 지적 능력의 부족 때문에 수준 이하의 능력자로 낙착되어 버린다"

"규정에 없다, 우리 관할구역 아니다. 우리 책임 아니다. 출동인원이 부족하다. 예산이 없다. 시간이 없다. 권한이 없다. 선례가 없다" 언론에서 흔히 듣는 말이다.

대형 재난사고가 나면 누군가 책임을 지고 사퇴하는 일이 반복된다. 그때 뿐이다. 이런 현상이 반복되는 근본적인 이유는 개인의 무능이나 국민성이 아닌 관료주의 의사결정에서 찾을 수 있다. 시스템이 똑똑한 사람들을 무능하게 만들고 있다. 근본적으로 생각하는 힘을 기르지 못하도록 하는 구조적인 시스템이 관료조직의 가장 큰 문제점이다.

공직자는 한 분야에서 오래 근무 하는 것보다 모든 보직을 두루 거친 것을 자랑스럽게 여기고 우대하는 것이 사실이다. 짧게는 1년 길어야 2~3년이다. 글로벌화, 전문화 시대에는 공직자 한 사람이 다양한 분야를 모두 경험할 수 없다. 국민은 한 분야만이라도 제대로 된 전문성과 책임성을 갖고 문제를 해결할 수 있는 공직자를 원하고 있다.

국방, 외교, 안전분야 등 고도의 전문성이 요구되는 정부 기능이나 업무는 순환보직을 최소화하고 채용 경로를 다양화해 중장기적인 경력 개발에 따라 전문성을 강화해야 할 것이다.

위계질서에 따라 업무지시를 내리는게 아니라 그 문제에 대한 전문가, 적임자를 골라 직위에 관계없이 업무지시를 내리고, 담당자는 직접 검토안을 작성 보고하면서 자신의 고유 업무를 갖고 자신의 결정에 대한 책임을 지는 시스템으로 가야 한다.

2012년 허리케인 샌디 발생 당시 재난 대응 컨트롤 타워로서 FEMA의 위상을 높였다는 평가를 받는 전 미국 연방재난관리청(FEMA) 크레이그 퓨게이트 청장은 재난 대응의 가장 큰 걸림돌은 관료주의라고 말했다.

"관료들은 대개 온갖 규정을 만들어 놓고 정작 재난이 터지면 '규정에 없는 일'이라며 발을 빼곤 한다"면서 "정부 훈련의 기본 목적은 재난 대응의 큰 걸림돌인 관료주의를 깨뜨리기 위한 것"이라고 말했다.

시민들에게 재난 대응 교육을 해야 한다.

재난 발생 최대 피해자는 정부, 지자체가 아니라 사회와 시민이다. 대형재난이 터지면 정부의 지원이 현장에 제대로 공급해 줄 수 없다. 위급 상황에서 시민들이 생존할 수 있도록 정부는 응급처치, 인명구조, 긴급피난, 소방 등 기본 교육을 사전에 철저히 실시해야 한다.

현재 우리나라에서 재난이 발생하면 담당 부서나 공무원에게 모든 책임을 묻고 있다. 물론 책임을 져야 한다. 그러나 기후변화 등 재난의 다양화로 재난 대응에 정부뿐 아니라 사회 전체가 나서야 할 때이다.

정부가 아무리 장비를 갖추어도 대응할 수 없는 대형재난이 점점 늘어나고 있다. 재난이 발생할 만한 장소를 선정해서 거기에 맞는 훈련 계획을 세워 나가야 한다.

과거 재난에서 실패한 사건들을 전문가들과 함께 분석해 보고, 기록으로 남겨야 다가올 재난을 대비할 수 있다.

재난은 예상하고 훈련해온 방식으로 일어나지 않는다

퓨게이트 전 청장은 "재난 방재 관련 공무원들에게 미처 경험하지 못한 재난 상황을 불쑥 던져주고 빨리 답을 찾도록 훈련시켜야 한다"면서 "어느 나라나 재난 대응 매뉴얼이 있지만 주요 재난 때 제대로 기능하지 못하는 것은 극한 상황에 대비한 훈련이 부족하기 때문"이라고 지적했다.

현장을 보고 판단해야 할 사안들이 대부분 책상에서 결정된다.

다음 재난은 어떤 형태로 올 것인가? 예측 해보고 외국에는 어떤 사고가 있었고 어떻게 극복했는가? 그렇다면 우리는 지금 현재 무엇을 준비하고 어떤 장비를 갖추고 훈련을 할 것인가를 끊임없이 분석하고 우선 순위를 만들어야 한다.

소방관으로 시작 미국 재난 대응 전설로

퓨게이트 전 FEMA 청장(2009~2017)은 소방관으로 시작해 미국 재난 대응의 전설이 된 인물이다. 주 산하 지방자치단체 소방관과 응급요원으로 허리케인 등 대형 재난 현장에서 실전 경험을 쌓았다. 민주당 지지자였지만 2001년 공화당 소속 젭 부시 플로리다 주지사가 주(州) 재난관리청장에 임명 재난 대응 역량을 혁신할 정도로 능력을 인정받았다. 당시 부시 주지사의 인재를 알아보고 파격적인 인사가 있어서 가능한 일이었다.

함인선 한양대학교 특임교수는 자신의 저서(건물이 무너지는 21가지 이유, 글씨미디어)에서 국가에만 의존하기에는 현재 건물이 너무 많고 복잡해 졌으므로 이제는 건물의 소비자 이자 목숨을 맡겨야 하는 시민들이 나서야 한다고 강조했다. 나라가 할 일과 시민이 할 일을 구분하면서 세종대왕과 미국 의용소방대원 운용의 예를 든다.

안전한 세상은 공짜로 주어지지 않는다.

"나라가 할 일과 시민이 할 일을 세종대왕이 알려준다." 당시 곡물상들이 무게를 속여 민원이 많았다. 일벌백계하자는 신하들에게 세종은 엉뚱한 처방을 내린다. 저울을 많이 제작, 보급하라는 것이었다. 판매자가 독점하고 있던 저울의 독점이 깨지니 더 이상 속이는 범죄가 일어날 수 없었다. 경찰인력을 늘려 범인을 잡고 처벌하는 것이 아니라 시민이 서로 감시할 수 있는 기준을 만드는 것이 나라의 역할이라는 것이 세종의 가르침의 핵심이다.

"모든 것을 해줄 수 있는 나라는 모든 것을 빼앗을 수도 있다" 미국의 정치가 골드워터는 경찰국가의 위험성을 경고했다. 국가는 확고한 법체계를 만들고 정당하게 집행을 해야 한다. 그렇다고 국가가 모든 문제를 해결해 준다 해도 많은 비용이 들고 결국은 이것을 국민이 부담해야 한다.

우리나라는 대형사고가 터질 때마다 정부, 지자체, 경찰, 소방을 집중공격한다. 관련 기관은 인력부족, 예산부족, 불가항력이라 말한다. 그러나 미국은 소방대원 116만명 중 급여를 받는 대원은 30% 미만이고 나머지는 모두 무보수 의용소방대원이다. 이들은 평소에는 생업을 하면서도 엄격한 훈련과 경험을 통해 단련된 대원들이다. 우리나라도 재난현장에서 화재진압, 구조·구급 등 소방업무를 보조하기 위하여 9만 6천 명의 의용소방대원이 있지만 비상대기 인력인 반면 미국은 지역 소방서 3분의 2가 의용소방대원으로만 구성되어 있다. 자신의 안전을 국가에게만 의존하지 않는 시민의식이 있기에 가능한 일이다. 우리도 이렇게 바뀌어야 한다. 끝없이 반복되는 인재, 안전불감증 등 공직자의 책임을 묻고 처벌하는 관행은 그쳐야 한다. 이제는 시민과 사회가 주체가 되는 '재난방지시스템'을 만들어야 한다.

내가 사는 지역의 건물이나 공공시설, 지하철, 지하도, 도로 등 관리 감독자가 되어야 하고 지역 주민들이 소방대원이 되어야 한다. 이렇게 하기 위해서는 시민들이 교육이나 훈련을 통한 기본적인 지식을 갖추어야 한다. 안전한 세상은 비싸다, 공짜로 주어지지 않는다.

결국은 사람이다.

22세 때 편한 문관의 길을 포기하고 힘들고 하층 무관의 길로 들어선 이순신. 전라좌수사로 임명됐을 때 "왜적은 반드시 처들어 온다. 남해 바다를 지켜 이 나라를 적으로부터 지켜야 한다"는 확실한 목표를 가지고 준비했다. 이순신은 '나라를 지키고 백성을 보호하는데' 삶의 목표를 정하고 살았기에 목표를 이룰 수 있었다.

이순신은 자신의 강점과 약점, 상대방의 강점과 약점을 정확히 꿰뚫어 기본적인 전략에 충실했다. 먼저 전쟁할 지역의 모든 지형, 조류 조건과 환경 등을 미리 자세히 조사했다. 이순신은 철저했던 관료주의 조직하에서도 장병들의 허심탄회한 의견을 수용했던 겸손한 지도자였다.

최고 지휘관이었지만 현장에 가서 보고 듣고 조사하는 것을 게을리하지 않았다. 바닷가를 항상 응시하며 다가올 적군을 물리칠 연구를 하였던 것이다.

전쟁에 대한 내용들과 보고 듣고 느낀 점을 쓴 난중일기. 시대는 변했으나 기록과 분석을 통해 우리에게 깊은 감동과 나라 사랑 정신을 일깨우고 있다.

이 책을 쓸 수 있도록 지혜를 주시고 여기까지 인도해 주신 살아계신 하나님께 감사드린다.

송재빈

차례

1장

재난관련 주요 이론

재난이란?

재난이 발생하지 않았던 시대는 없었다. 재난은 인류의 발전과 함께해왔다. 재난이란 국민의 생명, 신체 및 재산과 국가에 피해를 주거나 줄 수 있는 것을 말한다. 각 나라마다 정도의 차이는 있지만 각종 재난으로부터 생명과 재산을 잃어버리기도 하였다. 인간은 재난에 굴하지 않고 피해를 최소화하기 위해 재난을 예방, 대비하고 대처하기 위해 부단히 노력해 왔다. 지금도 새롭게 다가오는 재난을 극복하고 눈부신 발전을 향해 끊임없이 전진해 가고 있다. 각 나라가 처한 시대적 배경이나 환경에 따라 재난의 범위가 넓어지고 있다.

19세기 이전 재난을 말할 때 태풍, 홍수, 지진, 가뭄, 화산폭발 자연 재난을 중심으로 이해했다. 산업사회 과학 기술 발달에 따라 대형화재, 방사선 누출, 가스폭발, 환경오염 등 인위적 재난이 자연 재난 못지않게 규모와 피해가 커지고 있다.

재난이란 무엇인가?

재난의 개념을 한 마디로 정의하기는 어렵다. 학자에 따라 견해와 재난 분류가 다르고, 용어가 다양하게 존재하고 각각의 의미가 다르고 혼용되어 사용되고 있다. 기술 문명이 발달함에 따라 인명을 소중히 여기게 되면서 재난의 범위도 증가하는 추세다. 우리나라의 경우도 각종 법률에 따라 재난의 개념이 다르게 정의되고 있으며, 학문적으로도 정립되지 않고 사용되고 있다. 시대적 배경과 사회환경에 따라 달리 사용되는 상대적 개념이라 할 수 있다. 예를 들면 작은 사고조차도 언론이나 국민들의 관심도에 따라 재난으로 생각하거나 그렇지 않은 경우도 있기 때문이다.

재난이란 '자연적 혹은 인위적 원인으로 생활환경이 급격하게 변화하거나 그 영향으로 인하여 인간의 생명과 재산에 짧은 기간 동안 많은 피해를 주는 현상'이다.

국가별 재난 정의

미국(연방재난관리청:Emergency Management Agency, FEMA)

재난은 정부의 통상적인 관리절차나 자원으로는 대처할 수 없는 인적 및 물적 손상을 초래하는 사건을 말하고, 재난은 일반적으로 예기치 못한 사이에 발생하지만 대처 과정에서는 다수의 정부기관과 민간부문들이 즉각적이며 기준이나 실정에 알맞게 정돈된 노력을 필요로 한다.

일본(재해대책기본법 제2조 제1항)

재난은 태풍, 호우, 폭설, 홍수, 해일, 지진, 쓰나미(지진해일), 화산폭발 그 밖의 이상한 자연현상 또는 대규모 화재, 폭발 기타의 원인에 의해 생기는 피해이다.

일본은 재난에 대해서는 '재해(災害)'라는 용어를 '재난관리'에 대해서는 '방재(防災)'라는 용어를 사용하고 있다.

유엔개발계획(United Nations Development Programme, UNDP)

재난은 사회의 기본조직 및 정상 기능을 와해시키는 갑작스러운 사건이나 큰 재난으로서 재난의 영향을 받는 사회가 외부의 도움 없이 극복할 수 없고, 정상적인 능력으로 처리할 수 있는 범위를 벗어나는 재난, 사회간접시설, 생활 수단의 피해를 일으키는 단일 또는 일련의 사건이다.

실정법상 재난의 분류

재난 및 안전관리기본법, 자연재해대책법에 규정되었으며, '재난 및 안전관리기본법'에서는 재난을 크게 자연 재난과 사회 재난으로 분류하고 있다.

① 자연적 재난 : 태풍, 홍수, 호우(豪雨), 강풍, 풍랑, 해일(海溢), 대설, 한파, 낙뢰, 가뭄, 폭염, 지진, 황사(黃砂), 조류(藻類) 대발생, 조수(潮水), 화산활동, 소행성·유성체 등 그 밖에 이에 준하는 자연현상으로 인하여 발생하는 재해

② 사회적 재난 : 화재·붕괴·폭발·교통사고(항공사고 및 해상사고를 포함한다)·화생방사고·환경오염사고 등으로 인하여 발생하는 대통령령으로 정하는 규모 이상의 피해와 에너지·통신·교통·금융·의료·상수도 등 국가기반체계의 마비, 「감염병의 예방 및 관리에 관한 법률」에 따른 감염병 또는 「가축전염병예방법」에 따른 가축전염병의 확산, 「미세먼지 저감 및 관리에 관한 특별법」에 따른 미세먼지 등으로 인한 피해

재해(災害, disaster)는 날씨 등의 자연 현상의 변화, 또는 천재지변 또는 인위적인 사고로 인한, 재산의 피해를 말한다. 재해 가운데 자연현상과 관련된 천재지변을 좁은 의미의 재해(災害) 또는 재앙(災殃)이라고 부르기도 한다. 또한 사람의 실수 또는 부주의나 고의로 일어난 사고도 재난으로 보아 인재(人災, 인재사고)라고 표현하기도 한다. 이러한 재해의 원인을 재난(災難)이라고 부른다. 다만 재해와 재난을 구분하지 않는 경우도 있다.

해외재난

해외재난이란 대한민국의 영역 밖에서 대한민국 국민의 생명, 신체 및 재산에 피해를 주거나 줄 수 있는 재난으로서 정부 차원에서 대처할 필요가 있는 재난을 말한다.

재난관리

재난관리란 재난의 예방, 대비, 대응 및 복구를 위하여 하는 모든 활동을 말한다.

안전관리

안전관리란 재난이나 그 밖의 각종 사고로부터 사람의 생명, 신체 및 재산의 안전을 확보하기 위하여 하는 모든 활동을 말한다.

재난의 특성

재난은 크게 자연 재난과 사회 재난이 있다. 자연 재난은 근본적으로 예방할 수 없는 불가항력적이라면 사회재난은 주의하고 대비 한다면 예방이 가능하다. 자연 재난은 대응과 통제가 극히 제한적으로 진행되는 반면 사회재난은 자연 재난에 비해 상대적으로 통제 가능성이 높다고 볼 수 있다. 자연 재난은 비교적 넓은 지역으로 사회재난은 한정된 지역 피해가 집중적으로 발생하는 특징을 가진다.

재난은 다양한 특성을 가지고 있는데,

현대 사회 재난의 특성으로는 ① 일상성, ② 타율성, ③ 익명성, ④ 불확실성, ⑤ 안전불감증 등이 있다

일반적인 재난의 특성

재난은 크게 일곱 가지 특징을 가진다.

① 실질적인 위험이 크더라도 그것을 체감하지 못하거나 방심을 한다.

② 자신과 가족 등 직접적인 재난피해가 없을 경우 무관심 한다.

③ 시간과 기술, 산업발전에 따라 발생빈도나 피해 규모가 다르다.

④ 인간의 면밀한 노력이나 철저한 관리에 의해 상당 부분 근절 시킬 수 있다.

⑤ 발생과정은 돌발적이며 강한 충격을 지니고 있으나 같은 유형의 재난피해라도 형태나 규모, 영향 범위가 다르다.

⑥ 재난 발생 가능성과 상황변화를 예측하기 어렵다.

⑦ 고의, 과실 여부를 떠나 타인에게 끼친 손해는 배상의 책임을 진다.

누적성(累積性)

① 터너(Barry Turner)는 1978년 저서 『인적재난(Man made Disaster)』에서 제기된 것으로 주로 재난 발생의 사회적, 문화적 측면에 주목한다. 재난이 사회 속에 내재 되어있다는 점을 강조하면서 재난발전의 초기 단계인 배양(Incubatidn)단계에서부터 사회에는 재난이 잠재되어 누적되어 있다는 것이다. 사회적, 문화적, 제도적, 기술적, 행정적 장치들이 재난을 발생시키게 된다고 한다. 자연재해는 갑자기 온 것이 아니라 배양의 과정으로 눈앞에 발생 이전부터 누적되어온 위험 요인들이 특정한 시점에서 나타난 결과라는 것이다.

② 누적성은 자연재해의 예측 능력의 부족, 관리체계의 구조적인 결함, 위험에 대한 개인, 조직의 타성에서 발생하는 위험에 대한 낮은 수준의 인지도와 같은 전개 과정에서도 나타난다.

③ 배양되고 누적된 대표적인 사례가 삼풍백화점 붕괴사고(1995년), 성수대교사고(1994년)가 있다.

인지성(認知性)

① 인지성의 차이는 "위험의 객관적인 사실과 주관적인 인지의 불일치, 객관적인(정량적) 차원과 주관적(정성적) 차원간의 불일치" 등으로 표현한다.

② 인지성은 같은 사건을 놓고도 서로 다른 시각으로 받아들이고 이해하는 것이다. 같은 재난을 두고도 관리책임자가 단순한 기술적인 사고로 여기는 데 반해 재난 관련 피해자들은 대재앙으로 인식하는 것도 한 예가 될 것이다.

③ 어떤 집단에게는 기회를 제공할 수 있으나 다른 공동체의 파괴를 가져오는 전혀 다른 행동양식을 가진 사람들의 유입을 불러올 수 있는 정치적 측면도 지니고 있다.

불확실성(不確實性)

재난의 특성 가운데 불확실성은 거의 모든 자료나 기록에 있듯이 재난의 가장 중요한 특성 중 하나이다.

① 불확실성은 누적성이나 복잡성과는 달리 재난관리 전 과정에서 나타난다.

② 재난은 선형적(linear),기계적(mechanical)인 과정만을 따르는 것이 아니라 비선형적(non-linear) 유기적 또는 진화적(evolutionary)인 과정을 따를 수도 있다.

③ 수직적, 수평적으로 파편화가 발생하여 위기관리 조직은 많은 잠재적인 긴장을 내재하게 되고 참여한 많은 기관과의 협력이

어렵게 된다.

④ 결국 불확실성은 재난 발생 전에는 누적성, 발생 후에는 복잡성과 함께 작용하면서 재난 상황을 특정 짓게 된다고 할 것이다.

복잡성(complexity)

재난 자체의 복잡성과 재난 발생 후 관련 기관 간의 관계에서 일어나는 복잡성으로 살펴볼 수 있다.

첫째, 재난 자체의 복잡성이다. 재난의 강도, 규모, 그리고 최초 재난과 관련된 다른 재난의 발생이다. 지진으로 지진 강도와 규모 뿐만 아니라 지진으로 인한 전염병 창궐 같은 것을 생각해 볼수 있다. 이러한 재난의 특성으로서 복잡성의 원인 중 하나는 상호작용성을 지니기 때문이다. 재난은 여러 가지 원인에서 시작되며, 어떤 특정한 결정적인 원인이 있다고 하더라도 그것은 또 다른 요인과 재난의 발생에 상호 상승작용을 하게 되는 것이다. 피해지역의 기반 시설 등의 요인과 계속된 상호작용을 동반하면서 진행된다.

둘째, 재난 발생 이후의 기관 간의 관계에서 비롯되는 복잡성이다. 재난 발생 이전과 비교할 때 재난 발생 이후의 단계에서 재난관리 행정의 경계 자체가 확대된다. 그 다음에 재난 발생 이후의 단계에서는 기존의 재난관리 조직의 개입 범위가 축소된다. 따라서 재난의 예방, 완화단계와는 달리 복수의 기관이 참여하게 되고, 관련 기관간의 권한 설정, 역할 분담, 조정의 문제가 발생한다.

미국의 재난관리 체계

연방제 국가인 미국의 재난관리 체계가 생성되고 발달해 오는 과정에서 가장 중요하게 고려되었던 사항은 무엇보다 연방정부가 주정부 및 지방정부를 지원할 수 있는 근거를 마련하는 과정이었다. 이는 건국 초기 영국의 지배로부터 독립한 식민 각 주(州)가 서로의 독자적 성격을 유지하고, 각 주의 이익을 보호하고자 연방정부의 권한을 가능한 축소시키려고 노력하였기 때문이다. 미국의 주는 독립된 주권체로서 연방정부의 하부 단위로 위치하지 아니하며, 연방 법률에 저촉되지 않는 한 주의 헌법과 법률에 근거하여 지방자치를 실시한다. 연방정부가 지방정부를 지원할 수 있는 근거가 확립된 시기는 냉전 시대를 지나 연방재난관리청(FEMA)이 설립된 이후로 볼 수 있다.

미국의 지방정부는 재난관리의 책임에 대해서도 막대한 권한과 책임을 지니고 있다. 이를 잘 설명해주는 표현이 바로 "재난관리는 지역에서 시작되고 지역에서 종료 된다."는 원칙으로 지역의 자율성과 책임성을 강조한다(재난관리론, 국가위기관리학회, p.65-66).

스태퍼드 법(The Stafford Act)

정식 명칭은 '재난 경감 및 긴급지원법'이다. 연방정부가 주정부 및 지방정부 등을 지원할 수 있는 근거가 되는 법령이다. 이 법은 비상사태의 선포 또는 주요 재난 선포의 형태를 통하여 대통령에게 지방, 주, 부족, 미국령 그리고 도서 지역의 정부 등에게 재정적이거나 기타 다른 형태의 정원을 제공할 수 있는 권한을 연방정부에 부여한다.

미국의 주(州, State)는 고유의 헌법과 법률 체계를 통하여 지방자치를 실시하듯이 재난관리업무 또한 고유의 재난관리 법률에 따른다. 주정부는 고유의 재난관리법을 통하여 재난관리에 필요한 사항을 규정하고 집행의 근거로 활용한다.

미국은 '재난관리'라는 용어보다는 '비상(사태)관리'라는 용어를 사용한다. 영어로 표현한다면 미국은 'Emergency Management' 우리나라에서 통상적으로 사용하는 재난관리는 'Disaster Management'가 적합할 것이다. 비상(사태)라는 의미로 본다면 재난에만 국한하지 않고 모든 비상 상황을 관리한다는 좀 더 포괄적인 의미로 이해해야 할 것이다.

연방재난관리청(FEMA)

1979년 카터 대통령은 대통령 명령으로 재난과 관련하여 분산된 여러 기관을 단일의 기관인 연방재난관리청을 설치하였다. 연방재난관리청은 기존의 연방보험청, 연방소방청, 연방준비청 등 많은 연방정부기관의 기능을 흡수하여 출범하였으며, 미국 국방부에서 담당하던 민방위 업무도 흡수하였다. 1996년 클린턴 대통령은 연방재난관리청을 국무회의에 참석할 수 있도록 그 지위를 격상시켰으나, 2003년 국토안보부(DHS)에 소속되면서 그 권한이 약화되었다.

2005년 허리케인 카트리나로 인하여 자연재난 대처의 중요성을 다시 인식한 후 『포스트카트리나 개혁법안』을 수립하고 연방재난관리청의 권한을 다시 강화하는 노력을 기울였다.

연방재난관리청은 워싱턴 D.C에 본사를 두고 있으며, 화와이, 괌, 푸에르토리코, 버진 아일랜드 등을 포함하여 지역사무소로 나누며, 지역내 주, 지역, 전략적 파트너, 기타 연방정부기관과 함께 근무하며 밀접하게 지원하고 있다.

독립된 형태로 운영되는 운영되고 있다.

미국의 모든 주는 주권체로서 주 헌법을 갖고 관할지역 내의 지방정부에 관한 규정을 두고 있다. 지방정부의 유형도 주(州)마다 다양하며, 시(city) 카운티(county) 타운(Town) 학교구(School district)등이 있다. 재난관리 조직도 주마다 다양한 형태로 운영되고 있다.

실질적으로 재난이 발생된 지역에서 재난관리 업무를 관할하는 것은 주와 카운티정부로 재난에 대한 1차적인 대응 역할을 담당한다. 카운티정부는 재난관리조직이 없는 지역 공동체 및 카운티 내 여타 지방정부와 병합되지 않은 지역을 책임진다. 연방제와 지방자치제도로 인하여 주정부 및 지방정부의 형태가 다양하게 운영되더라도 기본적으로는 주정부와 카운티정부가 중심이 되어서 재난관리 업무를 수행하는 것으로 이해할 수 있다(재난관리론, 국가위기관리학회, p.78).

일본의 재난관리 체계

일본은 매년 발생하는 각종 재난을 통해 얻은 교훈을 기본으로 재난관리 체계를 정비하고 보완해 오고 있다. 국토를 보전하고 기상예보 능력향상을 통한 정확한 재해 정보전달을 통해 자연 재난 취약성을 줄이고 재난 대응능력을 향상 시키고 있다.

일본 『재해대책기본법』 제1조에는 "국토 및 국민의 생명, 신체 및 재산을 재해로부터 보호하기 위하여 방재에 관하여 국가 지방공공단체 및 기타 공공기관을 통하여 필요한 체제를 확립하고 책무의 소재를 명확하게 함과 동시에 방재계획의 작성, 재해 예방, 재해응급 대책, 재해복구 및 방재행정 정비 및 추진을 도모하고 사회의 질서 유지와 공공복지 확보에 이바지하는 것을 목적으로 한다"고 규정하고 있다. 일본정부는 재해 발생시 '재해대책기본법'에 따라 필요한 조직을 만들고 그 조직을 활용하여 긴급한 재난에 대처한다.

방재기본계획

방재기본계획은 일본의 재해대책의 중심이되는 계획으로 중앙방재회의가 작성하는 방재 분야 최상위계획이다. 재난관리 체제의 확립, 재난관리 사업의 촉진, 재난복구 및 부흥의 신속 적절화, 재난관리에 관한 과학기술 및 연구의 진흥 등에 대하여 국가의 기본적인 방침을 정하고 있다.

지진 등 재난으로부터 국민의 생명 신체를 보호하기 위해 국가에 '중앙방재회의' 도도부현(일본의 광역자치단체) 및 시정촌(우리나라 시, 군, 읍에 해당한다)에 지방방재회의를 설치한다.

실제로 재난이 발생하면 도도부현 및 시정촌은 주민의 생명, 신체, 재산을 지킴과 동시에 지역안전을 확보하기 위한 응급 대응을 실시하며, 특히 시정촌은 기초적인 지방공공단체로서 대피지시와 경계구역 설정, 소방·수방조직 등에 출동명령 등의 조치를 강구한다.

일본에서 가장 중요한 방재업무는 '재해대책기본법'에 시정촌으로 되어 있다.

국가와 도도부현은 시정촌을 지원하는 기관이며, 국가 차원에서 재난관리에 관여하는 중앙정부 내각부, 경찰청, 소방청, 국토교통성, 국토지리원, 기상청, 문부과학성, 후생노동성, 방위성 등 다양하며 재난 관련 법률에 따라 적절한 재난관리 대책을 강구하고 있다.

상비 소방기관과 비상비 소방기관(소방단)

상비 소방기관이란 시정촌에 설치된 소방본부 및 소방서를 말하며, 전임 직원이 근무하고 있다. 소방단(의용소방대)은 시정촌의 비상시 소방기관이며, 그 구성원인 소방 단원은 다른 본업을 갖고 있으면서도 "우리 지역은 우리가 지킨다"라는 향토 애호의 정신을 바탕으로 참가하여, 소방·방재활동을 하고 있다(재난관리론, 국가위기관리학회, p.90).

안전 심리학

안전 심리학은 안전 관리론의 일부라고 할 수 있다. 안전 심리학적 접근의 필요성 학문적 기초를 살펴보고 휴먼 에러 등 주요 내용을 중심으로 안전 심리 방법과 이론 등을 알아야 할 필요성의 커지고 있다. 최고 의사결정권자, 관리자, 감독자, 현장 근무자 입장에서 재해 방지를 위해서는 무엇을 해야 하고 하지 말아야 하는지를 위험감수성 향상이라는 관점에서 쉽게 사례들을 중심으로 정리하였다. 안전이 중요하다는 추상적인 접근이 아니라 구체적인 사건 사고를 통해 현장에서 꼭 필요한 내용들을 실천할 수 있도록 인간 행동의 배경을 살펴보았다.

서론

우리가 사는 주거 공간부터 시작해서 교통, 직장 등 움직이고 숨쉬는 공간에서 시간 장소 대상을 달리할 뿐 크고 작은 사고는 끊임없이 발생하고 있다. 안전이 중요성은 2014년 세월호 침몰사고 이후 안전에 대한 관심은 높아졌으나 구체적으로 상황에 따라 구체적으로 무엇을 해야 되는지에 대응은 여전히 숙제로 남아있다.

안전 문제는 결국 사람의 안전을 말하는 것이고 안전한 사회를 유지하기 위해서는 사람이 움직이고 생각하는 마음에서 나오는 행동에 대한 심리학적 접근이 필요하다고 보인다.

지금까지 각종 사건 사고가 발생하면 법이나 각종 규정 매뉴얼에 대한 잘못을 집중적으로 다루고 현장 책임자에게 일제히 비난을 퍼붓는다. 한마디로 원인과 정확한 사고 원인보다는 진영 논리에 따라 일방적으로 몰아세우기를 해왔다. 이렇다 보니 문제 해결 보다는 비난과 증오 피해자와 유족들에게 회복하기 어려운 아픔을 주고 있다. 안전을 확보하고 유지하기 위해서는 사람이 필수적이라고 생각한다면 안전 문제를 접근할 때 사람의 성향, 환경 등을 고려한 심리학적 접근은 필수라고 생각한다.

현재 우리 사회는 첨단기술 발전, 초고층, 복잡화, 다양화, 고령화 등 안전의 중요성이 점점 더 커지고 있다. 따라서 인간의 내면에 숨어있는 특성과 기질을 이해하는 것이 필요하다. 첨단 기계나 시설 등을 사용하는 것보다 관리하고 사고시 대응하는 영역이 훨씬 중요하다. 인간은 누구나 약점으로 인한 실수를 저지르기 마련이다. 그 당시 인간의 행동에만 책임을 묻는다면 앞으로도 똑같은 사고는 발생할 것이다. 그런 행동을 할 수 밖에 없는 조직문화, 환경 등을 고려한 더 넓은 관점에서 원인을 분석하는 것이 더 효과적일 것이다.

우리 사회가 보다 안전 사회가 되기 위해서는 무엇보다도 사람을 대상으로 연구하는 심리학적 관점에서 안전에 대한 연구가 다른 방법보다 더 효과적이지 않을까 생각한다.

페로의 정상사고(Normal Accident, 1984) 이론

미국 예일대 사회학 교수였던 찰스 페로(1925~2019)는 '정상 사고'라는 새로운 개념을 제시했다. "정상 사고라는 개념은 이상하게 보이는 의미를 담고 있으며, 사회가 세분화 되고 복잡한 설비나 시스템에 의존할수록 재난은 더 큰 규모로 다가올 수 있다. 안전에는 비용이 많이 들고 규제 완화는 그 비용부터 삭감하게 만든다"고 경고한다.

페로가 일반적인 상식에 반하는 세 가지를 제시한다. 첫째, 인간은 누구나 실수하게 되어 있다. 둘째, 그 어떤 대형사고라도 원인은 항상 아주 작은 것에서 출발한다. 세 번째 실패는 기술보다 기술을 적용하는 인간 조직에서 발생하므로 완벽한 기술이란 사실상 무의미하다는 것이다.

페로는 이 책에서 대부분의 시스템은 기술과 조직의 개선이 사고방지에 별다른 도움을 주지 못하는 것으로 보인다고 말하면서, 이 시스템들은 내부적으로 상충하는 조직 구조를 갖고 있으며, 기술적 개선이 오히려 상호작용성 복잡성과 긴밀한 연계성을 심화시킨다. 그래서 특정한 사고에 더욱 취약하다고 한다.

"상호작용성과 복잡성과 긴밀한 연계성이라는 시스템의 속성에 따라 불가피하게 발생하는 사고를 '정상사고' 혹은 '시스템사고'라고 한다. 정상 사고라는 개념은 언뜻 이상하게 보이지만 시스템의 속성상 예상치 못한 다발적 장애의 상호작용이 불가피하다는 의미를 담고 있다. '정상'이라는 말은 사고의 빈도가 아니라 시스템의 속성과 관련된다. 죽는 것은 정상이지만 여러 번 죽는 사람은 없다. 시스템 사고는 흔히 발생하지 않지만 한번 발생하면 사회적으로 큰 혼란을 가져올 수 있다."

지금도 시간, 장소, 대상을 달리할 뿐 크고 작은 유사한 사고가 반복되고 있다.

안전은 공기와 같다.

공기의 소중함을 평소에 모르고 아무도 관심을 기울이지 않는다. 대형 재난이 발생하면 그제야 중요성을 깨닫듯이 안전도 그렇다.

안전을 당연하게 생각하고 있으나 교육이나 훈련은 소홀히 하면서 안전한 사회를 꿈꾸고 있다. 사고가 나면 그 때 다시 안전을 외치면서 책임자 색출에 나선다. 지금 우리 환경에서는 사고가 날 수밖에 없는 모든 조건을 가지고 있다. 왜, 어떻게 주의해야 하며 어떤 위험 요인이 있는가에 대한 배경을 이해해야 한다. 2014년 세월호 침몰사고 이후 국민들의 안전에 대한 관심은 높아지고 있으나 대형 인명사고는 계속해서 더 큰 규모로 발생하고 있다. 2022년 10월 29일 이태원에서 발생한 압사 사고가 이를 증명하고 있다.

첨단화, 정보화가 빠르게 진행되는 현대 사회에서 기계적인 문제보다는 기계를 다루고 설정하는 인간의 특성, 즉 인간 본성에서 나오는 심리학적 접근이 어느 때보다 중요하다고 할 수 있다. 사람의 조그만 실수가 대형사고로 이어질 수 있기 때문이다. 사고를 예방하기 위해서는 컴퓨터, 기계, 설비 안전 대책 뿐만 아니라 그것을 사용유지관리 측면의 대책도 중요하다. 인간은 완전하지 않기 때문에 실수를 줄이기 위하여 발생 원인에 대하여 개인의 잘못으로 단정하기 보다는 사고가 일어날 수 있는 사회, 문화, 조직, 근무 여건 등 다양한 관점에서 살펴볼 필요가 있다.

인간의 불안전한 행동

21세기, 과학이 비약적으로 발전한 만큼 사고가 줄어야 하는데 현실은 오히려 그렇지 않다. 대형화, 많은 후진국형 재난이 계속 발생하고 있다. 드론, 인공지능 로봇 등이 위험한 작업을 대체 사고도 줄어들것으로 생각했지만 그렇지 못하다. 기계적, 시스템 결함보다는 인간의 행동 특성들을 이해하고 고쳐나가는 것이 안전관리에 필요하다. 『안전심리, 청문각』에서는 휴먼애러, 인간의 불안전한 행동 요인, 정상화 편견에 의한 사고 사례 등을 설명하고 있다.

휴먼 에러(Human Error)

휴먼 에러란 인간이 발생시키는 에러다. 인간은 정신, 심리, 육제적으로 불완전한 존재이다. 따라서 인간은 일상생활에서나 산업 현장 등에서 많은 에러를 범하며 살고 있다. 휴먼 에러는 일상에서 작은 불편을 초래하고 인명 피해와 재산 손실을 가져오는 대형 사고의 결정적 원인이 되기도 한다. 소련의 체르노빌이나 미국의 드리마일섬의 원자로 폭발 사고는 인간이 일으키는 조작 실수로 인간적인 측면의 요인분석이 부족했다는 반성에서 그 연구의 필요성이 높아졌다.

휴먼 에러에 대해서 많은 연구 결과가 발표됐는데, 각종 연구 결과에서도 인간의 불안전한 행동이 많은 비율을 차지하고 있다고 보고되고 있다.

인간의 불안전한 행동은 심리적·환경적 요인 상호작용에 영향을 받는다.

인간의 뇌는 여러 가지 역할을 담당하는 뇌(대뇌, 뇌간, 척수, 소뇌) 신경 등으로 구성되어 있다. 일반적으로 인간이 자극을 받고 나서 행동은 자극 →중추신경 →대뇌피질→반응의 과정을 거친다. 인간의 행동은 환경의 자극에 의해, 환경에 작용하기도 하며, 환경과의 상호관계에서 전개되어간다. 사회심리학자의 창시자로 불리는 Kurt Lewin은 자신의 이론을 다음 공식으로 설명하고 있다.

B = f(P·E)

B: 행동 P: 인간(person) E : 환경(environment)

인간의 특성적 요인 P는 그 사람이 태어나고 나서 현재에 이르기까지의 학습체험과 생활환경에서 이미 형성되어 있는 것이지만 항상 일정하지는 않고 변화하고 있으며 환경적 요인 E도 항상 변화하며 의도적으로 만들 수도 있다. 인간의 특성과 환경적 요인이 고정된 것이 아니므로 인간의 행동도 항상 일정하지 않다. 즉 인간의 행동은 인간의 특성과 환경이라는 두 가지 변수에 의해 결정된다는 것이다. 인간의 불안전한 행동을 이해하려면 부주의, 방심 같은 심리적 상태만을 이해하는 것으로는 불충분하고 인간과 환경과의 역동적인 관계를 이해하는 것이 중요하다. 즉 인간의 행동은 심리적 요인과 상황적 요인의 상호작용에 의해 영향을 받는다고 볼 수 있다.

스와인(Alan Swain)의 휴먼 에러 이론

미국 심리학자 스와인은 원자력 발전소의 휴먼 에러 유형 조사 과정에서 휴먼 에러를 인간 행동(behavior)관점에서 분류하는 방법을 제안하였다. 그는 휴먼 에러를 작업완수에 필요한 과정에서 나타나는 에러와 작업완수에 불필요한 행동을 한 경우로 나누었다. 이런 분류는 비교적 쉽고 빠른 장점은 있으나 같은 행위의 결과가 나타나더라도 이를 행한 근본적 원인과 과정에 대한 설명하지 못한 단점이 있다. 그러나 스와인의 분류 방법은 휴먼 에러들을 연구하는 기초가 되었다.

① 누락 에러(omission error) 작업의 수행 과정에서 필요한 조작이나 절차를 빠뜨렸다.

② 시간 에러(time error) 정해진 시간 이내에 작업을 하지 못한 경우, 지연 에러라고도 한다.

③ 선택 에러(selection error) 잘못된 방법 선택, 잘못된 지휘 또는 안내를 했다.

④ 순서 에러(sequential) 작업 과정에서 순서가 바뀌서 작업을 수행하였다.

⑤ 불필요한 수행 오류(extraneous error) 작업과 관계없는 행동을 하였다.

인간은 망각의 동물

인간이 살아가면서 금방 한 일도 잊어버린 경우가 많다. 하지만 중요한 작업 중에 순서와 절차를 잊어버린다면 대형사고로 이어지는 경우가 많다. 위험 직종에 종사하는 사람들은 안전 구호를 매일 외치는 이유가 여기에 있다. 한 번 듣고 보는 것으로 영원히 기억할 수는 없다. 기억하기가 얼마나 어려운지에 대한 연구는 독일 심리학자 헤르만 에빙하우스(1850~1909)의 망각 곡선 이론에 따르면, 인간의 기억은 학습 후 10분이 지나면 망각이 시작되어 1시간 뒤 50%, 하루가 지나면 67%, 한 달 후엔 80%를 잊어버린다고 한다. 책임자 중에는 한 번 지시하거나 교육하면 기억할 것으로 생각하는 사람이 많다. 기억을 유지하려고 애쓰고 의식적으로 반복학습 하지 않으면, 1시간이 지나면 약 절반은 잊어버린다는 것이다. 중요하거나 위험한 작업에서는 반드시 문서로, 작업 시작 전 확인하고 반복교육이 필요하다.

잘못된 관행 고치기

누구든지 최악의 실수를 할 수 있다. 살아가는 동안 인간은 항상 결정적 순간에 잘못된 판단을 할 수 있다. 그러나 불안전한 행동을 억제하는 상황과 환경은 바꿀 수 있다. 잘못한 사람에게 비난하는 것, 일시적으로 만족할 수 있겠지만, 그 사람이 앞으로 잘못할 수 있는 성향에는 영향을 미치지 못한다. 사람들의 자세와 질서 문화를 바꾸고 업무처리 정확성을 높여야 할 것이다.

사고 예방이나 대책을 세우기 보다는 현재 일어난 사고에 집중 문제의 본질에 접근 조차 못하고 정치적 목적 달성, 지지자 눈치보기로 끝나서는 안 될 것이다.

정상화 편견(normalcy bias)

인간은 자신에게 유리한 방법으로 모든 상황을 받아들이려는 경향이 있다. 아주 위험한 순간에도 쉽게 움직이지 않아 사망한 사고 사례는 수없이 존재한다. 인지 부조화로 현실을 받아 들이려 하지 않는 성향, 이것을 '정상화 편견'이라고 한다.

사건 사고가 일어날 가능성이 존재함에도 그것을 과소 평가하고 안전에 대한 대책을 세우지 않는 현상을 말하는 심리학적 개념이다. 다시 말해 '설마 그런 일이 있겠어' 생각해 버린다는 것이다.

사례

정상화 편견에 대한 대표적 사례 중 하나가 제2차 세계대전 중 유대인들에게 닥친 사건이다.

독일 히틀러가 총리가 되자 1935년 말까지 10만 명의 유대인들은 위험을 느껴 독일을 떠났지만, 45만명은 최악의 상황은 지났다고 판단 독일에 그대로 남는다. 오랜 세월 독일에 살면서 금융, 문화, 예술 분야에서 어느 정도 위치에 올랐기 때문에 그들에게 닥쳐올 위기를 심각하게 받아들이지 않았다. 그 결과 재산과 기업체를 모두 빼앗기고 대부분 강제수용소에 끌려가 목숨을 잃게 되었다.

사례2

1982년 7월 23일 일본 나가사키, 그날 비는 좀처럼 그칠 것 같지 않았다. 지난 11일 동안 600mm 비가 내리면서 호우경보까지 발령됐다. 일부 주민들은 상황의 심각하게 받아들였고, 오후 4시 55분 정부는 이 지역에 홍수경보를 발령하고 긴급 대피 할 것을 알렸다. 밤 9시 정부가 긴급 대피명령 상황을 확인한 결과 대피한 주민은 13%에 불과했다. 대다수 주민들은 별 문제없을 것으로 생각 대피하지 않고 남아있었다. 결국 3일간 쏟아진 폭우로 홍수가 나면서 이 지역에서 265명 사망, 34명이 행방불명되는 참사가 일어났다.

사례3

미국을 포함한 전 세계를 충격과 공포의 도가니로 몰아넣었던, 뉴욕 9.11테러(2001년 9월 11일) 대참사가 일어났다. 그날 오전 8시 46분 첫 번째 비행기가 타워1에 돌진했다. 17분 후 9시 3분 두 번째 비행기가 타워2를 들이받았다.

9시 59분경에는 세계무역센터 타워2 건물이 붕괴되었으며, 10시 30분경 세계무역센터 타워1 건물이 완전히 붕괴되면서 90여 개국 2,800~3,500여 명의 무고한 사람이 생명을 잃었다.

테러에 의한 화재, 이 순간에도 계단을 통해 지상으로 내려 갈 때까지 건물 안에 많은 사람들은 이 엄청난 위험이 실제로 발생했다는 사실을 믿지 않으려고 머뭇거리고 있었다.

사례4

허리케인 카트리나는 2005년 8월 23일 미국 플로리다주 동쪽 약 280㎞에서 열대성 저기압으로 발생하여 8월 29일 미국 남동부를 강타하였다. 9월 20일 미국 뉴올리언스에 허리케인 카타리나가 접근 하루전에 그 지역을 떠나도록 명령을 받았음에도 불구하고 많은 사람들은 그대로 남아 큰 피해를 입었다. 80% 이상이 해수면보다 지대가 낮은 뉴올리언스에서 컸다. 사망·실종 등 인명피해는 2,541명으로 피해가 가장 컸다.

알고 있어도 말할 수 없다

1992년 7월 31일 타이 국제공항 311편이 네팔의 카투만두 가까운 산에 격렬하게 부딪힌 사고로 승무원, 승객 113명 모두가 사망한 항공기 사고가 있었다. 사고 원인은 비행기 고장 때문에 다시 착륙을 하려고 방향을 바꿀 때, 기장이 남과 북 방향을 착각했기 때문이다. 그런데 놀라운 것은 보이스리코더(voice recorder, 항공기 조정실 내에서 승무원끼리 오가는 대화와 항공 관제관과의 교신을 기록하는 장치)를 분석한 결과 부기장은 기장이 잘못된 방향으로 조종하고 있는 것을 알고 있었음을 짐작할 수 있었다. 그러나 적극적으로 그 사실을 말하지 않았다. "알고 있었다면 당연히 말해 주었어야 하지 않는가? 왜 그런 간단한 것을 할 수 없었을까?" 생각 할지도 모른다.

왜 그런 간단한 말을 할 수 없었을까? 그것은 사람이란 권위를 가진 사람 앞에서 약하기 때문이다. 특히 자신을 근무평가하고 인사권을 쥔 윗사람에게 자신의 의견을 말하는 것은 매우 어렵다. 신입 간호사가 선배 간호사의 의료기기 조작에 의문을 느꼈다. 선배 간호사에게 잘못된 조작이라고 말해야 한다는 것을 알고 있다. 그러나 자신이 잘못을 지적한다면 선배 간호사가 분명 화를 낸다는 것을 잘 알고 있다. 말하지 않은 결과 의료사고로 이어졌다. 이런 유사한 사례는 계속 일어나고 있다. "의문이 있으면 물어보면 되지 않은가?"라고 쉽게 생각할지 모르지만 계급이나 직책의 상하 관계에 있는 조직에서는 결코 쉽지 않은 일이다. 인간은 권위를 가진 사람의 명령이나 지시를 받으면 자신의 의사와 상관없이 따르게 된다.

집단사고(groupthink)의 위험

집단사고(groupthink)는 집단 의사 결정 상황에서 집단 구성원들이 집단의 응집력과 획일성을 강조하고 반대 의견을 억압하여 비합리적인 결정을 내리는 의사 결정 양식을 말한다.

1961년 역사상 최악의 참사로 기록된 '쿠바 피그만 사건'이 집단사고에 의한 판단 왜곡의 대표적인 사례로 회자 된다.

존 F 케네디 당시 대통령은 친(親)소련 공산당 정권을 수립한 '눈엣가시' 피델 카스트로의 쿠바 정부를 전복시키기 위한 비밀작전을 폈다. 1,400명의 쿠바 출신 정예 요원으로 편성한 특공대를 피그만에 상륙시켜 '토벌'에 나서게 했다. 1,400명의 '특공대'를 피그만에 기습 침투시키려다가 사살되거나 포로로 잡히는 망신을 당했다. 국제적인 망신을 톡톡히 당한 데 더해 포로 송환을 위해 카스트로 정부에 5,300만달러의 원조까지 제공해야 했다.

당시 작전 수립에 참여한 국방장관, 국무장관, 중앙정보부장 등은 아이비리그 출신의 전형적인 수재들이었다.

성장 배경과 출신학교는 물론 사고방식까지 비슷했던 이들에게 '다른 목소리'를 기대할 수는 없었다. 당시 대통령 특별보좌관이었던 역사학자 아서 슐레진저는 "그들은 국사를 다루면서 사교클럽의 회원인 양 처신했다. 중요한 결정들이 클럽 회비를 얼마나 낼지 걱정하는 소규모 이사회처럼 훈훈한 동료애 속에서 이뤄졌다"는 회고를 남겼다. 미국 심리학자 어빙 재니스가 명명한 '집단사고(groupthink)'는 이 사건에서 유래했다. 친한 사람들끼리만 모여 있으면 정신능력과 현실 검증능력은 물론, 결속력이 강하고 도덕성이 우월하다고 믿는 집단일

수록 능력을 과신하고 반대 의견을 무시하는 '만장일치의 유혹'에 빠진다는 것이다.

1986년에 발생한 우주 왕복선 챌린저호 폭발 사고 전날 챌린저호의 발사를 둘러싼 회의에서도 집단사고와 관련된 다양한 증상들이 나타났다. 챌린저호의 로켓 추진 장치를 제작한 모톤 티오콜(Morton Thiokol) 회사와 우주선을 만든 록웰 인터내셔널(Rockwell International) 회사의 기술자들은, 로켓 발사 당일 날씨가 추울 것이라는 일기 예보를 듣고 저온에서는 로켓을 연결하는 고무 밸브가 폭발 할 가능성이 있기 때문에 발사 날짜를 연기할 것을 건의했다.

그러나 그럼에도 불구하고 회사 간부들과 NASA 관리들은 기술자들의 의견을 묵살한 채로 로켓을 예정대로 발사하기로 결정했고, 챌린저호는 발사 후 1분 13초 만에 7명의 승무원과 함께 불길에 휩싸였다. 이 과정에서도 역시, 기술자들의 반대 의견을 묵살하고 다른 대안을 고려하지 않는 자체 검열과, 기술자들은 배제한 채로 간부들과 관리들만으로 이루어진 회의에서 나타난 만장일치의 착각 등 집단사고의 증상들이 나타났다.

1995년 발생한 삼풍 백화점 붕괴 사고는 국내에서 집단사고가 초래한 최악의 참사 중 하나일 것이다. 특히 붕괴 직전 백화점 간부 회의 과정을 살펴보면, 강력한 집단 응집력이 집단사고에 미치는 악영향이 여실히 드러난다. 삼풍 백화점 간부들은 대부분 회장의 친인척이었고, 따라서 대인 관계에 기인한 응집력이 매우 강했다. 당시 간부들은 조직의 최고 권위자인 회장이 걱정할 것을 우려한 나머지 건물 붕괴의 위험성을 보고받고서도 영업을 중지할 것을 건의하지 못했다. 또한 적절한 대처 전략을 적극적으로 고려하지 않았고, 백화점의 보수 시기와 방법만을 탁상에서 논의하다가 결국 붕괴에 이르게 되었다.

집단사고를 예방하기 위해 리더는 개방적인 지도자가 되어야 한다.

제니스(Janis)는 집단사고가 발생하는 원인, 증상 및 결과를 트루먼 행정부의 마셜 플랜, 케네디 정부의 쿠바 핵 미사일 기지 설치 저지 등 매우 성공적인 집단 의사 결정 사례들을 연구하여 집단사고를 예방할 수 있는 방안들을 제시했다.

만장일치를 추구하는 경향을 억제하기 위해서는 리더의 역할이 중요하다.

- 리더는 회의를 시작하기 전에 자신의 입장을 밝히거나 선호를 표현하지 않아야 한다. 조직의 다른 구성원들이 자유롭게 의사를 표시하도록 하고, 자신의 의견을 표명할 때에는 비판을 받아들일 마음의 준비가 되어 있어야 한다.
- 찬반 토론에서 중립을 지켜야 한다.
- 구성원들이 제안에 대해 반론과 의문을 제기하도록 권장하고 무조건적인 찬성을 지양해야 한다.
- 회의에서 적어도 한 사람을 지명하여, 제시된 모든 주장에 반대 주장을 하는 반론 대변인(devil's advocate) 역할을 부여한다.
- 집단을 여러 개의 하위 집단으로 구분하여 각각 토론하도록 하고, 그 후에 전체 회의를 통해 최종적으로 논의하도록 한다.

재난관리 주요 이론

사회가 첨단 기술 발달로 빠르게 변하고 있다. 거기에 발맞춰 급격한 기후변화로 지진, 홍수 등 자연 재난과 건물 붕괴, 각종 산업현장에서 심각한 재해가 반복해서 일어나고 있다. 이런 재난재해를 어떻게 효율적으로 대응할 것인가 중요한 문제일 수밖에 없다. 이때까지 세계 각국에서 발생했던 사건 사고를 연구 분석해서 일정한 법칙과 이론들이 정립되기 시작하였다. 이론과 법칙을 살펴보고 사고를 예방해야 할 것이다.

하인리히 법칙

미국의 하인리히는 재해 발생 과정을 도미노이론을 인용하여 사고의 연쇄 과정을 설명하였다. 상호 밀접한 관계를 가지고 있는 5개의 골패를 일렬로 세워놓고 어느 한 끝을 쓰러뜨리면 순서적으로 쓰러지는 현상을 비유한다.

사고를 일으킨 사람의 기본적인 겪어온 환경, 심신의 일시적 결함, 사고가 발생한 때 장소나 시설 등의 불안전한 상태 또는 불안전한 행동 등을 골패라고 가정해 보면, 사고는 골패가 넘어지기 전에 환경과 겪어온 경험, 인간의 불안전한 행동이나 불안전한 상태는 사고 발생의 원인이라 사실을 알 수 있다.

일상을 살아가면 크고 작은 사고가 발생할 때 빠지지 않고 회자되는 법칙이 있다. 하인리히법칙이다. 하인리히 법칙은 원래 산업현장 재해에 적용되었으나, 현재는 대형 재난 사건 사고나 실패 등에 광범위하게 적용되고 있다. 대형사고가 있기 전에 나타나는 수 많은 징조들을 살피고 고쳐나가면 사고를 예방할 수 있다는 교훈을 주고 있다.

하인리히(1886-1960)는 1920년대에 미국 여행자보험회사에서 엔지니어링 및 검사부서 보조 감독관으로 근무하면서 업무 성격상 많은 사고 통계를 처리하게 되었다. 실제로 발생한 7만5천개의 사고를 분석하면서 얻은 자료들을 토대로 과학적 분석을 하게 된다.

그 결과 1931년 《산업재해예방 : 과학적 접근》 책을 출판한다. 이 책은 출판되자 많은 사람들이 주목하게 된다. 이 책에서 우리가 알고 있는 하인리히 법칙 즉, 산업재해로 인해 중상자 1명이 발생할 경우 그 전에 같은 원인으로 발생한 경상자가 29명 있었고 부상을 당하지는 않았지만 같은 원인으로 경미한 사고를 겪었던 사람이 무려 300명이 있었다는 사실을 밝혔다. 오늘날 1:29:300 법칙을 하인리히 법칙이라고 부른다.

재해를 방지하기 위해서는 중간의 잘못된 요소를 제거하면 방지할 수 있다는 학설이다.

하인리히는 사고가 발생하는 원인을 근로자 자신을 기준으로 5개로 나눠 그중 한 요소가 잘못되면 결과적으로 재해가 발생한다는 것이다.

순서는

제1단계 : 유전적 요소와 사회적 환경,

제2단계 : 개인적인 결함,

제3단계 :불안전한 행동 및 상태(인적 원인과 물적 원인)

제4단계 : 사고

제5단계 : 재해

5단계 요소 중 가장 근본적인 것은 유전적 요소와 사회적 환경으로 이것이 잘못되면 개성에 영향을 미치고 개성은 불안전한 행동으로 이어져 사고가 발생하고 발생하면 인명과 재산 손실을 가져 오는 재해가 발생한다. 개인의 유전적 요소와 사회적 환경이 잘되었다고 하더라도 개성이 나쁘면 이 개성이 불안전한 행동에 영향을 미쳐 재해가 일어난다. 그러므로 순서대로 놓여 있는 5개의 요소 중 잘못된 요소를 제거하거나 교육을 통하여 좋은 방향으로 교정하면 재해를 방지할 수 있다는 이론이다(안전 및 재난관리의 주요이론, 오태근외 5명, 윤성사, p.16-17).

무재해 운동

'무재해'란 근로자가 상해를 입지 않을 뿐만 아니라 상해를 입을 수 있는 위험 요소가 없는 상태를 말한다. 무재해 운동의 목적은 사업주와 근로자가 다 같이 참여하여 산업 재해 예방을 위한 운동을 추진함으로써 사업장 내의 모든 잠재적 요인을 사전에 발견 파악하고 근원적으로 산업재해를 절감하기 위함이다. 안전과 보건을 미리 대비해서 산업재해를 근절하고 인간중심의 밝고 활기찬 직장 분위기를 만드는 것을 목적으로 한다.

무재해 기본 3원칙

ZERO 원칙

무재해란 단순히 사망, 재해, 휴업재해만 없으면 된다는 소극적인 사고가 아니라 휴식이 없는 재해는 물론 일체의 잠재 위험 요인을 사전에 발견, 파악, 해결함으로써 근본적으로 산업재해를 없애는 것이다.

참가의 원칙

재해 없는 안전과 건강을 유지하기 위해서는 반드시 근무자 전원 참가하는 것이 꼭 필요하다. 참가란 작업에 따르는 잠재적인 위험 요인을 해결하기 위하여 각자의 위치에서 '할 수 있다, 하면 된다, 해 보자'는 위욕을 갖고 문제점이나 위험 요인을 제거해 나가는 것을 말한다.

예방의 원칙

재해 없는 질병 없는 직장을 만들기 위해서는 직장 내 위험 요인을 사전에 발견, 조사, 위험 요인을 예방하거나 방지하는 것을 말한다.

無재해 운동 3요소

무재해 운동 추진을 위해서 반드시 고려하여야 할 중요한 세기둥은 서로 연관되어 시행되어야 하며 만약 어느 한 기둥이라도 빠지게 되면 무재해 운동은 추진되지 않는다.

최고 경영자의 자세

안전보건은 최고 경영자의 무재해, 무질병에 대한 확고한 경영 자세로 시작된다. 일하는 한 사람이 소중하고 한 사람이라도 다치게 하지 않겠다는 인간 존중의 철학에서 출발하여야 한다.

관리감독자의 적극성

안전보건을 추진하는데는 관리 감독자가 생산 활동 속에서 안전보건에 관심을 갖는 것이 꼭 필요하다. 관리 감독자의 강한 결의와 실천이 없으면 무재해 운동은 시작될 수 없다.

안전은 자신의 문제로 인식

각 개인은 안전보건을 자신의 문제로 여기고 함께 일하는 동료의 문제로 받아들이고 서로 협력해서 자발적으로 추진해 나가는 것이 필요하다(안전 및 재난관리의 주요이론, 오태근외 5명, 윤성사, p.88-92).

동기부여이론

매슬로우의 인간 욕구 5단계 이론(Maslow's hierarchy of needs)

인간은 본성적으로 타고난 욕구 충족 여부에 따라 긍정, 부정적 감정 느낌이 발생한다. 욕구는 감정과 상호작용을 하면서 일상생활 순간순간마다 다양하게 표현된다.

미국의 경제학자 에이브러햄 매슬로우(Abraham H. Maslow)는 '인간의 동기와 성격(Motivation and Personality, 1943)'이라는 자신의 책에서 욕구계층설을 소개하였다.

매슬로우는 자기실현(self-actualization)이라는 개념을 앞세워서 인간의 잠재성에 집중 연구하고, 인간이 어떻게 하면 자신의 잠재성을 드러내게 할 수 있는지를 살폈다. 인간에 대해서 전체적이고 역동적인 관점을 가지고 있었던 매슬로우의 이론은 동기화 이론과 욕구위계이론이 가장 대표적이다. 하나의 욕구가 충족되면 순서가 다음 단계에 있는 다른 욕구가 나타나서 그 충족을 요구하는 식으로 체계를 이룬다. 또한 가장 먼저 요구되는 욕구는 다음 단계에서 달성하려는 욕구보다 강하고 그 욕구가 만족되었을 때만 다음 단계의 욕구로 이동된다.

인간은 무엇인가를 필요로 하는 결핍한 존재다.

다시 말하면, 충족되지 못한 어떤 욕구들을 충족시키기 위해서 동기가 유발된다. 일단 충족된 욕구는 더 이상 동기로서의 기능을 가지지 않으며, 충족되지 않은 욕구만이 행동을 일으킨다.

매슬로우는 특별한 순서나 형태에 따라 나타나는 인간 욕구의 다섯 가지 체계를 탐구하였다. 중요한 순서에 따라 욕구의 단계를 생리적 욕구, 안전 욕구, 사회 욕구, 존경 욕구, 자아실현 욕구의 순으로 체계적으로 나열하였다. 욕구단계설은 인간의 욕구가 그 중요도별로 형성된다는 동기 이론의 일종이다.

욕구 하위단계부터 순서대로 살펴보면 다음과 같다.

① 1단계: 생리적 욕구(Physiological needs)

인간에게 가장 기본적이라 할 수 있는 생리적 욕구이다. 조직의 관점에서 보면 먹고사는 문제와 바로 연결된 욕구를 의미한다. 집이나 따뜻함, 먹을 것을 얻고자 하는 욕구이다. 이러한 생리적 욕구는 비교적 짧은 시간 내에 반복적으로 충족시키지 않으면 안 된다. 인간은 빵으로만 사는 것은 아니지만 정말로 굶주리고 있는 사람에게는 빵 한 조각이 전부인 것이다. 춥고 배고픈 문제가 해결되지 않는 한 다른 욕구는 모습을 나타내지 않는다.

예) 소득이 많은 직장을 좋아하는 것

② 2단계: 안전 욕구(Safety needs)

생리적 욕구가 어느 정도 충족되면 안전의 욕구가 나타난다. 이 욕구는 근본적으로 불안, 전쟁, 무질서 등 신체적 및 감정적인 위험으로부터 보호되고 안전해지기를 바라는 욕구이다.

예) 삶의 질을 높이면서 고용이 보장되는 안정된 직장

③ 3단계: 애정과 소속감 욕구(Love and belongingness needs)

일단 생리적 욕구와 안전 욕구가 어느 정도 충족되면 애정이나 소속감에 대한 욕구가 나타나게 된다. 동료와 친하게 지내게 싶어 하고 이성 간의 교제나 결혼을 간절히 바라게 된다. 인간은 사회적인 존재이므로 어디에 소속되거나 자신이 다른 집단에 의하서 받아들여지기를 원한다.

④ 4단계: 자기 존경 욕구(Self-esteem needs)

인간은 세상을 살아가면서 소속되려는 욕구가 어느 정도 만족되면 그 집단에서 단순한 구성원 이상의 것이 되기를 원한다. 이는 내적으로 자존, 자율을 성취하려는 욕구(내적 존경 욕구) 및 외적으로 타인으로부터 인정을 받으며, 집단 내에서 어떤 지위를 확보하려는 욕구(외적 존경 욕구)이다. 명예, 지위 등과 관계되는 것으로 자기 일에 대한 자부심, 타인으로부터 존경 받고자하는 한 차원 높은 욕구를 지니게 된다.

⑤ 5단계: 자아실현 욕구(Self-Actualization needs)

마지막으로 존경의 욕구가 어느 정도 충족되기 시작하면 그 다음에는 자신의 '능력을 발휘하고 싶다'는 자아실현 욕구가 강하게 나타난다. 이는 자신이 이룰 수 있는 것, 혹은 될 수 있는 것을 성취하려는 욕구이다. 미래를 계획하고 자기발전을 통하여 성장하고 자신의 잠재력을 극대화하여 자아를 완성시키려는 욕구이다.

이러한 욕구들은 행동을 실행하게 하는 데 두 가지 원칙이 있다. 첫째는 욕구가 충족되면 더 이상 행위를 하지 않는다는 것이고 둘째는 욕구는 지위나 계층을 가지고 있다는 것이다. 동기화 이론에 따른 욕구 이론은 인간의 동기를 다섯 단계로 나누고, 가장 기초적으로는 생리적 욕구, 그다음에는 안정의 욕구, 그다음에는 애정 및 소속의 욕구, 그다음에는 자기 존중의 욕구, 마지막으로는 자기실현의 욕구 순으로 되어 있다. 이 욕구는 순서대로 일어나며, 모든 사람이 이와 같은 발달과정을 거치면서 가장 높은 단계까지 가는 것은 아니다.

매슬로우의 욕구계층이론은 인간 중심의 경영전략에 중요한 이론적 근거를 제공해 주고 있다. 왜냐하면 조직구성원들의 하위단계 욕구가 어느 정도 충족되고 나면 지속적인 동기유발을 위해 상위수준의 욕구를 충족시키기 위한 전략이 마련되어야 한다는 점을 시사하고 있기 때문이다.

매슬로우에 대한 비판과는 별도로 그의 욕구 이론은 근본적으로 심리학에 도움을 주었다. 또한 인본주의 심리학과 공익성이라는 개념을 확립하고 발달시키는데 기여했다.

결론적으로 매슬로에 따르면 인간의 행동은 기본적 욕구에 따라 동기화되므로 "개인의 행동은 그때그때 가장 강한 욕구에 의해 결정된다"고 말했다.

맥그리거 X, Y 이론

미국의 경영학자 맥그리거(McMgregor)는 상반되는 인간본질에 대한 가정을 중심으로 XY이론을 제기하였다. X이론은 조직 구성원에 대한 전통적 관리전략을 제시하는 이론으로써, 사람은 본래 일하기를 싫어하고 게으르며 야망이 없고 책임지기를 싫어하며 명령에 따라가는 것을 좋아하고 변화에 저항적이고 안전을 원하며, 자기중심적이며 속기 쉽고 영리하지 못하며 사기에 잘 속는다고 가정한다. 이러한 X이론에서의 관리자의 관리전략은 직원들의 행동을 통제하고 감독해야 책임을 지며 처벌·통제·위협 등을 선호한다고 가정한다.

반면에 Y이론은 인간의 본성은 일을 즐기고 조직의 목표 달성을 위하여 자기 일을 찾아서 하고, 조직목표에 헌신적 인간을 가정한다. 또한 조직목표에 헌신하는 동기는 존경의 욕구, 자기실현의 가장 중요한 보상이며, 조직문제 해결에 있어 상상력과 창의력을 발휘할 수 있다는 것을 전제한다. Y이론에서의 관리자의 관리전략은 개인목표와 조직목표를 조화될 수 있도록 하며, 관리자는 직무를 통하여 욕구가 충족되고 개인이 발전할 수 있는 운영방침을 채택하는 것이다.

X, Y이론 인간해석

맥그리거는 인간의 본성(nature of human being)에 대한 두 가지 구별되는 견해를 제시하였다. 기본적으로 인간의 본성에 대한 부정적인 관점인 X이론과 긍정적인 관점인 Y이론이 그것이다. 그는 경영자가 종업원을 취급하는 것을 관찰한 후에 인간의 본성에 관한 경영자의 관점을 일단의 가정에 기초를 두고 이들 가정에 따라서 종업원들에 대한 그들의 행동을 형성한다고 보았다.

X이론

① 인간은 천성적으로 일하기 싫어한다.
② 인간은 경제적 욕구만 충족되면 다 충족된 것으로 생각하여 돈에는 아주 민감하게 반응을 한다.
③ 자기 행위에 대하여 책임을 지기 싫어하며, 자발적으로 행동하는 것보다 남에 의해 움직이는 것을 더 좋아한다.
④ 인간은 철저히 자기중심적이며 이기적이다. 봉사 희생정신이 없으며 갈등을 일으키지만 해결할 능력은 없다.
⑤ 인간은 안전한 것만을 추구하고 변화를 귀찮아 한다.

⑥ 인간은 어리석기 때문에 엉터리 사기에 넘어가기 쉽다.

Y이론

① 인간은 일하는 것을 놀이나 휴식처럼 자연스럽게 여기고 경제적 수단으로만 보지 않는다.
② 인간은 조직의 목표에 관여하는 경우에 자기지향과 자기통제를 행한다.
③ 인간은 책임을 받아들이고 그것을 바라고 구하는 것을 배울 수 있다.
④ 인간은 자기만 생각하는 이기적 존재가 아니라 다른사람들과 함께하는 사회중심의 존재이다.
⑤ 인간은 외부 압력이나 처벌 때문에 행동하는 것이 아니라 스스로 규제 통제한다.
⑥ 누구의 지시가 아니라 스스로 창의력을 발휘 조직 문제를 해결한다.

동기부여에 관한 맥그리거의 분석은 매슬로우에 의해 제시된 욕구5단계설에 잘 표현되어 있다. X 이론은 저차원 욕구가 개인을 지배하며, Y이론은 고차원 욕구가 개인을 지배한다고 가정을 한다. 맥그리거 자신은 Y이론의 가정이 X이론의 가정보다 타당하다고 믿는다. 따라서 그는 의사결정, 책임, 그리고 도전적인 직무에 종업원들을 참여시키는 것은 직무 동기를 극대화시킨다고 주장을 하였다.

X, Y이론의 적용

맥그리거의 X, Y이론은 경영자가 종업원을 통하여 조직의 목표를 달성하기 위하여 동기를 부여하는 방법에 있어서 우선 종업원의 본성을 파악해야 한다는 것이다. 즉 종업원들이 X이론적 인간인가 또는 Y이론적인 인간인가를 파악해야 한다는 것이다.

자신의 종업원들이 X이론적인 인간이라면, 이들을 통하여 조직의 목표를 달성하기 위해서는 강제, 명령, 처벌 및 위협의 방법을 이용해야 한다. 이들의 동기는 대체로 저차원 수준의 욕구, 즉 생리적 욕구와 안전의 욕구수준에 머무르고 있다고 가정되기 때문에 이들에게는 이런 저차원 욕구를 충족시키는 방법을 이용하여 동기부여를 시키는 것이 효과적이다.

한편, 자신의 종업원이 Y이론적 인간이라면 이들에게는 조직목표를 달성하는데 경영자가 지원자적인 역할을 수행하는 것이 효과적이다. 그들은 일일이 명령과 통제를 받지 않더라도 자기지향과 자기통제를 행하기 때문이다. Y이론에 따르면, 인간의 동기는 대체로 저차원 수준의 욕구를 만족하고 있기 때문에 고차욕구를 충족시켜야만 동기부여가 된다. 따라서 경영자는 종업원들의 고차원 욕구를 충족시키는 방법을 모색하여야 한다.

맥그리거는 X이론적 견해를 낡은 인간관이라 비판하고 Y이론을 주장하였다. 그는 조직 내 인간의 완성과 자기실현의 가능성을 주창하면서 동기부여와 자기통제를 적절히 맞추어 조직목표를 이루어 나가야 한다고 말하였다.

현대의 경영학은 맥그리거의 영향을 많이 받고 있다. 역사상 가장 영향력 있는 사상가 중 한 사람으로 손꼽히는 맥그리거는 자발적 동기부여 이론을 주창하여 인사관리에 혁명을 불러일으켰다. 그는 직원들이 스스로의 개인적 성장에 책임을 져야 한다는 주장을 하면서 관리자가 강요하는 가짜 성장을 용납하지 않았다. 그에게 성장은 자연스럽고 유기적으로 일어나는 것이다. 맥그리거는 신뢰를 바탕으로 열린 마음을 가진 상사와 직원의 관계를 만들어 내는 사람이 진정한 리더라고 하였다.

리더십(Leadership)이론

우리 주변에는 관리자와 리더를 구분하며 조직에 관리자는 많으나 진정한 리더가 없다는 표현을 자주 들을 수 있다. 그렇다면 리더는 과연 무엇이며 관리자와는 어떻게 다른 존재인가? 우선 리더는 자신의 아이디어를 제시하고 부하들이 공감하도록 하여 그들이 조직 목표를 달성하기 위해 보다 많이 헌신하도록 하는 역할을 하는 사람이다.

관리자는 일반적으로 직무현장에서의 감독자나 상관을 의미하며 부하직원에게 지시와 명령을 내리고 목표달성을 위해 직원들을 통제한다. 그러나 리더는 조직구성원들이 조직목표를 달성하기 위한 활동을 할 수 있도록 비전과 방향을 제시해주고 도와주는 역할을 수행한다. 즉 관리자는 이미 주어진 과업이 완성되도록 관리, 감독하는 역할을 하는 반면, 리더는 미래지향적인 시각을 가지고 무엇을 해야 할 것인가를 제안하고 구성원 스스로가 이를 달성해 나가도록 자극하고 도와주는 역할을 하는 것이다.

성공하는 리더들은 공통적으로 조직구성원에게 미래지향적인 비전을 제시하고 이를 실현하기 위해 구성원의 자질을 함양시키는 능력(empowerment)이 탁월한 사람들이다. 즉 리더십이 권한 위임의 기반 위에 세워진다면 관리는 순종을 기반으로 구축된다.

리더십이란 집단 또는 조직구성원의 과업과 관련된 행동을 지시하고 그러한 행동에 영향을 미치는 과정으로 정의할 수 있다.

구성원들로 하여금 성과 창출 노력에 자발적으로 몰입하도록 이끌어가는 과정으로 정의할 수 있다.

리더십의 요체는 리더가 비전을 실현시키기 위해 구사하는 4가지 핵심 전략에 있다. 그것은 조직의 구성원에게 비전의 의미와 방향을 전달하고 구체적 실행방안을 설정해 구성원들의 신뢰를 구축하고 마지막으로 긍정적인 자존심을 가짐으로써 자기관리를 성공적으로 하는 것이다.

리커트(Likert) 시스템이론

리커트는 경영자의 리더십 유형을 크게 4가지 형태로 분류하였다.

독선적 전제형

착취적이고 권위적인 리더십 형태로서 과업지향적이며 고도로 구조화된 독재적인 관리유형이다. 상사는 부하를 신뢰하지 않으며, 모든 의사결정이 상부에서 이루어지고 명령계통을 통하여 하부에 전달되어 부하는 단순하고 기계적인 방법으로 업무를 수행하기만 한다. 이 경우 부하직원들은 강제적인 압력이나 처벌에 의해 움직이며 매우 낮은 차원의 요구만이 실현된다.

온정적 전제형

온정적이고 권위적인 리더십 형태로서 상사는 부하에게 상당한 신뢰를 가지지만 약간의 의사결정권 위임이 이루어진다. 이 경우 부하직원들의 동기유발을 위해 보수와 처벌이 동시에 부여되며 약간의 권한 위임도 가능하다.

협의형

상담형 리더십 형태로서 상사는 부하에게 상당한 정도의 신뢰를 가지며 약간의 의사결정권 위임이 이루어진다. 이 경우 부하직워들의 동기유발을 위해 보수와 처벌에 추가적으로 참가가 제공된다.

집단 참가형

참가적 리더십 형태로서 팀워크, 상호신뢰, 상호작용 등에 기반을 둔 관계 지향적 관리유형이다. 상사는 부하를 전적으로 신뢰하며 의사결정권은 조직의 각 부서에 위임되어 있으나 통합적으로 관리된다. 수직적 의사소통이 상하 간에 원활하게 이루어지며 동료들 간의 수평적 커뮤니케이션도 잘 이루어진다. 이 경우 부하직원들의 동기유발을 위해서 보수 뿐만 아니라 목표설정과 작업 방법 개선 및 목표달성 평가 등의 과정에 직접 참여하게 된다.

리커트는 이 네 가지 형태의 리더십 중에서 집단참가형을 가장 좋은 리더십으로 제시하였다.

블레이크(Blake)와 모튼(Mouton)의 관리그리드 모형(management grid model)

리더십은 "조직구성원으로 하여금 조직의 목적을 달성하기 위해 자발적으로 행동하도록 영향을 주는 조직 관리자의 기술이나 가정이다" 리더십은 어느 조직이나 성패를 결정하는 중요한 요소이기도 하다.

블레이크와 모튼은 리더가 관심을 두고 지향하는 성향을 두 가지 차원으로 구분하여 격자를 그려 리더의 유형을 설명하였는데, 이것이 관리그리드(managerial grid) 이론이다.

관리모형의 가로축은 리더가 과업에 대해 갖는 관심의 정도를 9등급으로 나누어 등급이 높을수록 과업에 대한 관심이 높은 리더를 나타내고, 세로축은 리더가 인간에 대해 갖는 관심의 정도를 역시 9등급으로 표시하여 등급이 높을수록 인간관계에 관심이 높은 리더를 나타내게 하였다. 이 관리모형은 1991년에 리더십 형식으로 고유 명사화 되었다.

친화형(컨트리클럽형 또는 인간관계형)

리더는 항상 구성원의 감정과 태도를 중시한다. 과업에 대한 관심은 거의 없고 인간에 대한 관심은 매우 높은 유형으로서 온화하고 친근한 분위기만 조성되면 생산이 잘 된다고 생각한다. 이 경우 부하들의 화합과 상사에 대한 신뢰, 부하 칭찬 등으로 좋은 분위기 형성에만 신경을 쓴다. 골프모임 회장과 같은 스타일이라서 컨트리 클럽형이라고도 한다.

무관심형(방관형 또는 무능력형)

불간섭과 자유방임을 신조로 과업과 인간 모두에 대해 아무런 관심도 없으며 부하에 대한 영향력도 거의 행사하지 못하는 유형이다. 이러한 자유방임 형태의 관리는 무능력에서 올 수도 있기 때문에 무능력형 리더 유형이라고도 한다.

과업형(권한 순응형)

혼자 계획, 명령, 통제하며 인간에게는 관심이 거의 없고 오로지 과업에만 관심이 있는 유형으로 독재 및 전제형이 이에 속한다. 이 경우 리더 혼자 모든 계획과 통제기능을 수행하는데 긍정적인 측면으로는 일에 대한 실력과 의지를 가진 사람으로서 부하들에게 훌륭한 모델 역할을 수행한다. 과업 달성에 가장 큰 관심을 기울이기 때문에 부하직원은 따라가기만 하면 성공할 가능성이 높다.

단합형(팀형 또는 이상형)

가장 이상적인 리더로서 과업과 인간에 대한 관심이 모두 높은 유형으로서 능력과 인간성을 모두 갖춘 리더유형이다. 이 경우 업무계획과 실행에 부하들의 참여와 단결을 유도하여 조직목표를 달성함과 아울러 구성원들의 사기를 높여 부하직원들의 욕구를 충족시켜 신뢰와 존중 관계를 만들어가는 유형이다.

중도형(중간형)

인간, 과업 양쪽에 관심을 갖되 일정량의 성과만 있으면 그것으로 만족하면서 더 재촉하지 않는 리더 유형이다. 균형을 맞춤으로 적절한 조직 목표를 달성하고자 하는 리더십 모형으로써 가장 효과적인 행동이라고 평가되기도 하지만 적당주의 접근 방법이라는 평가도 있다.

피들러(Fiedler) 리더십 상황적합모형

피틀러의 리더십 상황이론은 리더와 상황이 잘 맞아야 성과가 높다는 관점에서 접근하는 상황론적 리더십 이론이다. 특정 조직에서 성공한 리더가 다른 조직에서 같은 방식의 리더십을 발휘한다고 해서 같은 성공을 보장받지는 못할 것이다. 리더가 활용할 수 있는 경영자원의 여건이나 부하직원들의 상태에 따라 리더 행동의 결과가 달라질 수 있다.

피틀러는 리더의 유형을 일의 성취를 중시하는 과업지향형과 인간관계를 중시하는 관계지향형으로 나누고 상황에 따라서 상황에 따라서 관계지향형 리더가 더 좋은 성과를 올릴 수도 있고 과업지향형 리더가 더 좋은 성과를 올릴 수도 있다고 하였다. 상황이 리더에게 매우 유리하거나 불리한 경우에는 과업지향형 리더가 더 좋은 성과를 올릴 수도 있지만, 상황이 그렇지 못한 경우에는 관계지향형 리더가 더 좋은 성과를 올릴 수 있다는 사실을 발견한 것이다. 상황이 리더에게 얼마나 유리한가의 여부는 다음 세 가지 요인으로 결정된다.

① 리더와 부하와의 관계 : 신뢰성, 확신, 존경의 정도 등이 높을수

록 리더에게 유리하다.

② 과업구조 : 작업목표의 명료성, 수단의 다양성, 의사결정의 구체성, 과업의 구조화 정도 등이 높을수록 리더에게 유리하다.

③ 리더의 권력 정도 : 부하에 대한 처벌, 보상, 진급, 승진, 추천권, 결정권 등의 리더에게 막강한 권한이 있다면 리더에게 유리한 상황이다.

상황이 리더십을 결정하는 요인이라면 시대적 상황이 달라졌음에도 불구하고 '오랜 세월에 걸쳐 지도자의 역할을 하는 리더들은 어떻게 설명할 것인가?'라는 의문이 남는다.

재난현장 인간 심리

인간은 다가오는 위험을 받아들이고 싶지 않아 편안하고자 하는 심리가 항상 작동한다. 설마 내게 무슨 일이 일어나겠어? 뭔가 이상하더라도 그냥 지나치며 안심하는 경향이 있다. 나 혼자가 아닌 다수의 사람이 있을 때는 더더욱 위험을 감지하기가 어렵고 피난하기도 어렵다. 안심하고 싶은 마음에 애써 위험을 회피하는 이른바 정상 바이러스(normalcy bias)가 작동한다. 대구 지하철 화재, 세월호, 일본 동일본 대지진 사례에서도 도망치지 못하고 가만히 기다리다 사고를 당하는 경우가 대표적이라 할 수 있다.

크고 작은 사건 사고를 당할 때 사람들은 왜 곧바로 도망치지 못할까?

사례에서 바라본 인간의 행동

2003년 2월 대구 지하철 화재 참사는 세계 지하철 역사상 두 번째로 큰 사고였다. 1995년 아제르바이잔의 수도 바쿠 지하철 화재로 세계 지하철 역사상 가장 많은 280명 이상 사망한 사고가 있었다. 대구 지하철 화재는 방화로 인해 불타고 있는 열차 반대편에서 들어와 나란히 정차된 열차로 불이 옮겨 붙으면서 참사는 시작된다. 기관사는 "잠시 기다려 달라"는 방송을 두세 차례 하면서 열차의 시동을 걸었지만 작동되지 않았다. 문을 열지 못한 객실의 승객들은 화염과 연기에 질식하기 시작했다. 언론에 보도된 사진을 보면 꼼짝하지 않고 자리에 앉아서 기다리는 모습과 손수건이나 손으로 입과 코를 막고 앉아서 고통스럽게 구조를 기다리는 안타까운 모습을 볼 수 있다.

2014년 세월호 참사에서도 구명조끼를 입은 채 천연덕스럽게 친구들과 장난치고 있었다. 도대체 무엇이 이들을 꼼짝 못하게 만든 것일까? 위험하다는 생각 자체를 하지 못했던 것일까? 모두는 무언가 정상이 아닌 이상한 현상을 느꼈을 것이다. 그러나 그 누구도 그 상황에서 위기를 모면하려는 행동을 취하는 모습은 볼 수가 없었다. 눈앞에 다가오는 위험이 나에게 어떤 영향을 미칠 것인가를 판단하지 못하고 있는 것이다.

비정상적 심리상태가 그들의 행동을 제약하고 있다고 볼 수밖에 없다. 사건사고 재난현장에서 바라보면 인간은 자신에게 직접 피부로 큰 충격이 오기 전에는 쉽게 움직이지 않는다.

'서서히 뜨거워지고 있는 물속 개구리'의 위기는 코앞에 위기가 닥쳤는데도 심각성을 제대로 인식하지 못하거나 확실한 해법을 못 찾고 있는 상황을 잘 나타내고 있다. 위기를 위기로 인식하는 감수성 훈련이 필요하다.

2011년 3월 11일 일본 쓰나미

동일본 대지진이 발생하면서 쓰나미(지진해일)가 몰려온다. 사망자 약 2만명 중 지진에 의해 약 2천 명이 사망했다. 대형지진 발생 후 거대 쓰나미가 오기까지는 30분에서 1시간 정도 시간적 여유가 있었다. 그러나 이때까지 반복해서 피해를 입은 지역이 가장 큰 피해를 입었다. 일본에서는 지진이 온 직후에는 쓰나미가 곧 몰려온다. 무조건 산으로 도망칠 것, 쓰나미가 지나간 아래 지역에는 집을 짓지 말고 거주하지 말 것 등 조상 대대로 내려온 전통을 지키지 않아 엄청난 피해를 또 다시 입었다. 지진학자들이 높은 지대로 옮기라고 권고했으나 주민들을 귀 담아 듣지 않았다.

쓰나미 피해를 당하지 않기 위해서는 쓰나미가 닥쳐오기 전에 튼튼한 콘크리트 높은 건물 옥상이나 높은 지대로 피난하기만 하면 목숨은 건질 수 있다. 그런데 왜 계속해서 희생자가 발생한 것일까? 눈에 보이는 재난 예방 시설에 너무 의존해서 가장 중요한 인간의 심리 측면, 내면에 숨어 있는 부분을 소홀히 여기는데 원인을 찾아 볼 수 있다.

위험한 인간의 심리

우리가 재난에 잘 대처하기 위해서는 재난을 대비하고 예방하고 장비를 확충하는 문제도 필요하지만 그 재해에 직접 당한 인간의 심리에 대한 지식과 통찰력이 필요하다.

편안하고 싶은 심리가 작동한다.

인간은 천천히 다가오는 위험에는 잘 반응하지 않는다. 혼자 있을 때는 뭔가 불안을 느끼고 바로 행동을 하는데, 여러 사람이 모여 있는 경우 혼자 있을 때 보다 피난을 행동으로 옮기는데는 골든 타임을 놓쳐 사망한 사례는 최근 사고에서도 입증되었다.

현실을 제대로 보고 다가오는 위험을 가볍게 여기는 어리석음을 범하지 말아야 한다.

타인의 행동에 영향을 받는다.

인간이 살아가면서 서로 의존하고 도와주는 것은 필요하다. 그러나 재난 발생할 때는 상황이 달라질 때가 많다. 스스로 도망쳐야 할 때 다른 사람들이 움직이지 않으므로 눈앞의 위험한 순간을 지켜보다가 위험에 빠지는 경우가 많다. 대형재난사고에서는 많은 사람들이 한꺼번에 움직일 때는 이미 늦다. 남을 의식하지 말고 위험을 느낀다면 혼자라도 도망을 가야 한다.

도망치기 점점 어려워지고 있다.

갑자기 재난이 다가오면 사람들은 즉시 행동을 취하기보다는 몸이 굳은 상태로 멍해지면서 멈춰 버린 경우가 많다. 만약 주위에 얼어붙은 사람이 있다면 세게 흔들며 '정신 차리고 빨리 도망가라'는 강력한 메시지로 얼어붙은 상태를 녹여줘야 한다. 재난은 시간 장소 상황을 달리할 뿐 계속 발생하고 있다. 도망가기도 쉽지 않은 시대를 살아가고 있다. 자신이 현재 위치한 장소의 위험요인을 미리 파악하고 심리적 약점에 빠지지 않도록 행동하는 것이 필요하다.

전문가도 잘못 판단할 수 있다.

대형 재난은 시간 차이를 두고 여전히 반복되며 새로운 모습으로 다가온다. 2022년 10월 이태원 핼러윈 축재 때 159명이 압사당한 사고, 2001년 미국 911테러, 2011년 동일본 대지진 후쿠시마 원자력 발전소 사고 등 현장 담당자의 판단 잘못으로 피해가 커진 경우가 많다. 911테러로 약 2,800명이 희생되었고 항만관리청에서는 48명, 그 중에는 경찰관도 37명이 희생되었다. 피난할 충분한 시간이 있었음에도 잘못된 판단으로 피난 기회를 놓치고 말았다.

전문가들조차 한 번도 경험해보지 못한 사건으로 우왕좌왕 하다가 잘못된 판단뿐만 아니라 아무런 조치도 하지 못한 경우를 많이 본다. 정부에서 발표한 내용도 의심 될 경우 인터넷 등의 정보를 참고해 정확한 판단력으로 전문가의 잘못이 없는지 검토해 볼 필요가 있다.

재난이나 사고시 실제로 패닉이 일어난 경우는 드물다.

패닉이 개인의 심리상태나 행동을 의미하고 있으며, 사회학이나 심리학에서는 불특정 다수의 군중이 일으키는 <집합행동(collective behavior)>의 일종을 패닉이라 한다

재난이 발생하면 반드시 패닉현상이 일어난다고 생각하는 사람들이 대부분이다. 지금까지 일어난 재난을 통해 알 수 있는 것은 재난시 패닉이 일어나 피해가 더 커진 경우는 상당히 드물고 실제로는 사람들이 몸을 움직여 피난하지 않아서 희생된 경우가 더 많다. 대표적인 예가 대구 지하철 내부 승객들의 자리에 앉아 서서히 질식한 경우, 세월호 선실에서 구명 조끼를 착용한 상태에서 탈출하지 못한 경우 등이 여기에 해당 한다고 할 수 있다. 두 사고에서 실제로 '현재 위치에서 절대 움직이지 마세요'라는 내부 방송을 반복해서 내보냈다. 패닉을 두려워한 나머지 구조되어야 할 학생과 승객들의 움직임을 막아버린 것이다.

재난 현장에서는 정확한 정보를 제대로 전달하여야 하며 패닉을 우려해 정보를 숨기거나 아무 근거 없이 잘못된 정보를 전파하는 일은 절대로 없어야 한다.

희생양 만들기

역사를 살펴보면 인간은 전염병에 대한 근원적 공포를 떨쳐내기 위해 희생양을 손쉬운 방법을 선택했다. 전염병을 '신의 징벌'로 생각한 고대에는 '신을 노엽게 한 불손한 인간'을 찾아 제물로 바쳤다. 중세부터 18세기, 심지어 19세기 초반까지도 유대인과 집시가 '전염병을 퍼트리는 악랄한 집단'으로 몰리는 것은 유럽에서 드문 일이 아니었다. 과학과 의학이 발달한 현대에는 그런 전통적 희생양을 만들기 어렵다. 대신 과학과 의학에 의존해서 이제는 '감염자'를 희생양으로 만들어 책임을 묻곤 한다.

프랑스 철학자이자 인류학자 르네 지라르(1923-2015)는 '한 사회가 깨지고 흩어지지 않기 위해서는 반드시 희생양이 필요하다'고 말했다. 히틀러는 제1차 세계대전에서 독일의 패전, 극심했던 경제공황의 원인을 유태인에게 돌린다. 경제적 탐욕과 음모로 독일을 황폐하게 만들었다는 논리로 유태인들을 학대하기 시작한다. 이런 황당한 주장이 당시 힘들고 어려운 독일인들에게 설득력 있게 받아들이게 된다. 첨단 과학시대에도 대형사고 원인을 정확하게 분석 재발방지에 초점을 맞추는 것이 아니라 누군가에게 책임을 떠넘기는 '희생양 찾기'에 집중한다.

자신의 잘못이나 과실로 인해 사고가 발생한 경우, 책임을 다른 사람에게 떠넘기는 것은 쉽게 볼 수 있는 일이다. 아무리 진상조사를 해도 진짜 원인을 찾을 수 없을 때 사람들은 가짜 원인을 무의식적으로 찾아내려고 노력한다. 논리에 맞는 납득할 만한 그 무언가를 찾게 되면 진실 여부와 관계없이 '바로 이거야, 그럴 줄 알았어' '이 사람이 범인이다' 외치게된다. 신에게 제물로 바쳐야 하는 '희생양'을 준비되는 순간이다.

갈색 머리가 범인이다

2001년 7월 21일 효고현 아카시시 아사기리역 근처 불꽃놀이에 엄청난 나들이 인파가 몰려들었다. 불꽃축제는 7월 21일 오후 7시 45분부터 8시 30분까지 45분간 진행될 예정이었다. 축제장 근처에는 길이 100미터, 폭 6미터의 육교(내려오는 계단은 3m)가 있었다. 불꽃놀이 종료시 아사기리 육교 위에 1제곱미터당 13~15명이 서 있을 정도로 매우 과밀한 상태였고, 군중의 정체를 불러오는 병목현상이 일어나고 있었다. 육교 위에서 먼저 5명 가량이 쓰러지기 시작하여 최종적으로 300명가량이 쓰러진다. 과밀한 상태로 인해 사람이 공중에 뜨면서 들려 올려갈 정도로 눈 사태가 일어난 것이다. 이 결과 사람의 흉부에 폭 1미터당 4백 킬로그램포스(kgf)의 압력의 힘이 작용한 것으로 추정되었다. 이러한 과밀상태는 어른이 선 채로 압박으로 실신할 정도로 엄청난 것이다.

사망자 11명(어린이 9명, 노인2명) 주로 어린아이와 노인이 희생되었다. 사망원인은 이태원에서 일어난 핼러윈 축제 때 사망원인과 같은 대부분 흉부 압박에 의한 질식사였다.

아카이시 시(市)에서 전문가로 구성된 사고조사위원회의 보고서에 따르면,

“이 사고의 최대 원인은 15만 명의 입출 인원을 예상했던 경비를 총괄한 경비회사와 아카이시 시, 그리고 경찰이 사전에 충분한 경비 계획을 세우지 않고 통제 없이 육교로 군중을 들여보낸 것에 있었다. 경비를 맡은 이들이 육교 위에서 ‘군중 사태’가 일어날 것을 예상하지 못한 것이다. 경찰의 관심이 온통 폭주족 대책에 쏠려 있었던 것은 준비가 부족했다고 할 수밖에 없다. 명백히 인재로 인한 대규모 사상 사고였다.

이 사고와 관련해 매우 우려할 만한 일이 벌어졌다. 그것은 시측과 경비를 총괄한 경비회사가 사고 후에 입을 맞춰 사고 원인을 다른 곳으로 전가하려 했다는 것이다. 먼저 경비원을 실제보다 19명이나 부풀려 발표한 것은 중대한 문제였다. 경비에 만전을 기했다는 점을 알리려 한 것이다. 그보다 더 큰 문제는 경찰이 폭주족 대책에 경비의 주력을 기울였다고 조작하기 위해 시와 경비회사가 갈색 머리 젊은이가 난동을 부린 것이 사고 원인이라고 담합했다는 사실이다. 갈색 머리 젊은이를 희생양으로 만들어 책임을 피하려 한 것이다. 그 시나리오에 맞춰 매스컴 발표도 했으나, 이 발표가 위조였다는 것이 그 후 경찰 조사에서 밝혀졌다.

경비를 총괄한 주식회사 닛칸이 발표한 '사안보고서'에는 다음과 같이 기재되어 있었다. '20시 30분 육교 위 손님에 대한 경비원 보고, 육교 위 젊은 남성이 난동을 피우고 있음. 싸우고 있음. 부상자가 다수, 사람이 쓰러지고 있음 등' '육교 위에 젊은 남성(갈색 머리), 여러 명이 큰 소리를 지르고, 주변 사람들을 들이받고, 육교 천장으로 기어오르고, 기동대에 고함치고, 주변 사람들은 비명과 혼란' 그리고 그렇게 매스컴에 발표했다. 순전히 창작한 것이었다.

텔레비전도 신문도 이 발표를 따라 갈색 머리 범인 찾기를 시작했다.

경찰 조사로 이것이 완전히 꾸며낸 이야기라는 것이 밝혀지지 않았다면 아카이시 육교 사고의 범인으로 갈색 머리 젊은이가 희생양이 될뻔했다.

방심해서는 안 될 것은 시와 경비 책임을 맡은 기업조차도 실패를 감추기 위해 아무렇지도 않게 거짓말을 한다는 것이다."(인간은 왜 제때 도망치지 못하는가 p137)

보이지 않는 '패닉(panic)'이 범인으로 등장한다.

일본의 재해심리학 전문가인 히로세 히로타다는 저서 『인간은 왜 제때 도망치지 못하는가』에서 1942년 11월 28일 미국 매사추세츠주 보스턴의 코코넛 그러브 나이트 클럽 화재를 통해 패닉원인설이 개입할 여지가 생기는 과정을 설명하고 있다. 이 화재로 492명이 사망하고 130명이 부상을 입었다. 미국 역사상 가장 많은 사람이 목숨을 잃은 나이트클럽 화재다.

불이 번지자 많은 사람들은 급하게 대피를 시도했다. 문제는 코코넛 그로브 클럽의 최대 정원이 약 500명이었는데, 당시 무려 1,000명의 사람들로 인해 대피가 지연됐다. 불은 너무 빠르게 번져나갔고, 직원들은 나갈려면 돈 내고 나가라며 대피하는 사람들을 막아서는 바람에 비상구는 막혔다. 수 많은 사람들이 열리지 않는 비상구 앞에서 죽어갔다. 화재로 전기가 나가 불이 꺼지고, 어둡고 연기가 가득한 상황에 사람들이 의자나 테이블에 걸려 넘어지는 사태가 속출했다. 그나마 정문은 열려있어 사람들은 정문으로 나가야 했는데, 문제는 정문이 회전문으로 되어 있어서 한꺼번에 많은 사람이 빠져나가기 힘든 구조였다. 회전문에 사람들이 몰리자 문이 돌아가지 못했고, 결국 문 근처에 사람들이 쌓여 수많은 희생자가 발생했다. 불은 인조가죽 장식을 비롯한 수많은 인화물질로 인해 빠르게 번져나갔고, 불과 15분 만에 불길은 나이트클럽을 집어삼켰다.

500명의 사람이 사망했는데, 범인은 누구일까? 경찰과 언론에서는 범인을 찾아 나선다.

나이트 클럽 아르바이트를하던 고교생 소년이 전구를 바꿔 끼우기 위해 성냥을 켜는 순간 인화물질에 순식간에 옮겨 붙으면서 불은 시작되었다. 이 소년이 범인으로 지목 언론에 보도되었으나 병든 어머니를 간호하는 성실한 고등학생으로 알려지면서 비난을 멈추고 동정론이 등장한다. 새로운 범인 찾아야만 했다.

나이트클럽 영업을 허가한 구청 등 관계기관, 특히 소방서를 주목한다. 사고 발생 일주일 전 소방검사 당시 이상없다고 했기 때문이다. 조사한 결과 소방법에 적법했다고 판단한다. 그 다음으로 나이트클럽 주인이다.

검찰은 나이트클럽 주인 한 사람만 기소 한다. 그 이유는 사고 당시 수용인원 5백명인데 1천명을 입장 시켰기 때문이다. 500명 가량 사망에 책임자를 지는 사람은 거의 없다 어느 나라에서나 공통적인 사항이다.

대형 사건사고에서 사람의 과실, 당시 상황, 인위적 과실, 재난에서는 자연적 환경 요소 등 여러 가지 요인이 결합되어 복합적으로 발생한다. 원인을 정확하게 찾기가 어렵다는 말이다.

여기에서 패닉원인설이 개입할 여지가 생기는 것이다.

"사회심리학자 벨포트와 조지 리 두 사람은 패닌 신화가 번창하는데 가장 깊이 관련된 연구자로 기억할 수 밖에 없는 인물들이다. 그들은 코코넛 그로브 대화재의 원인을 검토한 후 5백명에 가까운 엄청난 사망자가 발생한 원인은 클럽 소유주와 웨이터, 소방서나 시청 직원 등 개별에서 있는 것이 아니라 패닉에 있다고 결론 내렸다"

대형 사건 사고에 사람에게 원인을 찾기가 쉽지 않다 보니 패닉을 희생양으로 책임을 전가하려는 것은 바람직한 태도가 아니다. 현대사회는 대형 재난과 사고가 발생했을 때 심각한 결과와 사소한 주의의무 위반의 틈을 무언가로 메꾸고 싶은 유혹이 있기 마련이다. 이런 유혹에 빠지면 사고의 정확한 원인조사 앞으로 재발 방지에 접근하는 것을 막아버리게 된다. 인간은 급한 상황에 처하면 패닉현상에 의해 피해 규모가 커졌다는 애매한 논리에 주의를 해야만 한다.

2장

재난에 강한 리더의 특징

모든 책임은 내가 진다

1948년 8.15해방부터 1950년 6.25전쟁을 시작으로 이 땅의 존재 여부를 묻는 수 많은 결정들이 있었다. 그 당시 지도자들의 결정 과정을 살펴보면서 역사적 교훈과 함께 다가올 재난에 대비해야 할 것이다.

- 트루먼(1884~1972, 미국 33대 대통령) 6.25참전 결정, 인류최초 원자폭탄 투하 결정
- 이승만(1875~1965, 한국 건국 대통령) 휴전협정, 한미상호방위조약을 받아내다.
- 애치슨(1893~1971, 미국 51대 국무장관) 애치슨라인(미국의 극동 방위선 발표)
- 맥아더(1880~1964, 최연소 육군참모총장) 인천상륙작전 성공

"모든 독서가가 다 지도자가 될 수는 없다.
그러나 모든 지도자는 독서가가 되어야 한다."

-해리 S. 트루먼

인류 최초 원자폭탄 투하 결정은 나의 임무였다.

원자폭탄 투하를 승인하는 트루먼 대통령의 친필 메모(1945.7.30.)
'국방장관, 41011 전보에서의 제안을 승인하오. 준비가 되면 8월 2일 이후에 투하하시오.

-해리 S. 트루먼(1945.7.30.)

1945년 5월 히틀러의 자살로 독일이 항복하면서 유럽 대륙에서의 전쟁은 끝났다.

트루먼은 독일을 처리하는 문제와 일본과의 전쟁을 끝내는 문제에 부딪히게 된다. 1945년 미군을 일본 규슈에 상륙하고 다음해 대규모 침공을 한다는 일본 침공 계획을 수립했다. 미군이 얼마나 희생될 것인가가 작전의 최우선 순위였다. 이미 유럽에서 40만명이 희생됐기 때문에 트루먼은 일본에서는 최소의 희생으로 전쟁을 마무리하고 싶었다. 트루먼은 일본 본토 침공작전을 승인했지만 이 계획은 원자폭탄의 살상력과 파괴력이 확인되면서 폐기됐다. 트루먼은 "원자폭탄 실험은 성공적이었고, 원자폭탄 폭발 섬광이 250마일 떨어진 곳에서도 보였으며, 폭발음은 50마일 바깥에서도 들렸다"는 내용의 보고를 받았다.

트루먼은 스탈린과 영국 처칠에게 원자폭탄 실험 성공을 알리고 일본에게 무조건 항복하라는 최후통첩을 보냈지만 일본은 미국을 비웃었다.

최초의 원자폭탄은 8월 6일 히로시마에 투하됐다. 파괴력은 상상을 초월했다. 폭발 직후에만 8만명이 사망했다. 연말에는 사망자 수가 15만 명으로 집계됐다. 건물과 가옥의 파괴는 헤아릴 수 없을 정도였다. 무조건 항복을 받아들이느냐 마느냐를 놓고 일본이 시간을 끌자 사흘 뒤인 8월 9일 나가사키에 두 번째 원자폭탄이 떨어졌다. 나가사키에서는 투하 당일 3만8천 명을 포함 모두 8만명이 사망했다. 일본이 항복을 하지 않자, 미국은 폭격기로 도쿄를 맹폭했다. 일본은 다음날 무조건 항복 요구를 받아들였다. 마침내 제2차 세계대전이 끝났다.

"원자폭탄의 투하 목표와 투하 시기 결정은 나의 임무였다. 착오가 있어서는 안 되었다. 나는 원자폭탄을 하나의 무기로 생각했으며, 이것을 사용함에 있어 어떤 의문도 갖지 않았다"고 트루먼은 회고록에 썼다. 트루먼은 죽을 때까지 원자폭탄 투하 결정은 자신이 내렸고 단독으로 결정한 것이었다는 주장을 철회하지 않았다. 전쟁을 빨리 끝내고 미군 25만명 목숨을 살리기 위한 반드시 필요한 결정이었다고 말했다. 지구상에 실제로 원자폭탄을 투하 인류의 종말을 가져올 수 있다는 것을 보여준 최초의 인물과 결정은 바로 트루먼 대통령이었다(트루먼, 정승호, 인간사랑, p.175).

한국을 세 번 살린 트루먼

트루먼, 1884년 미국 중부 미주리 주의 시골 마을에서 태어났다.

트루먼은 정치가이기 전에 인간으로서 지극히 성실, 정직했고 대통령이 되기 전이나 후에도 가난했지만 청렴한 사람이었다. 도전을 받았을 때는 투지와 끈기로 극복했으며, 설득할 때는 단호한 논리와 유머를 사용했다. 그는 아랫사람을 섬기며 사랑했으며 자기 자랑을 하지않은 훌륭한 사람이었다. 시간이 나면 역사책을 즐겨 읽으며 과거에서 지혜를 발견하는 것을 잊지 않았다. 피아노를 연주하는 것을 즐겼으며 예술적 감각도 뛰어났다.

미국 사람으로서는 키가 176cm, 작은 거인으로 불렸다.

『강대국의 흥망』의 저자 폴 케네디 교수는 "희망과 자신감 그리고 비전을 제시해주는 인물, 국민이 어떤 불만을 갖고 있는지 들어주는 인물, 즉 제2차 세계대전 직후 해리 트루먼 전 미국 대통령 같은 대통령이 필요하다"고 말하며 한국의 다음 대통령은 자신감을 불어넣고 확신을 줄 수 있는 사람이어야 한다고 말했다.

6.25전쟁 중 한국을 살린 트루먼 대통령

남침 보고를 받자마자 '그 개자식들을 막아야 한다'면서 전쟁 발발 5일 후 미국은 한국전쟁 미국 지상군 참전을 결정하였고, 중공군이 38선 이남까지 밀려 내려오고 맥아더와 영국이 유엔군의 한반도 철수를 건의하였을 때 '미국은 곤경에 처한 친구를 버리는 나라가 아니다'

고 선언했다. 미군은 흥남에서 중공군 포위망을 뚫고 후퇴하면서도 한국인 10만 명을 구출하여 데리고 왔다. 그리고 반공포로를 보호하는 결단을 한다.

한국을 살린 트루먼 대통령 결단 덕분에 우리는 지금 번영과 자유를 누리면서 세계 경제 10위 대국으로 살아가고 있다. 하지만 우리는 트루먼 대통령을 잊고 있다. 지금이라도 고마워하고 기억해야 할 것이다. 트루먼이란 이름이 붙은 공원, 거리, 기념물이 없었으나 2023년 경상북도 칠곡군에 있는 '다부동전적기념관'에 이승만과 전 대통령과 트루먼 전 미국 대통령 동상을 세웠다. 오늘의 대한민국이 존재할 수 있게 은혜를 베풀어준 트루먼 대통령을 결코 잊어서는 안된다.

한국전쟁을 끝내지 못하고 퇴임할 때, 트루먼 대통령의 지지율은 20%대로서 역대 최저였다. 동서(東西)냉전이 서방세계의 승리로 마무리된 이후 무력을 직접 사용하지 않고, 승리의 기초를 놓은 대통령으로 재평가 되기 시작했다.

1949년 미군이 떠난다. 국가안보는 자기 힘으로...

소련은 북한을 완전한 공산주의 위성국가로 만들어 놓고, 막강한 군사력으로 무장시킨 소련은 미국에게 양국이 남북한에서 철수하자고 제안했다. 대한민국 정부수립에 적극 후원한 미국은 한국을 떠나기로 결심한다. 다만 정치, 군사적 현실로 보면 '완전무장한 북한'과 '군사적으로 별 볼 일 없는 남한'을 남겨놓고 앞으로의 문제는 스스로 처리해야 할 처지에 놓였다.

1949년 11월 미군이 한국에서 완전히 철수한다. 당시 남한은 아주 형편없는 군사력을 보유하고 있었다. 북한은 일본이 남겨둔 기계, 화학공장 등 전쟁 수행 능력을 갖추고 있었다. 1949년 10월 1일 공산

국가 건설에 성공한 중국은 북한 김일성을 지원해 주었다. 1950년 6월 25일 북한은 남침을 개시한다.

6.25 참전 결정

〈1950년 6월 25일 04시, 가랑비가 소리 없이 내리고 짙은 안개가 산골을 메운 이른 새벽, 한반도의 허리가 부러지는 폭음과 섬광이 새벽의 고요를 심하게 흔들어 놓았다〉

북한군의 기습 남침이 시작되었다.

북한 남침을 보고받자마자 트루먼은 "그 개자식들을 반드시 저지해야 한다"고 결심한다. 북한의 남한 침공은 한반도에 국한된 문제가 아니라 소련의 전쟁 야심을 본격적으로 드러낸 것으로 보았다. 트루먼은 소련의 이런 야심을 막지 못한다면 자유 민주주의가 무너지고 공산주의, 전체주의가 세계를 대부분 지배하는 세상이 될 것이라고 판단했다.

트루먼은 한국에서 공산주의 확산을 막지 못한다면 동남아시아, 유럽, 중동지역에서도 비슷한 사태가 벌어질 것으로 판단했다. 소련 스탈린은 북한 김일성을 미끼로 남한 침공에 미국이 어떻게 나올지 시험을 했으며, 만일 미국이 한국전쟁에 개입하지 않는다면 다른 지역에는 쉽게 침략할 것이라고 판단했다. 미군 파병 결단을 내릴 줄 김일성과 스탈린은 상상하지도 못했다.

트루먼 대통령은 한국 전쟁 참전 결정은 "대통령으로 내린 가장 중요한 결정"이라고 자주 회고했다.

자손 대대로 감사해야 할 사람은 트루먼이다.

현재 대한민국이 누리는 세계 10위의 경제 대국과 번영 그리고 자유는 트루먼 대통령의 6.25참전 결단이 없었다면 결코 이루어질 수 없었다. 트루먼 대통령의 신속한 파병 결단이 있었기 때문에 가능했다. 우리 역사상 외국의 한 개인에 의하여 민족의 운명이 이처럼 극적으로 결정된 적은 없었다. 자손 대대로 감사해야 할 사람은 트루먼이다.

1950년 12월, 맥아더의 잘못 판단으로 중공군의 기습을 허용한 것은 국가적 위기에 직면했다. 트루먼 대통령을 괴롭힌 것은 맥아더 사령관과 동맹국 영국이었다. 맥아더는 "원자폭탄을 쓰든지, 중공을 공격하지 않으면 한국을 구할 수 없다. 차라리 한국에서 철수, 일본을 지키는 수밖에 없다"고 주장하고, 영국 노동당 수장 애틀리는 트루먼 대통령에게 한국을 포기하고 미군을 철수시켜 유럽 방어에 투입하자고 압박한다. 그런 애틀리에게 트루먼 대통령은 이렇게 말했다.

"우리는 한국에 머물 것이고 싸울 것입니다. 다른 나라들이 도와주면 좋습니다. 도와주지 않아도 우리는 어떻게든 싸울 것입니다. 우리가 한국을 버리면 미국을 믿고 함께 용감하게 싸웠던 한국인들은 모두 살해될 것입니다. 우리는 곤경에 처한 친구를 버리는 나라가 아닙니다."

트루먼의 생애

1884년, 트루먼은 미국 중부 미주리 주의 시골마을에서 태어났다. 농사를 짓는 집안 2남 1녀 중 장남이었다. 시력이 나빠 6살 때부터 안경을 썼으며, 비싼 안경이 깨지지 않도록 조심하라는 안과 의사의 주의 때문에 거친 놀이는 하지 못했다. 그 대신 책읽기를 좋아했으며 특히 역사책을 많이 읽었으며 피아노를 가까이 하여 쇼팽의 발라드와 왈츠를 연주할 수 있었다.

고등학교 졸업 후 웨스트포인트 육군사관학교나 아나폴리스 해군사관학교 진학을 희망했지만 시력 때문에 포기해야 했다. 트루먼이 군인이 되고자 했던 것은 어릴 때 읽은 역사책에서 감명받은 위인들을 본받고자 했던 이유 외에 집안 사정이 갑자기 나빠져 대학에 진학할 형편이 못 되었기 때문이다. 이후 트루먼은 철도회사 말단직원을 거쳐 여러 곳의 지역 은행에서 일하다 아버지 농장에 일손이 모자라 안정된 은행원 생활을 그만두고 11년 동안 전업 농부 생활을 했다. 농부 생활을 하면서 군인에 대한 열망에 지역 방위군에 입대한다.

틈틈이 군사 훈련을 받았으며 1917년 미국이 제1차 세계대전에 참전하자 프랑스에 파견돼 대위로 포병중대를 지휘하면서 전투에 참여했다.

1919년 제1차 세계대전 종전과 함께 제대한 트루먼은 귀국한다. 1922년 캔자스시티가 포함된 미주리 주 잭슨 카운티의 동부지역 판사 선거에 민주당 후보로 출마, 당선되면서 정치에 입문했다.

1943년 미주리주 연방 상원의원에 당선돼 워싱턴 정가에 진출한 트루먼은 상원의원 재선에도 성공하면서 전국적인 지명도를 얻는다. 1953년 1월 공화당 후보로 당선된 드와이트 아이젠하워에게 대통령직을 물려주고 퇴임했다. 퇴임후에는 미주리주로 내려가 부인 베스와 검소하고 소박한 삶을 살면서 필요할 때는 미국 정치 원로로서의 역할을 하다가 1972년 12월 88세로 숨을 거둔다.

트루먼은 미국 33대 대통령으로 취임한다.

트루먼은 1943년 11월에서 4선에 도전한 루즈벨트의 러닝메이트로 선출되어 부통령에 당선됐다. 루즈벨트가 취임 82일 만에 갑자기 사망하자 트루먼이 대통령직을 승계했다. 트루먼이 대통령 되자 기대보다 걱정을 하는 사람이 더 많았다. 트루먼이 과연 유럽과 아시아에서 벌어지고 있는 전쟁을 제대로 끝낼 수 있을까, 전후에 직면하게 될 국내외 과제들에 대처할 능력이 있기나 할까 하는 걱정이었다. 뉴욕의 명문가 출신으로 12년 이상 미국을 이끌면서 '머리부터 발끝까지' 대통령다움이 몸에 배인 루즈벨트에 비하면 미주리 주 출신으로 상원의원 재선이 고작인 트루먼 본인 스스로도 말했듯이 '어쩌다 대통령이 된 보통 사람'이었다.

제2차 세계대전을 마무리하고 새로운 세계평화체제 구축이라는 과제와 함께 전시체제의 미국을 평시 체제로 전환해야 하는 중책을 맡게 된다. 이 과정에서 "절대로 미국의 대통령이 되어서는 안 될 사람"이라는 비난과 야유를 들을 정도로 심각한 정치적 위기를 겪었던 트루먼은 1948년 대선에 출마, 당선됨으로써 미국과 세계를 이끌 지도자로 인정받게 된다.

그러나 트루먼은 대통령 재임 중 역대 어느 대통령보다 중요한 결정과 결단을 많이 내렸다. 제2차 세계대전 후 새로 시작된 세계사의 흐름을 바꾼 일본에 원자폭탄을 투하한 것과 트루먼 독트린, 한국전 참전 결단도 있었다. 미국 사회를 크게 변혁시킨 흑인 민권법 도입, 강성 노조에 대한 강경대책을 하는 결단을 하였다. 중요하고 옳은 판단을 했다는 평가도 많지만, 대통령 재임 시절에는 혹독한 비판을 받은 것도 있었다.

트루먼의 삶은 시련과 좌절 도전과 성취라고 말할 수 있다.

평생 7번의 선거에서 6번을 이겼지만 두 번째 수석판사 선거와 루즈벨트 러닝메이트로 나섰을 때를 제외하고는 모두가 힘든 선거였다. 1930년 연방 상원의원 연임 선거와 1948년 대통령 선거는 모두가 반드시 선거 패배를 예상한 불리한 여건에서 치른 선거였지만 불굴의 투지와 열정으로 승리했다. 지금까지도 이 두 선거는 미국 선거 역사상 가장 위대한 역전승으로 기록돼 있다.

트루먼은 자신에게 기회가 왔을 때 최선을 다했다. 첫 번째 연방 상원의원 출마, 부통령 출마, 부통령 승계는 트루먼의 의사와는 관계 없이 우연히 찾아 왔지만, 트루먼은 한 번도 여건이 불리하다고 포기하거나 두려워하지 않았다. 더 노력하고 준비해서 성공적으로 자신의 임무를 완수했다.

트루먼의 정치 생활에서 가장 힘든 것은 미국 정치 변두리 미주리주 출신이라는 것과 고졸 학력이다. 트루먼 특유의 인내, 섬김, 배려, 성실, 정직, 용기, 결단력으로 열등감을 극복하고 마침내 미국의 제10대 대통령 반열에 오르게 된다.

악한 일을 보면 바로 행동하는 그의 올바른 성격이 지금의 대한민국을 있게 한 것이다. 스탈린, 모택동, 김일성과 맞서 싸운 이승만과 트루먼 대통령은 누구보다도 공산주의를 잘 알고 있었다는 사실은 대한민국의 큰 축복이었다.

모든 책임은 내가 진다

1950년 6월 24일(미국시간) 애치슨 국무장관은 트루먼 대통령에게 전화를 한다.

"각하, 매우 심각한 소식입니다. 북한군이 남한을 전면적으로 공격했습니다. 무초 대사의 보고에 따르면 그 전에 있었던 총격과는 다른 본격적인 공격입니다. 유엔 사무총장에게 안보리 소집을 요청했습니다."

공산주의 대해 너무 잘 알고 있었던 트루먼 대통령은 회고록에서 이렇게 말한다.

"나는 과거 민주국가들이 이런 공격을 저지하지 않아 침략자들이 그런 짓을 계속하도록 방치했던 일들을 생각했다. 만약 공산주의자들이 계속하도록 방치했던 일들을 생각했다. 만약 공산주의자들이 자유세계로부터 아무런 저지를 받지 않고서 한국을 침략할 수 있도록 허용된다면 강한 공산국가를 이웃으로 두고 있는 작은 나라들은 협박과 공세를 견디지 못할 것이다. 이번 공격을 방치한다면 제3차 세계대전이 일어날 것이다. 비슷한 사건들이 제2차 세계대전을 불렀듯이"

"북한군을 저지해야 한다. 소련은 도발을 하고 있다. 그들은 미국이 또다른 세계대전을 일으키기 싫어 아무런 저항을 하지 않을 것이라는 전제하에서 한국을 공짜로 삼키려 한다"

트루먼은 말한다. '하나님에게 맹세코 그 자들이 대가를 치르도록 해주겠어'

1946년 초 백악관 트루먼의 집무실 책상에는 '모든 책임은 내가 진다(The buck stops here)'라는 글귀가 등장한다. 나중에 트루먼 대통령은 한국으로 지상군 파병하는 결정이 가장 어려웠다고 회고했다. 일본에 원자폭탄을 투하하는 것보다 더 어려운 결정이었다고 말했다.

트루먼은 결단을 내릴 때 절대 여론조사에 의해 결정을 하지는 않았음을 보여 준다.

"여론조사 결과를 보고 결정을 하는 것은 아무런 결정을 하지 않은 것과 같다. 대통령은 여론 조사 결과를 보고 정책을 결정해서는 안된다."고 말한 적이 있다. 또 "모세가 이집트에서 유대인들을 끌고 나올 때 여론조사를 했던가? 예수 그리스도가 여론조사를 한 후 설교 제목을 골랐던가? 마틴루터가 여론조사를 한 후 종교개혁에 나섰던가? 중요한 건 옳고 그름과 리더십이다."라며 여론조사에만 의지하는 풍조를 비웃었다.

그는 준비된 대통령이 아니었으며, 높은 수준의 교육을 받지 않은 보통사람이어서 결정의 과정이 세련되지도 정교하지도 않다는 비판을 받았지만 크게 개의치 않고 자기 기준으로 결단과 결정을 내렸다. 결정의 기준은 명확했다. 자신이 믿는 세계평화에 도움이 되고, 미국에 이익과 인류 번영에 이바지하고 국민복지에 도움이 되느냐는 두 가지 기준이었다.

"모든 책임은 내가 진다(The buck stops here)"고 했던 미국의 33대 대통령 해리 S 트루먼은 현직 대통령 프랭클린 루스벨트가 사망하자 곧바로 대통령직을 승계했다. 당시 그는 대통령 될 준비가 전혀 되지 않았지만 탁월한 결단력과 의지로 2차 세계대전을 승리로 이끌었다. 그가 재임 중 늘 강조한 것은 '책임'이었다. 그는 1953년 1월 퇴임식에서 "대통령은 그가 누구든 결정을 해야만 한다. 누구에게도 책임을 전가할 수 없다. 책임을 질 수 없다면 대통령을 해서는 안 된다"고 강조했다.

책은 나를 결단의 사람으로 만들었다.

트루먼이 주위 사람들을 믿게 하고, 자기 편으로 단드는 성품은 어떻게 만들어졌을까?

"나는 어렸을 때 주위 사람들을 보면서 그들이 무얼 생각하고 있으며, 무엇에 더 즐거워하는가를 알아내려고 애썼다. 어떻게 하면 아버지와 어머니를 즐겁게 해드릴 수 있을까를 알아내려고 두 분을 눈여겨 지켜보곤 했다. 학교 선생님이나 친구들에게도 똑같이 했다"고 어린 시절을 회상했다. "그렇게 애쓴 보람으로 나와 사귄 친구들을 내

편으로 만들 수 있었다. 농장에서, 학교, 군대, 판사시절에도 특히 상원에서도 이와 같은 내 행동은 언제나 나를 성공으로 이끌었다"고 말했다. 어릴 때부터 먼저 남에게 베푸는 성품이 자신을 성공의 길로 이끌었다.

시력이 좋지 않아 안경을 낀 것도 그에게는 또 다른 축복이었다. 안경 깨지는 걸 걱정해서 남자아이들과 자유롭게 어울려 놀 수도 없었다. 집에서 책을 읽으면서 많은 시간을 보냈다. 농촌치고는 책이 많았다. 책이 있어서 집에서는 한 번도 심심한 적이 없었다고 한다.

트루먼은 특히 세계 역사를 만든 사람들에 대단한 관심을 가졌다.

트루먼의 학교에서는 역사상 큰 사건을 사건별로 한 문단으로 압축해 가르쳤는데 트루먼은 그 사건을 있게 한 사람은 누구이며, 그 사람은 '왜 그랬을까?'라는 질문을 던져보고 답을 찾아보는 데서 재미를 느꼈다. 성공한 정치가는 어떻게 성공했으며, 실패한 사람은 왜 실패했는가에 대한 궁금증을 해소하려면 책을 읽어야 했다. 고대 이집트 역사, 메소포타미아의 문화, 그리스 로마 역사, 징기스칸의 제국 등 동양의 역사와 문화, 그리고 미국의 역사에 관한 책도 많이 읽었다.

트루먼의 역사 읽기는 평생 계속됐다. 상원의원, 부통령, 대통령이 된 후에도 역사책을 손에서 놓은 적이 없었다. 트루먼은 회고록에 역사 공부가 왜 필요한지를 길게 다음과 같이 기록해두었다.

"역사책은 내가 원하고 필요로 하는 것에 대해 착실한 교훈과 현명한 가르침을 준다"

"정치의 기초를 얻기 위한 방법으로 과거에 세계에서 가장 성공한 정부의 행정에 관한 역사를 연구하는 것보다 더 좋은 방법은 없다."

"제 아무리 새로운 정치 환경의 한가운데에 있는 것처럼 보이더라도 지난 6천년 동안에 거의 같은 시기가 있었다는 것을 알게 된다"

역사는 또 나에게 시대에 따라 주기적으로 병적 흥분의 물결이 닥쳐온다는 것을 가르쳐 주었다. 반 프리메이슨 운동, 반 가톨릭주의, KKK단, 내가 대통령일 때 있었던 반공 히스테리(적색 공포, 매카시 선풍)가 그런 사례들이다.

"우리가 어떤 사태에 직면할 때 우리는 역사의 교훈을 실제적인 방법으로 적용시킬 줄 알아야 한다." 그러나 역사에서 트루먼이 얻은 가장 중요한 통찰은 **"리더는 사람들이 싫어하는 일을 하게 만들 뿐 아니라 그 일을 좋아하게 만들 수 있는 사람이다"**라는 말일 것이다(트루먼, 정숭호, 인간사랑, p.86~90).

군인이 얼마나 되고 싶었는지를 트루먼은 자신의 회고록에서 이렇게 적고 있다.

"역시 시력이 문제였지만 시력표를 외워서 합격했지. 그게 들통이 났는데도 눈감아주더군. 신설부대여서 병력이 부족했기 때문일 거야"

나는 중요한 결정을 할 때 역사적으로 이전에 있었던 사례를 연구했다.

미국 역대 대통령 가운데 본격적인 회고록을 쓴 대통령은 트루먼 대통령이 처음이다. 그는 퇴임 후 《시련과 희망》 제목의 두권의 회고록을 썼다.

이미 일어난 사건을 놓고 못한 점과 잘한 점을 분석하기는 쉽지만 정치인은 확실하지 않은 정보로 결정을 내려야 한다. 트루먼은 회고록에서 이렇게 말한다.

"대통령이 된다는 것은 호랑이 등에 오르는 일과 같다. 계속 달리지 않으면 잡아먹힌다. 대통령은 항상 사건의 머리 위에 있어야 한다. 조금이라도 머뭇거리면 사건이 그의 꼭대기에 앉게 된다. 한 순간이라도 안심해선 안 된다. 대통령이 되어 보지 않은 사람은 대통령의 무한 책임에 대하여 이해할 수가 없을 것이다. 대통령에게 돌아오지 않는 책임은 없다. 대통령은 한시라도 자신이 대통령이란 사실을 잊어선 안된다. 최측근 참모나 가족들도 대통령이 어떤 자리인지를 알 수가 없다. 나는 사람 속에는 그래도 악(惡)보다 선(善)이 더 많다는 믿음으로 대통령직을 수행했다. 선이 악을 누를 수 있도록 도와주는 것이 정부가 할 일이다. **나는 중요한 결정을 할 때 역사적으로 이전에 있었던 사례를 연구했다. 모든 문제는 과거에 그 뿌리가 있다. 나는 역사적으로 서로 이어져 있는 관계 속에서 결정을 내렸다. 내가 왜 역사를 읽고, 또 읽었느냐 하는 이유가 거기에 있다.**"

트루먼은 대통령이 사건의 흐름을 놓치지 않으려면 불확실한 상황에서 신속하게 결정해야 한다는 점을 강조하였다. 즉 대통령은 사건의 본질과 흐름을 예상하고 결단하는 자리라는 의미이다. 예컨대 전두환 대통령은 아웅산 테러를 당하자마자 "이 사건은 북한정권이 저지른 것이다"고 미리 판단하였다. 박정희 대통령은 1968년 1월 21일 국군복장의 괴한들이 청와대를 습격하였을 때 "이것은 북한 소행이다"고 미리 판단하였다. 전두환 정부는 KAL기가 미얀마 근해 상공에서 실종되자 "이는 북한정권의 테러이다"고 예단하였다. 이런 예단들은 모두가 적중하였다. 이명박 정부도 "천안함 사건에 북한이 개입하였을 가능성은 낮다. 특이동향 없다"고 예단하였다. 이 예단은 틀렸다.

미리 판단을 하지 않고 모든 상황이 확실해진 다음에 결단하겠다는 대통령은 지도자가 아니란 것이 트루먼의 지적이다. 우직한 투르먼은 결단의 사나이였다. 원자폭탄 투하, 한국전쟁 참전, 트루먼 독트린, 마셜 플랜, 베를린 봉쇄에 항공수송 작전으로 대응, 맥아더 해임 결정 등 그는 일단 결정을 하면 "이후 모든 책임은 내가 진다"는 자세를 취하였다. 고등학교 밖에 나오지 않은 대통령이었지만 애치슨 국무장관, 조지 마셜 국방장관과 같은 최고의 엘리트들을 지휘하고 존경을 받았다. 그의 힘은 성격에서 나온 것이었다고 한다. 불확실성 속에서 정확한 예단을 하는 데는 역사가 가장 중요한 지침이다. 특히 전직 대통령들이 비슷한 상황에서 어떻게 행동하였는가를 알아보면 큰 도움이 된다. 트루먼은 어린 시절부터 역사와 독서에 관심을 있었다.

대통령의 필수 과목을 하나만 선택한다면 그것은 역사이다.

6.25 남침 보고를 받자마자 "무슨 수를 써서라도 그 개자식들을 막아야 합니다"말하면서 미군 파병을 결심, 한국을 살려준 트루먼 대통령은 고졸 학력의 소유자였지만 '위대한 대통령' 상위에 올라 있는 '결단의 사나이'였다. 그는 퇴임한 뒤 쓴 《책임이 머무는 곳(Where The Stops)》 책에서 성공한 대통령을 만드는 가장 큰 요인은 '좋은 성격'과 '역사적 교양'이라고 주장하였다.

"지도력을 양성하거나 가르치는 것은 불가능하다. 거의가 타고나는 것이다. 좋은 대통령과 나쁜 대통령을 가르는 제1조건은 성격과 역사적 교양이다. 역사적 교양이란 대통령의 권한에 대한 지식, 우리 정부의 역사에 대한 이해, 무엇이 자유로운 정부를 만드는가에 대한 인식이다. 대통령은 좋은 결정을 할 수 있어야 하는데 그렇게 하기 전에 모든 계층의 사람들로부터 다양한 의견을 다 들어야 한다.

정확한 결정을 하였다고 확신하면 밀고 나가야 한다. 논란거리는 피할 수 없고 피할 필요도 없다. 큰 정책에서 논란이 커질수록 유리하다. 왜냐하면 대통령이 직접 국민들을 상대로 정책에 반대하는 사람의 입장과 자신의 입장을 설명할 수 있기 때문이다. 대통령은 자신이 정당하다고 생각하는 것을 믿는 데 그치지 않고 그것을 실천해야 하는 사람이다. 대통령이 무엇을 하여서 국민이 손해 보는 것보다는 대통령이 꼭 무엇을 해야 할 때 하지 않아서 국민이 손해를 보는 경우가 훨씬 많다는 점을 알려야 한다. 합리적인 사람들은 항상 올바른 생각과 지도력을 가진 사람을 지지하게 되어 있다. 그러므로 논란이 되는 것은 대통령에게 유리한다. 자신의 생각을 공개적으로 이야기할 기회가 생기니까 말이다."

트루먼 대통령은 비록 대학교는 다니지 않았으나 어릴 때부터 독서를 통하여 역사적 교양을 깨달았다. 이런 인문적 지식이 큰 인물을 만드는 기본 바탕이 되었다. 대통령의 필수 과목을 하나만 선택한다면 그것은 역사이다(트루먼과 스탈린의 한반도 게임 비사, 조갑제, 조갑제닷컴, 179~181).

맥아더 해임 결정

"대통령으로서 군통수권자로서 당신이 맡고 있는 연합군 최고사령과, 유엔군 총사령관, 극동군 총사령관, 미 육군 극동지역 사령관 직책에서 해임하게 된 것을 유감스럽게 생각하는 바요. 매튜 리지웨이 중장에게 지휘권을 즉시 이양하시오.…

- 트루먼 대통령이 서명한 맥아더 해임안(1951.4.10)

1950년 10월 남태평양 웨이크아일랜드에서 만난 트루먼과 맥아더, 트루먼은 맥아더가 인천상륙작전을 성공시킨 후 북한군은 38선 이북

멀리까지 패주시키자 웨이크아일랜드로 날아와 맥아더를 격려했다. 맥아더는 이 자리에서 트루먼에게 크리스마스 전까지는 전쟁을 마무리 하겠다고 장담했다. 맥아더를 친 건 대통령의 권위를 존중하지 않았기 때문이지, 멍청한 SOB(son of bitch)라서 자른 게 아니다. 그렇다고 맥아더가 멍청한 SOB가 아니라는 말은 아니다.

미군이 38선 이북으로 공격해도 소련이나 중공이 한국전쟁에 개입하지 않을 것으로 맥아더는 판단했다. 조금만 더 밀어 붙이면 소련이 장악하고 있는 북한을 자유세계가 될수 있는데 여기서 그만 둔다면 비판을 면하기 어려울 수도 있다. 당시 미국 국민 64%는 북한이 항복할 때까지 전쟁을 계속해야 한다고 말했다. 중간선거를 앞두고 있는 트루먼 대통령도 맥아더의 성공이 자신에게 정치적 이익이 될 것이라 생각했으며 정치인, 언론 등도 미국의 북한 공격을 찬성하고 있었다.

중공군이 개입하면서 미군이 밀리고 희생자가 크게 늘어나자 미국민들은 트루먼을 무능하고 무력한 지도자라고 다시 비난하기 시작했다. 전쟁 비용 지출로 물가가 급등하고 국내 경제 사정이 악화된 것이 트루먼을 더 어렵게 만들었다.

트루먼에 대한 미 국민의 비난은 맥아더를 유엔군 사령관에서 해임한 1951년 4월에 정점에 달했다. 미군이 중공군의 공세에 밀리면서 전선은 다시 남하하여 밀고 밀리는 전투가 계속되면서 38선 부근에서 교착됐다. 트루먼은 한 달 전 3월 말 미군은 다시 38선을 넘어 북진할 의도가 없으며 전쟁을 중국으로 확대할 의도도 없음을 확실히 하고 남북한 모두 전쟁 발발 이전의 경계선 뒤로 돌아가 전처럼 각각의 정부를 꾸려가도록 휴전을 했으면 한다는 생각이었다. 그러나 맥아더는 트루먼의 이런 생각을 사실상 패배를 인정하는 것이라고 생각하고 반기를 들었다.

맥아더는 3월 24일 "아군의 우수한 전력을 토대로 거둔 승리보다 우리의 새로운 적인 중국이라는 공산주의 국가가 현대전을 감당하는 데 꼭 필요한 기본 군수품을 충분히 생산할 산업기반조차 없다는 사실을 안 것이 더 의미심장하다. 그들은 대단한 군사력을 갖추기라도 한 것처럼 허세를 부렸지만 결국 사실을 들키고 만 것이다" 또한 "중국은 기본적인 공군력이나 해군력을 유지하고 가동할 힘도 없다. 게다가 지상전에서 승리하는데 필수적인 탱크나 각종 중화기 및 원활한 부대 이동을 위해 필요한 근대과학의 발명품도 거의 갖추지 못한 상태다"라며 중국 수뇌부를 조롱하는 공식 성명을 발표했다.

맥아더의 중국을 조롱하는 성명은 중국 측을 격분시켜 휴전협상을 위한 미국의 노력을 물거품으로 만들었다.

맥아더가 정부 정책에 반하는 발언과 행동을 계속하자 트루먼 대통령은 1951년 맥아더를 파면한다. 국민들의 인기가 하늘을 찌르는 인천상륙작전 전쟁 영웅 맥아더를 파면하는 것은 정치적으로 큰 손해라는 것을 알았지만, 전쟁을 빨리 끝내기 위해서는 다른 방법이 없다고 판단했다. 당시 국민들의 맥아더 지지율은 69%였으며, 트루먼의 지지율은 26%였다. 그러나 트루먼은 맥아더의 행동은 정부의 국군 통제권은 물론이고 민주주의 사회의 중심부까지 흔들어 놓을 위험이 크다고 생각했다.

트루먼은 "맥아더의 잘못은 자신이 일개 육군 장교라는 것, 그리고 자신의 상관은 바로 대통령이라는 사실을 망각한 것"이라고 말했다. 맥아더는 당시 전쟁 영웅으로 대통령이라고 해도 함부로 해임하기는 싫지 않았을 것이다. 트루먼이 결단할 때 남북전쟁 당시 링컨도 비슷한 결단을 내렸던 것을 참고했다. 링컨도 육군 맥클레런 장군이 대통령 명령 불이행, 대통령을 무시하는 발언을 계속하자 결국 해임했다. 트루먼도 맥아더가 명령에 직접적으로 불복한 사례를 모으도록 지시했으며 이런 자료들을 참고 내각과 백악관, 군부의 의견을 들어 결정을 내렸다.

트루먼은 "미국 대통령으로서 혼자 결정하겠다. 이 짐을 누구와 나눠지려 한다는 인상을 주고 싶지 않다. 진실은 머지않아 밝혀지기 마련이다. 하지만 오늘 밤만은 이것이 내가 내린 결정, 즉 나 혼자 결정한 사항임을 강조하고 싶다"고 말했다.

맥아더 파면은 트루먼의 지지기반을 통째로 흔들었다.

전쟁이 계속되고 확대되는 것을 반대하던 미국인들이 전쟁 확대를 주장하는 맥아더를 해임한 트루먼을 비판하는 모순된 일이 벌어졌다. 미국 국민의 66%가 맥아더 파면을 반대하는 것으로 나타났으며, 백악관에는 파면을 항의하는 전보가 25만통이나 쏟아졌다. 트루먼 인형 화형식도 열렸다. 공화당 의원들은 트루먼 탄핵해야 한다고 나섰으며, 언론도 동참했다.

맥아더가 귀국하자 국민적 환영을 받았다. 하와이와 샌프란시스코를 거쳐 마지막으로 뉴욕에서 퍼레이드를 할 때는 700만 명이 거리로 쏟아져 나왔다. 그러나 맥아더의 인기는 얼마 가지 않았다. 미국 의회에서 파면의 정당성을 판단하기 위한 청문회가 열렸다. 42일간 계속된 청문회에서 맥아더는 자신이 주장했던 한국전쟁 전략에 대해 논리적, 정책적 정당성을 설명하지 못했으며 책임을 떠넘기는 모습을 보였다. 맥아더에 대한 국민들의 인기는 줄어들기 시작했다. 트루먼이 예상했듯이 진실을 밝혀지는데는 오랜 시간이 걸리지 않았다. 맥아더는 귀국직후 의회에서 “노병은 죽지 않고 사라질 뿐이다”라는 영국 군가의 한 구절을 인용했다.

미국과 중국은 트루먼이 퇴임한 6개월 후 1953년 7월 휴전협정에 서명 했다. 미군 약 3만 7천명이 한국 전쟁에서 전사했다. 이중 절반이 맥아더가 트루먼의 휴전협상 계획에 반기를 들었던 1951년 3월 이후에 사망했다. 남북한의 경계선도 트루먼이 생각했던 38선 부근에서 결정됐다(트루먼, 정숭호, 인간사랑, p.254~256).

1953년 1월 대통령직에서 물러나 미주리 인디펜던스로 돌아간다. 고향에 돌아온 트루먼은 회고록 집필과 트루먼 도서관을 세우는 작업을 시작한다. “회고록은 이야기(Story) 아니라 역사(History)가 되어야 한다”고 말했던 트루먼.

“미국에는 나보다 훌륭한 대통령감이 백만 명은 더 있을 것이다. 그러나 지금 대통령은 나이기 때문에 최선을 다하지 않을 수 없다”고 말했던 트루먼, 자신의 삶과 맡은 일에 최선을 다한 대통령으로 평가받고 있다. 투르먼은 대장염으로 22일간 입원해 투병하다 1972년 12월 26일 세상을 떠난다. 트루먼은 트루먼 도서관 잔디밭에 묻혀있다.

대한민국의 건국과 6.25전쟁 시기에 공산주의의 본질과 악마성을 꿰뚫어본 트루먼과 이승만이 두 나라 지도자였다는 것은 무엇보다도 우리나라의 행운이었다.

약한 대통령이 될 것이란 예측과는 반대로 트루먼은 소련의 팽창주의와 맞서 민주 국가들을 지켜낸다. 일본에 원자폭탄 투하, NATO 창설, 마셜 플랜으로 서유럽 부흥시키기, 트루먼 독트린으로 반공 반소 노선, 소련의 베를린 봉쇄에 항공수송 작전으로 맞서기, 한국전쟁 파병 등 그가 내린 결단과 만든 시스템이 냉전에서 자유진영이 이기는 기초가 되었다.

지난해 5월 조 바이든 대통령이 방한 당시 선물한 나무 명패에는, 트루먼 대통령이 남긴 '모든 책임은 내가 진다'(The Buck Stops Here)라는 유명 문구가 새겨져 있다.

퇴임 후, 그는 키가 작아서(176cm) 붙은 애칭인 "리틀 맨(little man)"이 아닌, 서방세계를 공산주의로부터 막아낸 거인이란 뜻의 "리틀 빅 맨(little big man, 작은 거인)"이라는 애칭을 얻었다. 1972년 12월 26일, 향년 88세로 사망했다.

리더의 중요한 자질 중 하나는 일관성이 있어야 한다.

경영학의 대가 피터 드러커는 지난 100년간 미국 대통령 중에서 가장 뛰어난 대통령으로 트루먼 대통령을 꼽았다. 트루먼 대통령은 카리스마는 없었으나 함께 일해 본 사람들은 모두 그를 믿고 따랐다. 한번 NO 하면 끝까지 NO였고 다른 사람에게 YES하는 법이 없었기 때문이다.

맥아더(1880~1964)

미국 역사상 뛰어난 군인이자 정치가. 용맹한 지휘관이자 조직과 전략이 탁월한 능력을 겸비한 5성 장군이다.

성공확률 1/5000, 인천상륙작전

1950년 9월 15일 새벽, 작전명 '크로마이트' 명명된 인천상륙작전이 시작된다. 스트러블 미 해군 제독이 지휘하는 제7합동기동부대 소속의 항공모함과 순양함, 구축함과 제10군단 병력이 탑승한 대규모 선단이 인천 앞바다에 집결했다.

미국의 모든 군사 전문가들은 "인천에 군사적 상륙은 미친 짓"이라며 반대했다. 수로가 좁아 대규모 선단의 진입에 어려움이 크고, 10m에 이르는 조수 간만의 차, 적군이 좁은 수로에 폭발물을 매설할 경우 많은 피해가 예상되는 등 수 많은 위험 요인으로 성공확률 5천분의 1 정도로 낮았기 때문이다. 그러나 유엔군 총사령관 맥아더 원수는 역발상으로 "5달러를 내고 5만달러를 딸 수 있는 기회"라며 반대파를 끈질기게 설득했다.

9월 15일, 인천항에는 오후 늦게부터 가랑비가 내렸다. 미 제10군단은 상륙 지점인 '레드, 블루, 그린' 해안에 병력과 장비를 육지로 운반시키고 이튿날 아침부터 서울을 향한 진격을 개시했다.

낙동강 전선의 돌파를 위해 비좁은 경상도 지역에 전력을 집중시켰던 공산군은 허리에 칼을 맞은 형국이었다. 낙동강 방어선 돌파를 위해 총력을 쏟아 붓고 있던 북한군은 갑자기 보급선이 끊기면서 거대한 포위망에 갇혀 버렸다. 위기에 처한 김일성은 9월 29일 스탈린에게 직접적으로 군사 개입을 요구하는 긴급전문을 보냈다.

9월 30일 맥아더는 도쿄와 서울에서의 방송을 통해 김일성에게 무조건 항복을 요구하는 최후통첩을 보냈다. 다음날인 10월 1일 국군 제3사단이 38선을 넘어 북진을 개시했다. 인천상륙작전은 성공확률이 거의 없다는 미 군부의 우려를 한 순간에 바꿔버리는 맥아더 장군이 성공시킨 역사적인 사건이었다(김일성이 일으킨 6.25전쟁, 강규형외 4, 기파랑, p.39~41).

육군사관학교 수석입학 – 수석졸업, 사관학교교장, 최연소 육군참모총장

제1차 세계대전 때 프랑스 전선에서 뛰어난 공을 세워 38세에 무지개사단 최연소 사단장으로 진급한다. 최연소 웨스트포인트 사관학교 교장, 최연소 육군 대장이자 육군 참모총장, 육군 원수까지 군의 주요지위를 거쳤으며, 태평양 전쟁과 일본의 전후처리에서 막대한 영향을 행사하였다. 또한 한국의 6.25 전쟁에서도 인천상륙작전을 세우고 총지휘하였다.

부친이 육군 중장을 지낸 군인 가족으로 아버지 아서 맥아더는 육군 장성으로서 필리핀의 군정 총독이기도 했다. 군대 지휘관의 좋은 유전자를 물려받았고 교육도 잘 받았다. 적극적인 맥아더 어머니는 육군사관학교 근처에 호텔 방을 얻어놓고 뒷바라지했다.

육군사관학교에 입학전 지능시험에서 93.3점을 받아 차점자보다 16점이나 앞섰다. 졸업때는 전 학년 평균 98.14점으로 이 학교 101년간 역사상 최우수 성적으로 졸업했다. 졸업 당시 관례대로 최우수 졸업생을 배치하던 공병대 소위로 배속된다. 이 때 맥아더의 나이 23세로 1차 세계대전 일어나기 1년전 1903년이었다.

1차 세계대전이 끝나고 맥아더는 1919년 5월 39세에 웨스트포인트 육군사관학교 교장으로 임명되었다. 1925년 45세에 미국 역사상 세 번째 최연소 육군소장으로 진급했으며, 1927년에는 미국올림픽위원장에 선출되었다. 1930년 미국 역사상 최연소 참모총장으로 취임하고 계급도 육군 대장으로 진급한다. 마침내 그의 꿈이 이루어진다.

맥아더는 천재적인 두뇌 소유자로서 성격도 복합적이었다. 맥아더에 대한 평가도 다양해서 어떤 것이 진실인지 의문도 있다. 전쟁중 어떤 때는 자신의 전략적 탁월함을 자랑하기 좋아했고, 어떤 때는 망설임과 무모함을 보이기도 했다. 그의 참모 중 한 사람은 이렇게 평가했다. '맥아더는 천재적인 독서와 공부로 다져진 정신력을 소유한 뛰어난 자질을 가졌으나 겸허함과 유머감각은 부족했으며 자신의 잘못이나 패배를 절대로 인정하지 않고 이를 변명하거나 은폐했다'

2차 대전중 맥아더를 취재했던 뉴욕타임즈 기자도 "맥아더는 군사전문가이고 정치적 인물이고 운명적인 남성이며 우리가 취재한 인물들 중 가장 멋진 인터뷰였다"고 말하면서 "그처럼 자기 중심적이고 그것을 행동으로 보여주는 유능하고 결단력있는 사람을 못 보았다"고 평가했다.

맥아더의 이런 상호 모순적인 성격은 6.25전쟁 중에도 찾아 볼 수 있다. 자기중심적인 판단 능력으로 다른 사람들의 의견을 쉽게 받아들여지지 못한 엘리트적인 사고력과 성품으로 결정적인 정보 판단에 지장을 초래한 것은 아닐까?

"맥아더가 중국이 6.25전쟁에 개입하지 않을 것이라는 근거없는 낙관론에 사로 잡힌 것도 그의 생활방식과 결코 무관하지 않다. 참으로 애석한 일이지만 그가 만약 중공군의 대규모 참전 사실을 미리 알았더라면 6.25전쟁의 전개 양상도 분명히 달라졌을 것이다"(6.25전쟁과 미국, 남시욱, 청미디어 p.201).

맥아더의 야심은 한반도 통일을 넘어서 공산화된 중국 땅을 되찾는 것이었다.

트루먼 대통령이 중공군 전쟁 개입 가능성에 대해 묻자 맥아더 장군은 자신 있게 말한다.

"그럴 가능성은 거의 없습니다. 그들이 전쟁이 터진 첫째 달 혹은 둘째 달에 개입했더라면 결정적이었을 것입니다. 우리는 저들을 두려워하지 않습니다. 만주에 집결한 30만 병력 중 기껏해야 5만~6만명 정도가 압록강을 건널 수 있을지 모르지요. 중공군이 만약 평양으로 남진하려고 하면 아마도 역사상 최대의 떼죽음이 일어날 것입니다."

맥아더 장군은 중공을 공격할 핑계 거리를 찾고 있었다.

1950년 10월 북쪽으로 전진하는 유엔군을 중공군이 기습 공격한 뒤 사라져버리자 맥아더는 수십만의 대병력이 들어왔다는 사실을 알면서도 수만 명에 불과하다고 축소 보고를 했다. 사실대로 보고하면 트루먼 대통령이 북쪽으로 전진하는 것을 중단시킬 것이라고 염려했을 것이다. 맥아더가 중공군의 대병력이 매복하고 있다는 사실을 알면서도 내린, 1950년 11월 하순의 총공격 명령은 중공군이 깔아놓은 거대한 함정으로 유엔군을 밀어 넣은 자살적 공격이었다.

맥아더는 중공군이 본격적으로 반격에 나서자 드디어 트루먼에게 자신의 계획을 말한다. 만주 폭격, 중공 해안 봉쇄 원자폭탄 사용 등 자신의 계획을 말한다. 트루먼 대통령은 중공을 정면으로 공격하면 소련이 참전, 미국이 이길 수 없는 세계대전으로 발전할 것이라고 판단, 맥아더의 건의를 거부하고 제한전을 선택한다.

맥아더장군은 왜 실패했는가, 맥아더는 무엇에 실패했는가?

1950년 6.25 전쟁 노장(老將) 백선엽 장군은 저서 『징비록』에서 6·25전쟁 당시 맥아더의 3가지 실수를 말한다. 중공군의 참전 첩보를 귀담아듣지 않은 것, 당시 미군 지휘권을 통합하지 않고 미 10군단과 8군으로 동서 양분함으로써 두 리더십 사이의 빈틈을 유발한 것, 인천상륙작전 성공에 취해 해병대 1개 사단의 원산 상륙을 감행

함으로써 서부전선의 전력 공백을 가져온 것이 3가지 실수였다. 맥아더 장군은 1950년 9월 미 해군 상륙 지휘함에서 인천상륙작전을 지휘했다. 반대가 심했던 인천상륙작전은 대성공을 거뒀고, 이후 맥아더 장군의 독선과 오판을 내부에서 막기는 어려워졌을 것이다. 한마디로 현장을 무시한 탓이다. 특히 중공군 참전과 관련한 현장의 첩보를 무시 내지는 경시함으로써 국군과 유엔군이 엄청난 피해를 입고 밀려났다는 것은 우리도 알고 있다. 백선엽은 "팔팔하게 살아 움직이는 현장의 여러 정황을 제대로 읽지 못하면 장수는 패착에 직면할 수 있다"고 경고한다. 바꿔 말하면 현장을 중시하는 리더가 성공 확률도 높다는 것이다.

맥아더 장군 해임이 주는 교훈

6·25전쟁 당시 절체절명의 상황에서 5000 대 1 성공 확률로 거의 도박에 가까운 인천상륙작전을 성공시켜 전세를 역전시킨 맥아더 장군에 대해서는 많은 사람이 알고 있는 데 반해, 워커 중장 순직 이후 미 8군 사령관으로서 8군을 이끌다가 맥아더 장군 해임 이후 그의 후임으로 유엔군사령관으로서 유엔군을 성공적으로 지휘한 리지웨이 장군에 대해서는 아는 사람이 그리 많지 않다.

리지웨이(1895~1993) 장군은 6·25전쟁 발발 후 1950년 12월 23일에 갑작스러운 교통사고로 순직한 미 8군 사령관 워커 장군의 후임으로 한국전쟁에 참전하여 중공군의 공세에 대항해 미 8군의 공세적 전투의지 회복과 위력 수색, 과감한 화력 운용 등을 통해 반격의 발판을 마련하고, 1951년 4월 트루먼 대통령에 의해 해임된 맥아더 장군의 후임으로 유엔군사령관 겸 극동군사령관에 임명된 후 지금의 휴전선 위치까지 전선을 회복하고 전쟁포로 관리와 정전협상 등을 통해 한반도의 적화통일 저지에 가장 크게 기여한 인물이다.

리지웨이 장군의 6.25전쟁의 회고록《리지웨이의 한국전쟁》에서 올바른 민군관계와 전문직업군인의 자세에 대해서도 언급하고 있다. 맥아더 장군의 해임 사례는 단순한 항명이나 불복종 이상의 의미를 담고 있다. 리지웨이 장군은 "맥아더 장군의 6·25전쟁 확대(중국 본토 진격, 공군력을 투입해 만주 기지 폭격 등) 주장과 이를 공개적으로 표명하는 것에 대해서는 강하게 비판하면서 "전쟁 중인 국가에서 애국심의 상징으로 떠오른 자신의 인기를 현역 장군의 의무와 혼동하고 있었다", "맥아더 장군이 대통령의 합법적 지시를 반복적으로 무시하고 정부가 승인한 정책에 대한 불만을 공개적으로 표출했는데도 그를 해임하지 않았다면 대통령은 자신의 직무를 유기한 것이나 다름없다"라고까지 표현하면서 맥아더 장군의 행동을 비판하고 있다.

노병은 죽지 않고 다만 사라질 뿐이다.

1951년 4월 19일. 미국 워싱턴DC 상하 양원 합동회의장에서 한 퇴역 장군이 연설을 한다.

"저는 지금 52년간의 군 복무를 마치려 합니다. 제가 처음 군에 입대할 때 20세기가 시작되기 전이었습니다. 그것은 제 소년 시절의 모든 꿈의 실현이었습니다. 제가 웨스트포인트 연병장에서 입관하던 그날 이후로 세상은 여러 번 바뀌었습니다. 그리고 저의 희망과 꿈도 오래전에 사라졌지만, 저는 그 시절 가장 즐겨 부르던 어느 군가의 후렴 한 구절을 기억하고 있습니다. 그 노래는 '노병은 죽지 않는다. 다만 사라질 뿐이다'라고 당당하게 선언하고 있습니다. 그리고 그 노래 속의 노병처럼 이제 저는 제 군생활을 마감하고 사라지려 합니다. 신께서 의무를 다하려고 애쓴 한 노병으로 말입니다" 감사합니다.

맥아더 장군이 죽기 2년 전, 마지막 대중연설을 했다.

그 연설 장소가 모교 웨스트포인트 육군사관학교였다. 웨스트포인트 고별사라고 알려졌는데, 이 고별사에서 맥아더 장군은 '세 개의 단어'를 강조했다.

임무(Duty), 명예(Honor), 조국(Country)

이 세 단어는 용기가 시들 때 용기를 불러일으키고, 신념에 대한 정당한 이유가 없을 때 신념을 되찾아주며, 희망이 절망이 될 때 희망을 솟아오르게 한다.

맥아더를 왜, 전설(legend)로 불리울까?

그의 업적이 대단해서일 것이다. 제1차 세계대전, 제2차 세계대전 그리고 한국전쟁 6.25한 가운데 이 노병이 있었다. 그 업적을 가능케 만든 것이 이 세 단어를 늘 품고 다녔기 때문은 아닐까? 임무, 명예, 조국…

맥아더: 콘파이프, 선글라스, 구겨진 정모 등 맥아더는 전쟁터에 개인 사진작가를 데리고 다녔다. 정치인보다 더 능숙하게 이미지 메이킹에 능했다.

나폴레옹: 전쟁터에 역사학자나 고고학자를 데리고 다녔다.

체면을 중시한 민족

6.25전쟁 때 미 8군 사령관 월턴 워커 장군의 후임으로 참전한 리지웨이(1895~1993) 장군의 회고록《리지웨이의 한국전쟁》에서 그의 눈에 비친 한국 군대를 이렇게 평가했다.

"한국군에는 북한군처럼 중국에서 전투 경험을 쌓고 돌아온 인적 자원들이 거의 없었으며, 현대 전투 수행 방식에 대해 교육받은 인원들도 상대적으로 적었다. …무엇보다 한국군 내에서는 '체면'이 가장 중요했다. 한국군 장교들은 자신들보다 계급이 낮았던 미국 고문관들의 조언을 수용하지 않았다"

한국군은 제대로 전쟁을 수행할 능력을 갖춘 군대는 아니었다고 평가했다.

"남한 사람들은 자유를 사랑하고 가정에 헌신적이었다. 한국군에게 부족한 것은 싸우려는 의지나 용기가 아니었다. 이들에게는 체계적이고 강한 훈련과 훌륭한 리더십이 너무도 부족한 것이 문제였다"

애치슨(1893~1971) 미국 51대 국무장관

1950년 1월 미국외무장관 애치슨은 내셔날 프레스 클럽에서 미국의 극동 방위선(애치슨 라인)발표를 한다. 태평양에서 미국의 극동 방위선을 알류샨 열도-일본 -오키나와-필리핀을 연결하는 이른바 '애치슨 라인'을 발표한다.

이로 인하여, 애치슨 라인 밖의 지역은 침공당해도 미군이 개입하지 않는다는 의미로 해석될 여지를 남겼다. 나중에 스탈린이 미국이 한국전 군사 개입 배제한다는 근거로 김일성 남침을 승인해 준다.

애치슨 선언이 북한의 침략을 일으킨 직접 원인이 되었는지에 대해서는 논란이 있지만, 당시 애치슨 라인은 전쟁을 하기로 결심한 북한과 이를 후원하는 소련에게는 침략해도 된다는 일종의 신호를 보낸 것은 사실이었다. 당시 미국은 국제정치의 작동원리대로 국가이익에 따라 행동했던 것이다. 별로 중요하지 않은 나라를 지키기 위해 군사력을 동원할 필요는 없었다. 한국은 그런 나라였다.

트루먼은 국무장관 애치슨을 전폭 신뢰하면서 "우리가 자유 대한민국을 뒷받침하도록 유엔을 설득하지 못했더라면 서유럽은 공산주의자들 손에 넘어갔을 것"이라고 말하면서 유엔을 신속히 움직인 애치슨의 공로를 높이 평가했다.

또한 회고록에서 "나는 확언컨대 역사는 애치슨을 미국이 그동안 가졌던 진정으로 위대한 국무장관의 한 사람으로 이름 올릴 것이다"고 칭찬했다. 애치슨의 명석한 두뇌와 냉철한 기질, 업무처리 능력을 높이 평가했다.

이승만(1875~1965), 위기 때마다 결단하는 지도자였다.

문명의 전환기에 태어나다.

건국 대통령 이승만은 1875년 3월 26일 황해도 평산군 능안골에서 아버지 이경선과 서당 훈장 김창은의 외동딸인 어머니 김해 김씨 사이의 3남 2녀 중 막내아들로 태어났다. 위로 두 형이 모두 홍역으로 죽었기 때문에 사실상 외아들인 6대 독자였다.

이승만이 태어날 무렵 한반도에 일본 군함의 강화도 불법 침범한 '윤요호 사건'이 발생하는 등 세계정세에 변화의 바람이 몰아치고 있었다.

상투를 자르는 것은 전통과의 결별이었다.

개화의 스승 서재필(1863-1951)과의 운명적인 만남이 배재학당에서 이뤄진다. 서재필이 강의하는 서구사상에 매료되기 시작한다. 당시 상황을 이승만은 회고한다.

"내가 배재학당에 가기로 하면서 가졌던 포부는 영어를 단지 영어만을 배우고자 하는 것이었다. 그러나 나는 그곳에서 영어보다 훨씬 더 중요한 것을 배웠는데, 그것은 정치적 자유에 대한 사상이었다. 한국 사람들이 정치적으로 어떻게 억압받고 있었는지 조금이라도 아는 사람이라면 기독교 국가 시민들은 그들의 통치자들의 억압으로부터 법적으로 보호를 받고 있다는 사실을 생전 처음으로 들은 나의 가슴에 어떠한 변화가 있었는지 상상할 수 있을 것이다. 너무나 혁명적인 것이었다. 나는 '우리나라에서도 그와 같은 정치적 원칙을 따를 수 있다면 얼마나 좋을까'하는 생각을 하게 되었다."(우남 이승만 대한민국을 세우다, 이한우, 해냄).

모든 국민이 자신의 책임을 깨달아야 한다.

이승만은 29살 때인 1904년 한성 감옥에서 《독립정신》을 쓴다. 외국인들이 우리나라를 마음대로 주무르고 있었지만 양반 관리들은 부패·무능한 가운데 외세를 등에 업고 권력투쟁에 몰두하고 있었고, 백성들은 가난하고 무지하고 무력했다. 그 당시 조선왕조는 사실상 이름 뿐이었다.

"우리 대한 동포들아! 신분이 높든 낮든, 관리든 백성이든, 부자든 가난한 자든, 양반이든 천민이든, 남녀노소 할 것 없이 2천만 민족의 한 사람으로서 나라를 이 지경으로 만든 데 대해 각자가 일정부분 책임이 있다는 것을 깨달아야 한다"

조지워싱턴, 하버드대학 석사, 프린스턴 박사

이승만은 조국을 떠날 때 고종의 비밀 밀사 사명 외에 미국에서 대학교육을 받으려는 꿈이 있었다. 한국내 미국 선교사들이 써준 추천서를 잘 보관해 둔다. 추천서에는 이승만이 정치범으로 옥살이 하면서 40여명의 동료 죄수들을 기독교로 개종시킨 내용이 들어 있었다.

"그때부터 나는 공부에 전념하였다. 오로지 남은 하나의 희망은 한국 사람을 갱생시키는 것이고, 그 길은 기독교 교육이라고 나는 믿었다. 나의 인생의 목적은 그 일을 위해 준비하는 것이었다"

1907년 조지 워싱턴대학 졸업, 1908년 하버드대 석사학위, 1910년 프린스턴대학에서 박사학위를 받는다. 세계적 명문대학에서 2년 반만에 석 · 박사학위를 취득했다. 이승만은 철학을 전공한 박사가 아니다. 그가 쓴 논문(미국의 영향을 받은 중립 혹은 중립론)이 국제법 문제를 다루고 있다. 정확하게 말하면 국제법 박사이다. 1910년 7월 18일 졸업식에서 윌슨 총장이 이승만에게 직접 박사학위를 수여했다. 윌슨은 대학을 떠나 뉴저지 주지사가 되었고, 1912년 11월에는 민주당 후보로 출마하여 제28대 미국 대통령에 당선되었다. 이승만이 프린스턴 박사과정에서 배운 과목은 국제법, 외교론, 미국사, 철학사, 정부론 등을 집중적으로 공부했다. 정치인이 되는 소양으로서는 당시 최고의 과목이었다. 이렇게 형성된 국제적 안목은 대한민국을 설계하는데 초석이 되었다.

벼랑 끝 전술, 반공포로 석방

이승만은 독립운동과 외교 등에서 미국이 무시와 냉대, 실패와 좌절을 겪으면서 힘이 지배하는 국제정치와 강대국들 사이에서 살아남기 위해서는 이해관계에 따라 약소국이 희생된다는 것을 보고 배웠다. 약소국이 살아남기 위해서는 벼랑 끝 전술, 관심을 집중시키고 유리한 국면을 확보하는 것이다.

미국 유학 경험을 통해 통역이 필요 없는 고급영어를 사용하고 복잡한 국제정세를 꿰뚫고 있었다. 여론에 따라 움직이는 미국 정책의 작동원리를 오랜 경험을 통해 알고 있었고, 강력한 배짱으로 밀어붙이는 승부사 기질이 있었기에 원하는 것을 얻을 수 있었다.

반공포로 석방은 엄청난 위험부담을 수반하는 전술이었으나 한국의 안전보장과 국가이익의 극대화를 달성하기 위한 불가피한 선택이었다.

반공포로를 석방한 뒤 한 · 미 상호방위 조약 체결을 위한 협상, 닉슨 부통령과의 만남, 아이젠하워 대통령과의 정상회담으로 이어지는 대미외교에 올인했다. 냉전구도 아래 한국이 가지고 있는 지정학적 위상을 십분 활용해 미국으로부터 최대한 지원을 쟁취해 내는 데 성공했다.

휴전협정과 한미상호방위조약을 맞바꾸다

세계최강 미국을 어떻게 붙잡아 둘 것인가? 이승만 끈질긴 노력이 마침내 결실을 맺는다. 한미동맹 관계 수립으로 대한민국은 한국에서 발을 빼려던 미국을 붙잡았고 미국의 동아시아 집단 안보 체제에서 반공의 전초기지가 되었다. 한국이 무얼 하겠다는 것이 아니라 미국이 하는 일을 방해하지 않겠다는 조건으로 그 어떤 약소국도 받아보지 못한 강대국의 파격적인 혜택을 받아낸 것이다. 조약의 대가로 한국이 지불한 것은 휴전협정을 방해하지 않겠다는 각서 한 장뿐이었다. 이것이 이승만의 절묘한 외교술의 본질이었다.

한미 동맹을 이승만 대통령처럼 깊이 이해한 사람도 드물다. 이 대통령은 6·25전쟁 당시 통일을 포기하지 않고, 끝까지 휴전협정 '승인'을 거부했다. 휴전을 '묵인'하는 대신 한미상호방위조약을 체결했다.

1953년 10월 1일 변영태와 덜레스가 워싱턴에서 한미상호방위조약에 공식 조인했다.

덜레스 미 국무장관은 이런 종류 조약은 "역사상 처음 있는 일"이라고 강조했다. 그 전까지는 강대국이 약소국 한국에 대해 무엇을 할 것인지 결정하고, 결정 사항을 한국에 통지해 왔기 때문이다. 서명 직후 이승만은 전 국민에게 보내는 성명에서 "우리 후손들이 앞으로 여러 대 걸쳐 이 조약으로 인해 많은 혜택을 누릴 것이다. 이 분야에 있어서 한미 양국의 공동노력은 외부 침략자들로부터 우리의 안보를 오랫동안 보장할 것이다"라고 말했다.

한미상호방위조약 제4조에는 한국에서 전쟁이 일어날 경우 "상호 합의에 의해 미합중국의 육군, 해군과 공군을 대한민국의 영토 내와 그 부근에 배치하는 권리를 대한민국은 허여하고 미합중국은 수락한다" 조항의 의거 즉시 개입할 수 있는 장치를 마련했다. 휴전 후 주한미군 제2사단을 서울 북방의 서부전선에 배치했다. 북한이 남한을 침략할 경우 미군을 공격할 수밖에 없게 만들기 위해서였다. 해외 주둔 미군이 공격 받을 경우 미국 대통령은 의회 승인 없이 곧 바로 참전할 수 있게 된다.

이춘근 국제정치학 박사는 한미동맹이 70년여 년 동안 지속된다는 것은 놀라운 일이라고 말한다.

"한미동맹이 가장 성공적이며 양호한 동맹이라고 평가받는 이유는 동맹의 목적인 '전쟁 방지'에 성공했으며 동맹을 맺을 당시 세계에서 가장 가난했던 대한민국이 세계 10위권의 경제 대국으로 성장했다는 점이다. 또 사실상 민주주의가 무엇인지 잘 모르던 대한민국이 미국식 민주주의에 가장 근접한 민주주의 정치체제를 갖춘 국가가 되었다는 점이다. 한미동맹은 70여 년 동안 유지되고 있다"

1953년 한미동맹으로 남한에 미군이 주둔하면서 장기적인 평화가 유지되고 있으며, 동북아에서는 70년간 전쟁이 사라졌다. 장기간의 평화로 일본이 가장 먼저 경제발전을 이루어 경제 대국으로 일어섰고, 다음으로 한국이 산업화와 민주화로 성공하게 됐다.

세계 패권국가 미국을 한국에 묶어두기 위해 휴전협정을 반대하고 반공포로를 일방적으로 석방해서 미국을 난처하게 만들 때도 있었다. 이승만 대통령의 탁월한 외교술과 국제적인 안목, 포기하지 않는 집념이 세계 경제 10위권의 자랑스런 대한민국을 만드는 설계도를 만들었다.

한미상호방위조약이 한국의 안보를 위해 얼마나 중요한 역할을 하였는지는 1973년 미국은 상호방위조약이 아닌 평화조약을 체결하고 베트남에서 철수했는데, 미군 철수 2년 후 공산당이 사이공을 함락하고 공산국가로 만들어 버렸다. 아프가니스탄에서 똑같은 일이 벌어졌다. 미군이 철수하자마자 곧바로 이슬람 무장 조직 탈레반이 아프간 수도 카불을 장악했다. 미군 철수는 단순히 군인 몇 만 명이 떠나는 것이 아니라 평화도 함께 떠나고 6.25와 같은 동족상잔의 비극이 찾아온다는 교훈을 잊지 말아야 한다.

원자력 도입 결단

이승만 대통령의 재직 중 여러 업적 중 원자력 도입은 기념비적인 결정이라 할 수 있다. 1956년 트루먼 대통령의 경제 고문인 전기기술자 시슬러(W.L.Sysler)를 만난 뒤 원자력의 중요성을 알게 된다. 미국과 원자력 평화적 이용에 관한 한 · 미 협정을 체결하고 미국으로부터 농축 우라늄을 공급받았다. 그해 북한에서는 경제 발전을 위해 추진한 천리마(千里馬)운동을 하고 있었다.

이 대통령의 원자력 추진정책에 따라 문교부에 원자력과가 생겼고,

초대 과장이던 윤세원 박사가 원자력 유학 1호로 미국 아르곤 주립연구소 국제원자력 학교에서 공부했다. 그 뒤 4년간 8차례 걸쳐 150여 명이 원자력 유학길에 올랐다. 1백 달러짜리 해외경비도 직접 결재하던 이승만 대통령은 1인당 6천 달러 되는 고액의 학비를 아까워하지 않았다. 이 원전은 유학생들이 1959년 원자력원과 원자력연구소를 세울 때 중추적 역할을 맡았고, 1959년 9월 우리나라 최초의 연구용 원전인 트리가 마크2 건설을 이끌며 일본보다 빨리 원자력 시대를 열었다(이승만의 삶과 국가, p.508).

말년에 인(人)의 장막에 둘러 싸여 국민들과 멀어졌다.

이승만은 그 당시 동서양의 가장 높은 수준의 교양과 지식의 소유자였다. 세계정치 중심인 워싱턴에서 외교를 통한 독립운동을 하면서 항상 한반도 문제를 국제정치적인 관점에서 통찰하였다. 공산주의를 체험으로 거짓, 교활 함정을 미리 꿰뚫어 보았다. 이런 통찰력과 안목이 혼란스런 해방정국에서 건국 대통령이 될 수 있었다. 이승만이 남한 단독정부 수립을 강행한 배경에는 공산주의자들의 전략과 본질을 꿰뚫어 본 남다른 통찰과 소신이 있었다.

이승만의 경력과 교양과 소신으로 국가지도자로 추대되었고 해방 후 혼란과 6.25동족 상잔의 비극을 극복하고 대한민국을 지키는데 중심이 되었다. 통치 말년에 눈과 귀를 가리운 자들에 둘러싸여 민심과 멀어지자 국민들은 4.19를 통해서 과감히 버렸던 것이다. 대한민국이 계속되는 한 건국의 아버지로서 이승만의 업적은 영원히 기억 될 것이다.

당시 이승만과의 만남에 대해 닉슨 대통령은 먼 훗날 자신의 회고록에서 이렇게 표현했다.

"나는 이승만의 용기와 뛰어난 지성에 감명을 받고 한국을 떠났다. 나도 역시 공산주의자들과의 협상에서 '예측 불가능한 것'의 중요성을 강조한 이승만의 통찰력을 많이 되새겨보았으며, 이 노정치가가 얼마나 지혜로웠는가를 더욱 새롭게 인정하게 되었다(우남 이승만 대한민국을 세우다, 이한우, 해냄출판사 p.489).

최근 이승만 일대기 '물로 씌어진 이름' 출간한 소설가 복거일은 "이승만 전 대통령의 최대 공적은 무엇입니까"라는 기자의 질문에 이렇게 말한다.

"보통 한·미 상호방위조약 체결을 꼽습니다. 하지만 저는 패망을 맞은 일본의 지배를 벗어나는 한반도가 러시아 식민지로 편입될 위기를 막아낸 점을 들고 싶어요. 우남은 조선을 소련에 넘기려던 미국 영국 소련 세 나라의 1945년 얄타회담 묵계(비밀합의)를 폭로했습니다. 어디서도 인정받지 못한 임시정부 외교관이었지만 대범한 전략으로 강대국을 압박하는 데 성공했어요. 미국과 영국이 묵계를 부인함으로써 한반도를 삼키려던 러시아의 야욕을 저지할 수 있었습니다. 우리 운명이 바뀐 결정적 순간이었죠."(한국경제신문 2023.7.30.)

미리 징계하여 후환을 경계한다

국가적 재난이 닥칠 때 리더는 어떻게 해야 하는가? 가장 큰 재난인 임진왜란이 일어난지 430여년이 지났다. 시대가 발전함에 따라 재난 대응 능력도 함께 발전하였을까? 안타깝게도 지금도 똑같은 형태를 반복하고 있다. 왜일까? 인간의 본성은 쉽게 변하지 않기 때문이다. 류성룡, 이순신, 원균, 선조를 살펴보면서 지혜를 얻어야 할 것이다.

징비록

징비란 《시경(詩經)》의 "미리 징계하여 후환을 경계한다(豫其懲而毖後患)"라는 구절에서 따온 것이다. 징비록은 임진왜란 일어난 1592년(선조 25)부터 1598년까지 7년에 걸친 전란의 원인, 전황 등을 기록한 책이다.

전쟁 중에 전시 수상과 군사정책 모두를 총괄하며 국정전반을 운영하는 절대적 위치에서 나라를 위기에서 구했다. 류성룡의 여러 업적 중에 가장 중요한 것 하나가 『징비록』을 저술했다는 점이다. 임진왜란과 정유재란 7년간 원인부터 결과 그리고 책임까지 자세하게 정리한 책이다.

류성룡과 이순신의 만남을 처음부터 끝까지 전체가 한눈에 보이도록 사전적이고 객관적으로 서술하고 있다. 1, 2권 열여섯 장중 여섯 장에 이순신이 등장한다. 임진왜란은 바다에서는 조선과 왜의 전쟁이었고, 육지에서는 명나라와 왜의 전쟁이었다. 조선, 명나라, 왜는 오늘날로 말하면 한, 중, 일이다,

전쟁 위기 상황에서 시기심 많은 선조의 견제와 반대당의 비난과 모함속에 나라를 지키기 위해 최선을 다했으며, 모든 관직에 물러나 후손들을 위해 징비록을 집필한다. 류성룡은 진정한 리더는 어려움을 극복하고 마지막까지 자신에게 주어진 사명을 다해야 한다는 모범을

보여주고 있다. 이 책은 임진왜란 전후의 상황을 연구하는데 귀중한 자료로 『난중일기』와 함께 높이 평가되고 있다.

징비록의 절정, 이순신의 최후 장면을 기록하고 있다.

류성룡은 이순신의 죽음 앞에 울부짖는다

'하늘은 어쩌라고 순신에게 능력, 그리고 인격은 주었으면서 생명은 더 많이 주지 않았던가'

〈순신이 옥에 갇혔을 때 장차 일이 어떻게 될지 알 수 없었다. 옥리가 순신의 조카 분(이분)에게 은밀히 말하기를 뇌물을 쓰면 살아 날 수 있겠다 말했다. 이순신은 이 말을 듣고 조카 분에게 크게 화를 내며 '죽으면 죽었지 어찌 도리를 어기며 구차스러이 살기를 도모하겠는가' 했다. 이순신의 지조 지킴이 이와 같았다.

순신은 말과 웃음이 적고 용모가 단아했다. 사람된 품이 몸을 닦고 언행을 삼가는 선비와 같았으나 몸속에는 담기(담력)가 서려 있었다. 자기 한 몸을 잊고 국난을 맞아 목숨을 바친 것은 평소 그 같은 수양이 있었기 때문이다.

순신은 뛰어난 재주와 능력을 가지고 있었다. 그러나 명운(命運)이 없어 가지고 있던 재간의 100분의 1도 쓰지 못하고 죽었으니, 아아 아깝고 아깝다〉

1598년(선조 31) 11월 19일 노량 앞바다에서 이순신이 이끄는 조선 수군이 일본 수군과 벌인 마지막 해전으로 7년간 계속되었던 조선과 일본의 전쟁은 끝났고, 이순신도 적의 유탄에 맞아 최후를 맞던 날 류성룡도 파직된다. 류성룡과 이순신 만남도 역사적이었고 이별도 역사적이었다.

그 속에서 우리는 어떻게 살아 남았을까?

이웃 중국은 너무 크고 바다 건너 일본은 너무 강했다.

임진왜란이라는 어찌할 수 없는 순간에 류성룡이 있었고 이순신이 있었다. 제2차 세계대전에서 미국이 히로시마 나가사키 원자폭탄 투하로 일본 항복, 연합군 승리로 자유민주주의 시장경제 국가가 될 수 있었다.

임진왜란이라는 끔찍한 경험을 하고도 우리 역사는 준비하고 대비하지 않아 병자호란, 청일전쟁, 러일전쟁 모두가 망각과 의존성에서 비롯되었다. 국민은 나라를 위해 목숨을 바친 리더에 감동한다. 그런 리더가 이끄는 나라는 강할 수밖에 없다. 스스로 강해지지 않으면 또 다른 위험에 처할 수 있다. 더 나은 미래를 위해 우리는 지금 다시 류성룡의 징비록을 읽어야 하는 이유다.

류성룡과 이순신, 어떻게 두 위인이 동시대에 태어날 수 있었을까?

우리 역사에서 가장 위대한 만남은 류성룡과 이순신의 만남이라 할 수 있다. 두 사람이 만나지 않았다면 우리 역사는 어떻게 되었을까?

나이는 류성룡이 4살 위이지만, 같은 생각을 가진 인물이었다. 자신의 안위보다는 오로지 나라와 백성을 위해 목숨을 바친 이들이 있어 임진왜란이라는 끔찍한 전쟁에서 우리가 살아남을 수 있었다. 억울한 누명을 쓰고 모진 고문과 죽을 고비도 여러번 넘겼지만 하늘도 원망하지 않고 남을 탓하지도 않은 위대한 두 사람이 있었기에 나라가 유지될 수 있었다.

류성룡은 임진왜란 기간 중 정치군사를 맡은 전시수상이었다.

명나라와 일본군의 조선분할 계획을 막아냈고, 다른 하나는 전쟁으로 황폐화 된 땅에서 명나라 군대와 조선군의 식량을 공급하는 식량 전쟁이었다. 조선 군대는 군대가 아니었다. 장수에게 주는 급여도 없고 병사는 싸울 무기가 없었다. 군사체계가 없어 장수마다 명령이 달랐다. 그 상황을 알 수 없는 선조는 멀리 떨어진 궁중에 앉아 조선군은 왜 패배만 하고 도망가느냐고 진노했다.

율곡이 지적한 대로 조선은 나라가 아니었다. 상소문〈만언봉사〉에서 '조선은 날로 심하게 썩어져 가는 한 채의 큰 집이었다. 지붕을 고치면 벽이 무너지고, 기둥을 바꾸면 서까래가 내려앉고 어느 부분을 손을 댈 수 없는 집'이라고 말했다.

이런 가운데 나라 걱정보다는 당파 싸움이 우선이었다. 스스로 힘을 길러 적과 싸워 나라를 다시 일으키자는 자강파와 명나라에 의존해 명의 도움으로 나라를 유지해가자는 의명파였다. 류성룡과 이순신은 자강파였고 의병들이 있었다. 의명파에는 선조를 비롯 대다수 신하들이 속해 있었다. 임진왜란이 끝나고 자강파는 내쫓기고 의명파만 득세한다. 19세가 말에는 사대당이 된다.

육지에는 류성룡, 바다에는 이순신

백성들과 의병들이 있었지만, 이 두 사람에 전적으로 의존하는 전쟁이었다. 바다에서는 이순신이 승리로 호남을 지키면서 육로이동과 보급수송을 가능하게 했다. 육지에서 류성룡은 군대 먹을 양식과 조선 분할 저지 전쟁에서 이겨 조선을 다시 살아나게 하였다.

임진왜란 7년은 두 역사적 인물을 만들었다. 류성룡과 이순신 이 두 사람의 만남은 우리 역사상 가장 위대한 만남이었다. 두 사람이 만나지 않았다면 우리 역사는 어떻게 되었을까? 한국말이 아닌 일본말 아니면 중국말을 쓰며 살아가고 있지는 않을까?

바다에서 왜군을 제압해서 최고의 장군이 된 이순신, 이순신을 역사적 인물로 만든 류성룡이 있었다. 아주 특이하고 놀라운 사실은 류성룡이 육군이 아닌 해군의 장수로 발탁했다는 점이다. 정읍현감 종6품에서 정3품 당상관 전라좌수사수로 그야말로 파격적인 7단계를 뛰어넘은 승진 발탁한 것이다. 문신인 권율 장군을 육군으로 임명한다.

류성룡의 신의 한수

류성룡의 사람 보는 눈은 예리했다. 아무도 주목하지 않을 때 이순신을 발탁했다. 그 당시 이순신은 종6품 정읍 현감이었다. 1545년생인 이순신은 31세 늦은 나이에 무과에 급제 10여년을 함경도 변방에서 근무하다 44세에 정읍현감으로 온다. 1591년 2월 13일 임진왜란이 일어나기 14개월 전, 류성룡의 추천으로 이순신은 전라좌수사(정3품)이 된다.

종6품에서 정3품으로 7단계나 뛰어오르는 파격적인 특진이었다. 그 누구도 상상할 수 없는 파격적인 인사였다. 육군에서 말 타고 창칼로 다져진 이순신을 전혀 경험 없는 해군 장수로 발탁했다. 만약 이순신을 원칙대로 육군장수로 근무하게 했다면 어떻게 되었을까? 오늘날 이순신이 역사에 남았을까? 류성룡과 이순신의 만남은 숙명이었고 조선의 운명을 결정짓는 사건이었다. 조선은 나라로서 어떤 역할도 할 수 없는 상태였으나 뛰어난 사람은 있었다. 류성룡은 그때 일을 징비록에 이렇게 기록하고 있다.

"조정에서 그를 추천해주는 사람이 없어 무과에 오른 지 10여년이 되도록 벼슬이 승진되지 않았다. 그러다 정읍현감이 되었다. 내가 장수가 될 만한 인재로 이순신을 천거했더니, 정읍현감에서 차례를 몇 개나 뛰어넘어 수사로 임명되었다. 사람들은 그가 갑작스레 승진된 것을 의심하기도 했다"

많은 사람들이 임진왜란을 대표하는 이순신과 권율은 알아도 이들을 천거해서 불리한 전쟁을 역전시키고 7년 동안 전시 수상으로 고군분투한 류성룡의 역할을 잘 알지 못하고 있다.

상품은 강직하기 보다는 온유한 리더였다. 권력 의지는 없는 리더였다.

류성룡의 말대로 하늘이 돕지 않고는 다시 일어날 수 없는 나라가 조선이었다.

류성룡, 이순신, 선조를 평가하기 위해서는 그 시대가 어떤 시대였는가를 이해할 필요가 있다.

율곡은 "200년 역사의 나라가 지금 2년 먹을 양식이 없습니다. 그러니 나라가 아닙니다"라고 말했다.

전쟁을 잊으면 나라가 위태롭다.

류성룡은 '전쟁을 잊으면 나라가 위태로워진다'고 생각했다. 아무리 편리한 세상을 살아도 국가 안보가 불안하다면 언젠가는 댓가를 치르기 마련이다. 국방을 튼튼하게 하는 길이 백성을 위하는 길이다.

류성룡은 각 지방 수령과 책임자들에게 공문을 보낸다.

"군사와 장수는 쉼 없이 가르쳐 단련해서 나라를 지킴이 가장 먼저 처리해야 할 일이라는 것을 길가는 사람도 모두 안다. 하물며 국토를 지키는 신하와 그 일을 맡은 관리가 알지 못하겠는가, 그럼에도 마음에 태만함이 쌓이고 쌓여 나라 지킴에 관심이라고는 전혀 없이 오직 관직만 차지하고 있는 사람이 너무 많다. 이들은 모두 나라 지키는 중대사를 문서만 갖추고 책임만 때우는 일이라 생각한다. 일을 선창해도 화답이 없다. 마음을 움직여 분발하는 일은 더욱 없다. 중대하고

도 중대한 일을 보통 일로만 여기고 입으로만 떠드니 참으로 지각이 없고 괴이하기 이를 데 없다…"

1596년에는 국가 기강이 무너진 것이 위기라는 공문을 지방 책임자들에게 보낸다.

"근래에 기강이 더욱 해이 되고 온갖 법도가 폐지되었다. …위아래 예절과 체면이 모두 없어지고…아랫사람이 윗사람을 우습게 보면서 윗사람의 권위도 떨어졌다. 권위가 떨어지면서 위계도 없어졌다. 진실로 수습할 길이 없다. 참으로 한심한 일이다"

한번 무너진 기강은 다시 세우기 어렵다.

세상은 변하고 민심은 급변하는데 관리들은 여전히 옛 습관을 버리지 못한채 전쟁에 힘든 백성들을 더욱 힘들게 만들었다. "전쟁은 민심의 움직임에 그 성공과 실패가 결정된다. 지금 장관과 수령들은 백성에 관한 일에는 관심이 없다. 그들은 백성을 아무 소용이 없는 지푸라기처럼 가볍게 여긴다. 위험과 재난이 극도에 이른 이 같은 시기를 당하고도 옛 습관은 그대로 남아있다. 백성도 가는 곳마다 모두 찡그린 얼굴을 하고 그들을 원망하고 매도하고 있다"

430년 전이나 지금도 똑같은 한국사회 불치의 병,
= 부정부패 · 백성무시, 빨리빨리, 금방 잊어 버린, 중병은 지금도 진행중이다.

"우리나라 사람들이 하는 일이란 언제나 급합니다. 어찌할 겨를 도 없이 급하게 허둥지둥하다가 그만 일을 그릇되게 처리하고 맙니다. 그러다가 그 일이 지나고 나면 금방 해이해집니다. 그러고는 아무 일도 끝내지 못하고 내버려 둡니다. 이것이 오늘날의 큰 폐단입니다. 지금 왜적이 우리나라 중심부에 아직 있음에도 이러하다면 만약 명나라 군대가 떠나버린다면 다시 믿을 곳이 없습니다"

나무를 심고 열매를 맺기 위해서는 기다려야 할 시간이 필요하다. 서두르기만 하다가 중도에 예산만 낭비하고 그만두는 일은 지금도 반복되고 있다. 1595년 류성룡은 이 문제를 지적한다.

"우리나라에서는 하는 일은 무슨 일이든 오래 견뎌내는 것이 없습니다. 짧으면 한두 달이고 길어봐야 한 해를 넘기지 못해 중도에서 폐지되지 않은 일이 없습니다. 의지가 굳게 서 있지 못하고 계획이 먼저 정해져 있지 않아 이리저리 옮겨서 일이 귀착할 곳이 없습니다. 아침에는 갑이란 사람의 말을 좇아서 일을 진행하다가 저녁에는 을이란 사람의 말을 듣고 그 일을 폐지합니다. 이러다간 비록 한세상을 마치더라도 한 가지 일도 이루어짐을 보지 못할 것입니다. 이미 일을 시작했다면 반드시 그 일을 성공시켜야 합니다. 혹시 일을 맡은 사람이 능력이 모자라고 직위가 맞지 않는다면, 사람을 바꿀지라도 그 일을 폐지해서는 아니 됩니다.

정사는 관원의 성적을 평정해서 유능한 사람을 권장하고 무능한 사람을 징계하는 것입니다. 그러나 지금 우리나라 정사는 한결같이 모두가 거짓으로 사람을 속이고 있습니다. 이 같은 본보기들을 그대로 두고서는 어떤 일도 시작할 수 없습니다"(류성룡, 나라를 다시 만들 때가 되었나이다. 송복, 시루. p.158-159)

최악의 상황 속 최고의 리더, 탁월한 전략가 류성룡

썩어 내려앉을 조선을 당시 세계 최강의 군대와 맞서 되살렸다면, 작은 성공이 아니라 빛나는 업적이라고 할 수 있다. 그 당시 운 좋게 수상(영의정)과 군사 요직에 앉았기에 이루어진 것이 아니라 남다른 분별력과 능력을 갖고 준비해온 전략가이자 끊임없이 새로운 정보들을 연구하고 분석하는 능력이 탁월했다. 책상에 앉아서 지시하는 것이 아니라 발로 뛰며 현장을 확인하고 업무지시를 했다. 그것은 현장에 대한 지식과 사실확인 없이는 불가능했다.

연세대학교 송복 명예교수는 자신의 저서〈류성룡, 나라를 다시 만들 때가 되었나이다〉에서 이렇게 평가했다.

"임진왜란이 나던 이듬해(1593년)부터 임진왜란이 끝나던 해(1598년)까지 5년 동안 류성룡의 역할은 수상(영의정)이라는 정무직과 도체찰사라는 군무직 둘로 나뉜다. 그는 수상으로서 도체찰사로서도 식견이 빼어나 경륜과 지략이 뛰어났었다. 그는 단순한 문사도 아니었고 일반적인 학자도 아니었다. 그는 출중한 문장력을 가졌지만 시문에 남다르기 만한 문사도 아니었다. 여러 책을 두루 섭렵해 학문이 아주 깊었지만 이론에 밝기만 한 상아탑의 학자가 아니었다. 그는 현실을 직시하는 예리한 통찰력을 가지고 있었다. 그는 시무를 알고 실무에 밝은 현실 정치가였다. 거기에다가 드물게 방법론을 겸비한 지휘자며 전략가였다"

또한 류성룡은 여러 사실들을 쉽게 표현하는 능력이 뛰어났다. 임금에게 올리는 상소문을 작성할 때 임금이 한번 읽기 시작하면 끝까지 읽을 수 있게 단순 명료 쉽게 썼다.

훈련제일주의

류성룡은 훈련만이 강한 군대를 만든다고 믿고 있었다. 군인은 항상 훈련을 해야 한다. 이것은 옛날과 지금이나 진리다. 군인은 강한 훈련을 통해 강한 군대를 만들고, 장군은 준비된 전략으로 적군을 이기는 군대를 만든다.

하늘의 도움이 아닐수 없다. 하늘의 도움으로...

징비록에서 우리가 현재 존재하는 이유는 하늘의 도움 없이는 할 수 없음을 수없이 적고 있다.

"도성의 함락과 회복, 그리고 히데요시의 죽음, 이 어찌 우연이라고만 하겠는가, 하늘의 도움 이 아닐 수 없다"

"걱정하고 걱정하던 군량이 먼 곳에서 참으로 알맞은 때 도착하였습니다. 나는 너무 기뻐 달려가 아뢲니다. 이는 바로 '하늘이 중흥의 기운'을 우리에게 열어주시는 것이라고"

"적군은 본디 수군과 육군이 합세하여 서쪽으로 내려오고자 하였던 것인데, 순신의 이 한번 싸움에 드디어 적군의 한쪽 세력이 꺾였다. 우리나라에서도 전라, 충청, 황해도와 평안도, 연해 일대를 보전함으로써 군량을 보급시키고 조정의 호령이 전달되어서 나라의 중흥을 이룰 수 있게 되었다. 이 모두 이순신이 한 번 싸움에 이긴 공이었으니, 아아 이것이 어찌 '하늘의 도움'이 아니겠는가"

430년전 임진왜란을 생각하면 이 어찌 하늘의 도움이 아니겠는가? 율곡 이이는 당시 조선 상황을 이렇게 말했다. "손을 댈 수 없이 하루가 다르게 그대로 썩어내려 앉는, 마침내 붕괴하고야 말 집이다" 그런 조선이 세계 경제 10권으로 발전했으니 류성룡이 그토록 바라던 이 나라가 우리 힘으로 된 것이 아니라 하늘의 도움이 있었기에 기능했다.

구체적인 전략을 제시하다.

류성룡은 중국 도서들과 전략, 전술, 병법서들을 깊이 있게 연구해서 지식을 쌓는다. 비록 문신이었지만 무기나 전술 등 군사 지식이 풍부했다. 이 때문에 임진왜란 초기부터 전쟁 마무리까지 이런 지식들을 현장에 적용했다.

류성룡은 임진왜란 때인 1592년 삼도 도체찰사, 전쟁 총지휘관으로 임명된다. 전시수상으로서 임무를 충실히 수행 책임을 완수한다. 구체적으로 실행 내용들을 살펴보면 다음과 같다.

첫째, 능력 위주 인재를 발탁했다.

대표적으로 이순신과 권율이다. 왜의 침입에 앞서 곡식이 많이 나는 호남지방과 서남해 국경을 지킨 전라좌수사로 이순신의 발탁은 최고의 인사였다. 권율은 하급 무관에 불과했으나 육군장수가 되어 행주대첩을 승리로 이끌었다. 만약 이 두 장수가 없었다면 조선은 어떻게 되었을까?

둘째, 인력 동원 방법과 현장상황에 맞는 전술로 바꾼다.

적군의 많고 적음, 지형이나 험난함과 평이함 등을 고려하여 병력을 효과적으로 배치하고 방어해야 하는데 이런 사정을 고려하지 않고 병력을 모두 국경부근에 집중시키는 문제점을 안고 있었다. 류성룡은 이러한 문제점을 참고하여 사전정보의 중요성, 정확한 현장상황 파악, 우선순위 등을 살피는 것이 가장 중요하다고 판단했다.

사전정보 파악 후 군대 이동, 지방 책임자가 현장 대응 후 사후에 보고, 후방 경비 강화 등을 정비한 훈령과 지침으로 임진왜란 승전보가 들어오기 시작한다. 바다에서는 이순신, 육지에서는 권율, 각 지역 의병장들을 적재적소에 배치한 류성룡은 문인 출신이면서도 탁월한 용병술을 발휘했다.

셋째, 조총 대비책과 항복한 왜군을 포상했다.

조선을 가장 당황하게 만든 것이 조총이었다. 조총(鳥銃)이라는 이름은 하늘을 나는 새(鳥)도 떨어뜨린다는 뜻으로 붙인 이름이다. 포르투갈의 상인들을 통하여 전해졌으며 일본이 임진왜란 때 사용 위력을 떨친다.

1589년 황윤길(黃允吉) 일행이 일본에 사신으로 갔다 오는 길에 쓰시마도주로 부터 몇 자루 받아온 것이 시초이다. 당시 조정에서는 이 신무기의 성능에 대하여 주의를 기울이지 않았다. 패색이 짙었던 전쟁 초기에 조총의 위력을 실감했던 조선은, 노획한 일본군의 조총을 분해해보고 조선에 투항한 일본인 기술자들의 도움을 받아 1593년부터 조총을 생산했다.

전쟁 중 획득한 조총을 연구하고 대비하기 보다는 명나라군에 전달하기 바빴다. 명나라에서 요구했기 때문이다. 류성룡은 대책을 강구한다.

“지난날 각 진영에서 얻은 조총은 모두 원수에게 보내어 거의 절반이 명군의 요구에 응하는 자료가 되었습니다. 이제부터는 전쟁에서 얻은 조총은 함부로 허비하지 말고 낱낱이 거둬들여 각 진영의 군사가 날마다 배워 익힘으로써 한 사람이 열 사람을 가르치고 열 사람이 백 사람을 가르치게 하되…”

또한 특이한 사람들을 구별해서 군대 벼슬도 내리고 천민을 평민으로 신분 보장과 기술이나 지식을 익힐수 있는 길을 넓혀야 한다고 주장했다. 당시 엄격한 신분사회 획기적인 정책을 제시한 류성룡은 시대를 앞선 깨어있는 리더였다.

항복한 왜군을 죽이기 보다는 그들의 마음을 안정시켜서 훈련시키고 가르친다면 조선에 반드시 도움이 될 것이라고 판단했다.

훈련도감을 만들다.

조선시대에 수도의 수비를 맡아보던 군영으로 지금 육군의 수도방위사령부격이다.

"지금 도성에서 굶고 유랑하는 백성들의 배고픔을 해결해주고 이들 중 건장한 이들을 골라 도성 방위와 화포 훈련병으로 활용하는 것이 좋겠습니다"

류성룡은 자신이 먼저 도성을 살피고 나서 임금에게 건의한다. 군역으로 강제 징집이 아니라 자원입대로 직원 군인 형태로 변화된다.

남의 물건을 도둑질하지 않아도 배고픔을 해결할 수 있고 나라를 지킬 수 있다는 말에 많은 백성들이 몰려왔다. 훈련도감은 삼수군(포수, 살수, 사수)으로 조직되었으며 약 1천명으로 부터 시작 나중에는 4천5백명까지 증가됐다. 이들은 급료를 받는 군사로 교대없이 근무했다. 훈련도감을 통해 조선 정예병이 탄생한 것이다.

사대부 반발이 극심했던 속오군제도 시행이다. 군사로서 공이 있으면 천민이라도 평민신분으로 관직에 나갈 수 있게 하였다. 당시 노비는 사유물이었기에 양반들의 특권침해로 반대가 극심했으나 류성룡은 물러서지 않고 밀어붙였다. 이로 인해 나중에 사대부들로부터 미움을 받아 적대 세력을 만들게 된다. 그러나 류성룡은 국가 일에 잘못된 관행은 바로 잡아야 한다는 것이 그의 생각이었다.

의병, 승병을 불러내 적극 활용한다.

의병은 조선 이후부터 일제강점기 이전까지 다른 민족의 침략에 저항한 자발적인 백성의 군대이다. 나라가 위태로울 때 의병을 일으켜 싸운 것은 일반 백성들이었으며 천민 대우를 받던 승려들이었다. 임진왜란이 일어나자 의병이 전국적으로 일어났다. 이들은 익숙한 지리적 이점을 활용하는 유격 전술로 큰 성과를 거두었다.

류성룡은 사방에서 왜군이 쳐들어오자 전국에 나라의 위태로움을 알리고 국가적 어려움을 극복하자고 참여 독려 공문을 보낸다. 금강산에 사명대사는 승려들을 불러 모았고, 승병 전체를 지휘하였다. 승병들은 적과 싸움에도 앞장섰지만 무너진 성을 다시 쌓고 보리 등을 파종하여 군량미를 확보하는 등 군사 물품을 조달해 주는 작전까지 수행했다.

전쟁에서도 배우지 못한 조선

스스로 힘을 길러 적과 싸우며 나라도 다시 일으키자는 자강파와 명나라 도움으로 나라를 유지해 나가자는 의명파, 자강파에는 류성룡과 이순신, 의명파에는 조선임금 선조를 비롯 대부분 신하들이었다. 임진왜란 중에는 서로 협력했으나 임진왜란이 끝남과 동시에 자강파는 내몰리거나 스스로 물러났다. 안타깝게도 조선에서는 명나라 그늘에서 벗어나 새롭게 나라를 건설하자는 의식도 고민도 없었다. 왜, 명, 청나라로부터 수 많은 침략과 학대를 당하고도 스스로 일어설 몸부림이 왜 일어나지 않았을까?

이런 모든 침묵에 선조가 있었다. 선조에게는 나라의 개념조차 없었다. 나라를 살리는 것이 아니라 오로지 왕권을 유지해야겠다는 것이 전부였다. 그리고 그 왕권은 조선군대와 백성이 아니라 명나라 군대만이 지켜준다고 믿었다.

조선 500년은 권력은 철저하게 '적과 동지'를 구분한 사회였다.

임진왜란 기간 5년 동안 영의정을 하면서 전시수상으로써 역할을 성실히 수행했다. 그것이 실제적인 탄핵 이유였다. 조정에서는 적과 동지 외에는 없었다. 내편 아니면 모두 적으로 구분했다. 폐쇄적인 정치로 사약이나 참수형이 많았으며, 유배를 통한 사회 격리시키는 철저한 닫힌 사회였다. 그는 어느 요직을 가던지 권세를 누리는 자리가 아니라 책임을 다하는 자리로 바꿔나갔다. 유능한 인재를 기용하는 제도를 만들어 나라를 전쟁에서 구했다.

430여년이 지난 지금, 그의 뼈아픈 반성과 교훈은 여전히 유효하다

압록강 건너 명나라로 도망가려는 선조를 붙잡고 이순신 권율을 천거하여 왜적을 막아냈으며, 지원군인 명군의 온갖 횡포와 조선 분할 계획 음모를 막아서 나라를 지켜냈다. 이런 공로에도 국정책임자로서 전쟁을 막아내지 못한 죄인임을 스스로 인정하고 다음 세대를 위해 '징비록'을 남긴 류성룡은 이 땅의 진정한 정치 지도자였다.

어찌할 수 없는 위기에서 침몰 직전 조선을 건져낸 류성룡, 7년간의 전쟁기간 중 조선의 사회구조를 재편하고 썩어 무너질 위기를 극복했다. 류성룡의 난국을 슬기롭게 극복한 것도 높이 평가해야 하지만 임진왜란의 원인과 진행과정, 전쟁결과를 솔직하게 글로 남겼다는 점이다. 우리나라 역사에서 자신의 잘못을 인정하고 반성하는 관료가 있는가? 자신의 업적과 성공스토리를 드러내는 사람들은 있어도 나라를 제대로 지켜내지 못한 것을 부끄러워하며 스스로 전쟁 책임을 인정한 유일한 참모였다.

그럼에도 불구하고 전쟁후 권력을 손에 쥔 자들의 못된 버릇은 임진왜란 후 정묘호란, 병자호란으로 국가시스템은 붕괴되고 결국은 1910년 일제의 침략으로 한일합병조약에 따라 국권을 상실하면서 식민지 노예 생활의 치욕을 경험하게 된다. 오늘날 우리가 류성룡의 남긴 교훈을 다시 마음에 새겨야 할 이유다.

'징비록'은 후손들이 다시는 이런 일을 겪지 않기를 간절히 바라는 마음에서 남긴 역사의 교훈이다.

선조는 도대체 어떤 사람인가?

조선시대 왕 가운데 고종과 함께 무능한 왕으로 알려진 선조(1552~1608)

16세에 왕이 되어 40년 8개월, 긴 세월 왕위에 있었다. 독선적, 무능, 우유부단한 어리석은 왕으로 조선이 망하게 된 원인으로 선조가 지나치게 왕권에 집착했기 때문이라고 역사가들은 말한다. 조선왕조 500여 년간 왕위에 오른 사람은 모두 27명이다.

과연 선조는 무능한 왕이었을까?

조선의 제14대 국왕(1552~1608) 선조는 인재를 보는 안목이 있었고, 실제로는 똑똑하고 유능한 왕이었다. 재위 41년 동안 임진왜란 이전 25년 동안 인재 발탁 잘 운영했다. 당시 류성룡, 이순신, 곽재우, 조헌, 권율, 이이, 이황 등이 있었다. 가장 큰 사건인 임진왜란 후 무능한 왕으로 전락한다. 왜군이 쳐들어오자 한밤중에 도망치는데 비까지 내린다.

"백성과 도성을 저버린 첫 번째 왕, 신하(이순신)와 아들(광해군)을 질투한 왕"

선조를 평가할 때 빼놓을 수 없는 '7년간의 임진왜란'에 대한 평가다. 군주로서 치명적인 오점을 남긴 사건이다. 왜군의 침입에 국가와 백성들을 지키지 못한 책임을 묻지 않을 수 없다.

선조는 조선왕조 최초로 서자 출신으로 왕위에 올라 정통성에 상당히 불안한 측면이 있었고 열등감을 안고 살았다. 선조가 처음부터 책임감 없는 무능한 왕은 아니었다. 선조의 임금 자질을 평가하는 것 중 가장 큰 요인은 학문적 소양을 지녔기 때문이다.

훌륭한 인재를 등용하고 안정적인 국정을 위해 노력했으나 나라가 전체가 어려움을 처하면서 점차 변하게 된다. 류성룡의 천거로 파격 승진시킨 이순신이 승전을 거듭하자, 질투심으로 전란 중에 두 번이나 감옥에 보낸다.

힘을 기르기 보다는 철저히 명나라를 의지하는 선조

명나라 조선직할통치론은 명이 조선에 관리를 파견해서 직접 통치한다는 것이다. 명나라는 조선 땅에서 왜와 싸우면서 엄청난 비용을 부담했으며, 그 이유는 조선 국왕의 무능력한 통치력에 바탕을 두고 있다. 남의 나라에 의존해서 전쟁을 치른다 해도 자기 나라 주권을 빼앗기는 오늘날로 보면 식민지통치와 같다고 할 수 있다. 문제는 국왕인 선조의 태도였다.

선조는 "명나라 군대가 있어야만 민심이 의지할 수 있고, 명나라 군대가 있어야만 음흉한 자들이 못된 죄를 꾸미고 간사한 음모를 꾀해도 필시 두려워하는 바가 있어 하지 못하게 된다. 특히 전라도의 민심이 극히 나쁜 상태에 있다"고 말했다. 선조는 처음부터 조선 백성과 조선 군대가 아니라 명나라와 명나라 군대였다. 선조는 조선 백성을 불측한 사람들로 보았고 조선 군대를 명나라 군대나 왜군에 비해 무능력하고 좋지 않게 여겼다.

이런 선조의 태도에 류성룡은 명나라 군대를 의지하기보다는 스스로 힘을 다해 우리 군대를 훈련시켜 강하게 만들어야 한다는 주장을 하면, 선조는 못마땅하게 여겼다. 이런 장면들은 선조실록에도 수없이 나오고, 임진왜란 일어난 해부터 전쟁이 끝나고 2년 후 명나라 군대가 완전히 철수할 때까지 계속된다.

정유재란이 일어나기 직전 류성룡은 선조에게 스스로 힘을 기를 것을 간청한다.

"명나라 군대를 계속 청원해서 부르면 지금 우리 힘으로는 전쟁에 필요한 물품을 조달할 길이 없습니다. 우리 군대를 기르고 훈련하는 것만이 오직 가능할 따름입니다"

선조, 오직 나만 안전하면 된다.

전쟁이 끝났으나, 선조가 명나라 군대 철수를 반대한다. 적은 병력이라도 조선 땅에 남아있기를 바라는 선조는 왜의 침략이 아니라 오직 나라 안에 문제가 생기는 것을 막는데 있었다. 명나라 군대가 없으면 조선 내 불순한 자들의 간사한 음모를 막을 수 없다는 것이 선조의 기본적인 생각이었다. 조선의 백성들과 조선 군대에 대한 불신이 명나라군대가 조선에 남아있기를 간절히 바랬던 것이다. 고종이 임오군란(1882년)이후 청나라 군대에 기대어 치안을 유지하고 왕위를 지키려 했던 점과 같다고 할 수 있다. 징비록에서 외세 의존이 아닌 군대 양성과 훈련을 통한 나라를 바로 세우고자 했던 류성룡의 마음을 헤아려볼 수 있다. 그 당시 왕이나 신하들은 전쟁이 끝나면서 모든 것을 잊어 버렸고, 그런 역사는 1910년 일제의 강제 한일합방을 통해 그대로 되풀이되고 있다.

선조, 전쟁 중에도 류성룡을 견제하기 시작하다

"내가 보기에는 류성룡의 사람됨이 신통치 못하다. 지금 온 힘을 모아 왜적을 쳐부수고 이 땅에서 몰아내야 함에도 도체찰사로 현장에

가 있는 위인이 이를 힘써 행하지 못하고 있으니 이를 고쳐야 하지 않겠는가?

…비변사는 이번에 중심을 똑바로 잡고 류성룡을 그만두게 하라. 전쟁의 승패를 가를지도 모를 중요한 인사니 잘 고쳐 행하라…"

"류성룡의 사람됨은 내가 자세히 아는데 적을 헤아려 승리로 이끌어가는 것은 그의 장기가 아니다"

전쟁이 한창 진행 중인 1593년 3월, 선조가 분이 가득하여 대신들에게 한 말이다. 당시 현실이나 전쟁상황으로 보나 도무지 앞뒤가 맞지 않는 엉뚱한 소리였기에 비변사 관리들 모두 당황스러웠다. 전쟁 중이고 몸이 아픈 가운데서도 열심히 일하고 있는 류성룡을 경질하자는 것이 대신들에게서 나온 의견이 아니고 임금 자신 입에서 나왔다는 것 자체가 놀라울 뿐이다.

선조는 전쟁이 일어나자 명나라로 피신하려다가 류성룡의 반대로 막히자 부끄럽고 모욕감을 느꼈을 것이다. 류성룡은 임진왜란 진행될수록 백성들에게 신뢰감을 주고 있는데 선조는 임금으로서 체면을 구기고 백성들에게 원망의 대상이 되었다. 선조가 류성룡에게 뭔가 불편함을 품고 있다는 것을 알 수 있다. 류성룡의 앞길이 순탄해 보이지 않는 이유다.

선조는 항상 자신의 왕의 자리 보전이 우선이었고 류성룡은 백성들을 먼저 생각했다. 조선 임금 선조는 자신을 앞세우고 명나라에 지나치게 의존하는 습성이 있었다. 자신이 의주까지 피난 가게 한 사건이 자신이 나라를 똑바로 경영하지 못한 책임이었지만, 선조는 조선군과 장수들의 잘못으로 책임을 떠 넘겼다.

신하들에 대한 원망과 전쟁에 대한 두려움을 극복하지 못하고 항상 누군가에게 책임을 돌리고 남 탓하는 나약한 군주였다. 나라보다는 왕권보호 백성의 고통보다는 자신의 체면을 앞세우는 답답한 조선임금이었다.

선조는 이순신을 어떻게 평가했는가?

오직 자신의 왕권을 위해 명나라만 의지했던 선조에게 이순신의 눈부신 전쟁승리가 바로 보일 수 없었다. 명나라 군대의 전쟁 공로에 비하면 아주 하찮은 것으로 여겼다. 전쟁이 끝난 후 전쟁공로자를 기록하기 위한 자리에서 선조의 말에 잘 드러난다.

"오늘날 왜적이 평정된 것은 오로지 명나라 군대 덕분이다. 우리 장군과 군사들은 명나라 군대의 뒤를 쫓아다니다가 요행히 적 패잔병들의 머리나 얻었을 뿐이다. 한 번도 우리 장군과 군사들의 힘으로 적 우두머리 목 하나를 베거나 적진 하나를 함락시킨 일이 없다. 그 가운데 이순신과 원균 두 장수의 바다에서의 무찌름과 행주에서의 이김이 약간 두드러질 뿐이다"(류성룡, 나라를 다시 만들 때가 되었나이다. 송복, 시루, p.351).

이것이 이순신이 전사한 후 2년 4개월 후(1601년 3월 13일)에 있은 이순신 전공에 대한 평가였다. 우리 역사에 위대한 전쟁 역사로 이순신 장군과 조선 군대를 하찮게 평가한 선조, 이순신 장군이 어떻게 싸우고 어떤 고난의 길을 걸었으며, 최후에 어떻게 전사했는지를 누구보다 잘 알고 있는 선조가 내린 평가를 보면 생전에 이순신에 대한 선조의 인식이 어느 정도였는지 짐작해 볼 수 있다.

선조는 이순신의 승리를 인정하고 싶지 않았다.

류성룡을 몰아낸 북인들이 쓴 '선조실록'에도 이순신의 죽음을 안타까워하고 있다.

"왜적이 마침내 대패하니 사람들은 모두 '죽은 순신이 산 왜적을 물리쳤다'고 하였다. 호남일도(一道)의 사람들이 모두 통곡하여 노파와 아이들까지도 슬피 울지 않는 자가 없었다. 국가를 위하는 충성과 몸을 잊고 전사한 의리는 비록 옛날의 어진 장수라 하더라도 이보다 더 할 수 없다. 조정에서 사람을 잘못써서 순신으로 하여금 그 재능을 다 펴지 못하게 한 것이 참으로 애석하다. 만약 순신을 1596년과 1597년간 통제사에 재직시키지 않았다면 어찌 한산의 패전을 가져왔겠으며 전라도와 충청도가 왜적의 소굴이 되었겠는가. 아! 애석하다"

이런 이순신을 선조는 인정하고 싶지 않았다. 이순신이 적군을 물리칠 동안 국정책임자로서 선조가 한일은 적이 쳐들어오기도 전에 도망간것과 류성룡, 이순신, 김덕룡 같은 뛰어난 인재들을 시기 질투로 내쫓거나 죽이는 것 뿐이었다. 선조는 이들의 희생으로 나라가 다시 유지되었다는 사실을 인정하고 싶지 않았다. 선조는 전쟁의 승리한 것은 류성룡, 이순신, 권율 등 조선 장수가 아니라 명나라 지원군 때문에 승리했다고 말한다. 선조실록(1599년 2월 2일)에 의하면 전란 극복의 공로를 명나라 제독 유정에게 이렇게 말한다.

"우리나라가 보전된 것은 순전히 모두 대인(유정)의 공덕입니다. 우리나라의 일은 대인께서 익히 아시니 우리나라의 일을 주선하는 문제는 대인만 믿을 뿐입니다"

이렇게 말한 사람이 선조였다. 한마디로 궤변이다.

자신의 과오를 덮고자 애쓰다.

선조는 왜 전쟁극복 주역이 조선군이 아니라 명나라 군대라고 생각했을까?

전쟁 끝난 후 5년이 지난 1603년 조정에서 공적심사에서 많은 사람들의 반대에도 불구하고 선조는 원균을 1등 공신(이순신, 권율, 원균)으로 책봉한 것이다. 또한 선조의 피란길을 따라 도망 다니던 신하들을 1등, 2등, 3등 공신까지 모두 86명이나 되었다. 실제 전투에서 공을 세운 선무공신은 18명이었다. 왜 선조는 이런 괴상한 일을 하였을까? 이는 이순신을 비롯한 장수들의 공로를 인정할수록 피난 다닌 자신의 무능함과 비겁함이 드러나는 것을 두려워했기 때문이다. 왕의 체면을 먼저 생각한 것이다. 처음부터 끝까지 이순신을 무시하고 원균을 높이고자 한 이유는 자신이 추천한 원균이 수군을 궤멸시킨 책임회피와 권위를 지키고자 했던 것이다.

의병장, 억울한 누명을 쓰고 죽임을 당하다.

의병장들은 전쟁이 끝난 뒤 오히려 조정의 견제를 받아 쓸쓸하게 최후를 맞이한 이들이 많았다. 선조 자신도 한 때 의병장 김덕령을 칭찬했지만 민란의 주동자와 내통했다는 혐의로 20여 일간 혹독한 고문받은 상처 독으로 죽음을 맞았다. "나를 역모죄로 죽이지 말고 불효 죄로 죽여달라" 말했다고 한다. 자신은 역모를 꾀한 것이 아니라 의병활동으로 부모를 돌보지 못한 죄를 인정하겠다는 말이다.

김덕령의 억울한 죽음은 목숨 걸고 왜군과 싸웠던 의병장들에게 큰 충격을 줬다. 의병장 곽재우도 선조에게 죽임을 당할까 두려워 의병을 해산하고 산에서 숨어지냈다.

곽재우, 김덕령, 조헌, 고경명, 조경남, 정문부, 사명대사 등 전쟁에서 관군 못지않게 용감하게 싸웠던 의병장들은 모두 공신대열에 빠졌으며, 공로를 제대로 인정받지 못했다. 의병장들은 자발적으로 무기를 준비하고 의병들을 모집 훈련시켜 목숨 걸고 싸웠다. 힘을 모아 함께 싸워도 부족한 상황에 영웅들을 의심하고 시기한 선조는 재난극복에 전혀 도움이 되지 않았다. 임진왜란 기간동안 리더로서의 자질과 책임감은 찾아볼 수가 없다. 오로지 자신의 왕권 유지에 노심초사하며, 백성들에게는 관심도 없고 끊임없이 신하들을 의심하고 견제하고 통제하는 그런 국왕이었다.

원균과 이순신

이순신 전사 후부터 지금까지 영화, 소설 등 이순신을 연구하는데 빠짐없이 등장하는 인물이 원균(1540~1597)이다. 이순신과 원균의 갈등문제이다. 원균은 1540년 경기도 평택시에서 8남 1녀 중 장남으로 태어났다. 아버지는 무인 집안 출신이자 경상도 병마 절도사를 역임했던 원준량이다. 원준량은 길주 목사를 지내던 시절, 관아의 창고에서 물건을 가져다가 은과 바꾸는데 썼다. 지금으로 말하면 공금횡령에 해당된다. 결국 원준량은 1566년(명종 21) 사헌부로부터 재산을 증식하는 일에만 몰두하고 폭정을 저질렀다는 이유로 탄핵을 받고 길주 목사직에서 파직당하게 된다. 원균은 이순신보다 다섯 살 더 많고 군경력도 선배였다.

〈원균은 체구가 비대하고 식사에 밥 한 말, 생선 다섯 마리, 닭이나 꿩을 서너 마리를 먹었다. 평상시에 배가 무거워 제대로 걷지 못하였다〉

- 난중잡록

〈사헌부가 아뢰기를, 원균은 사람됨이 범람하고 게다가 탐욕스럽고 포악하기 까지 합니다. 또 무리한 형벌을 행하여 잔혹한 일을 자행하여 죽는 자가 많고 앓다가 죽는 이도 또한 많아서 원망하고 울부짖는 소리가 온 도(충청도)에 가득합니다. 이와 같은 사람은 통렬히 다스리

지 않을 수 없으니 파직하고 기용치 마시옵소서〉

- 선조실록 1595년 8월 15일.

〈한산의 패배에 대하여 원균은 책형(磔刑)을 받아야 하고 다른 장졸(將卒)들은 모두 죄가 없다. 왜냐하면 원균이라는 사람은 원래 거칠고 사나운 하나의 무지한 자로써 당초 이순신과 공로 다툼을 하면서 백방으로 상대를 모함하여 결국 이순신을 몰아내고 자신이 그 자리에 앉았기 때문이다. 겉으로는 일격에 적을 섬멸할 듯 큰소리를 쳤으나 지혜가 고갈되어 군사가 패하자 배를 버리고 뭍으로 올라와 사졸들이 모두 어육(魚肉)이 되게 만들었으니 그때 그 죄를 누가 책임져야 할 것인가…〉

- 선조실록 1598 4월 2일 기사 중 사관의 논평.

류성룡의 징비록에 따르면 이렇게 기록되어 있다.

〈원균은 왜군의 대선단을 보고 겁에 질려 전함 1백 여척과 화포와 군기등을 바다에 처넣고 군대를 해산시켜 그가 거느린 수군 1만 여명은 모두 뿔뿔이 흩어졌다〉

원균은 여러 직책 맡게 될 때마다 탐욕과 포학하고 비리를 저지르고 장수로서 본연의 책임을 다하지 못하였다. "날마다 술주정과 성내는 것을 일 삼았다"는 기록도 있다. 군대 총책임자로서 지녀야 할 품위와 절제를 갖추지 못했다. 난중일기를 보면 이순신의 고충이 어떠했는지 짐작해볼 수 있다.

〈정유년 1597년 5월 8일, 맑다. 이경신이 한산도에 와서 원균의 흉악한 일을 많이 말했다. 또 그(원균)가 데리고 온 서리(書吏)를 곡식을 사오라는 구실로 육지로 보내놓고 그(서리의) 아내를 사통(몰래 정을 통함)하려고 하였다. 그러나 그가 기를 써도 따라주지 않고 (서리의 아내가) 밖으로 뛰쳐나가 고래고래 소리쳤다고 했다. 원(원균)이란 자는 온갖 꾀로써 나를 모함하려 하니 이 또한 운수로다. 그가 바치는 뇌물 짐이 서울로 가는 길을 연달아 잇고 있으면서도 날이 갈수록 나를 갈수록 헐뜯고 있으니 그저 때를 잘못 만난 것이 한스러울 따름이다〉

자신의 부하 아내를 겁탈하려고 한 원균, 이런 자의 모함을 받고도 '운수'라고 여기며 때를 기다리며 인내하는 이순신. 전쟁이 한창인데 뇌물을 어디서 준비해서 서울로 보낸 것일까?

이순신 지휘 아래 있을 때 한 번도 패하지 않던 수군이 원균의 지휘를 받자 1597년 (선조 30년) 7월 16일 새벽 경상도 거제 칠천량 해협에서 원균이 지휘하는 조선 수군 연합함대가 일본군에게 크게 패배하여 최고 지휘관을 포함하여 해전 경험이 풍부한 많은 지휘관들이 전사하고 함대와 병력 모두 완전히 궤멸된 해전으로, 세계 전쟁사를 살펴 보아도 그 유례를 찾기 힘들며 씻을 수 없는 굴욕적이고 치욕적인 패배이다. 이 해전 한 번으로 정유재란이 시작 되었고 나라가 망해 일본에 복속될 뻔 했다.

조선수군 1만명과 160척이 넘는 전함이 한꺼번에 침몰당하는 비참한 결과를 가져온다. 이순신 대신 원균이 삼도수군통제사가 된 것은 엄청난 재앙이었다.

이순신은 패전소식을 듣고 난중일기에 이렇게 적고 있다.

〈1597년 7월 18일 (정미) 맑음 새벽에 이덕필과 변홍달이 와서 전하기를 "16일 새벽에 수군이 기습을 받아 통제사 원균, 전라 우수사 이억기, 충청수사 최호 및 여러 장수들이 다수의 피해를 입고 수군이 크게 패했다."고 하였다. 듣자 하니 통곡을 금할 길이 없었다〉

원균의 실패에 선조도 책임이 있다.

이순신의 『난중일기』에 원균에 대해 108번을 말하고 있다. 전쟁초기에는 비교적 원만한 관계로 유지되다가 1593년 이순신과 원균 사이에 갈등이 생긴다. 1594년 갈등이 더 심해지자 조정에서는 원균을 충청도 병마절도사로 발령조치한다. 이순신은 삼도수군통제사로 원균은 이순신의 부하 장수였다. 원균은 직속상관 이순신에게 온갖 험담을 하며 심지어 방해하는 일도 서슴치 않았다. 전쟁 중 하극상이 일어난 것이다. 원균의 이런 행동에는 이유가 있다. 임금인 선조와 조정대신들이 원균 편을 들고 이를 묵인하고 방조했던 책임이 더 크다.

선조가 그토록 믿었던 원균이 패하고 수군과 함께 사라지자 큰 충격을 받았다.

선조는 결국 1597년 8월 3일, 역적이라고 매도하고 죽이려 했던 이순신에게 다시 삼도수군통제사 책임을 맡긴다. 이순신이 처한 현실은 처참했다. 많은 함선과 유능한 장수와 병사들을 잃었다. 복구할 방법이 없었다. 선조도 차라리 수군을 폐지하고 육군에 편입시키라고 지시할 정도였다. 그러나 이순신은 그 유명한 말을 남기고 비장한 각오로 명량(울돌목)으로 향한다.

"신에게는 아직도 13척의 배가 남아있나이다. 신이 죽지 않고 살아있는 한 적들은 감히 우리를 업신여기지 못할 것입니다"

원균은 시대적으로 전쟁을 치러야만 했던 불행한 장수인지도 모른다. 만약 임진왜란이 일어나지 않았다면 다소 탐욕스럽고 포악하기는 해도 평범한 군대 장군으로서 조용히 살아갈 수도 있었을 것이다. 전쟁이 터지는 바람에 자신의 본래 모습이 세상에 드러남으로 결국 비참한 최후를 맞이했다. 그런 결과를 가져온것은 결국 본인 자신이다.

준비하고 계획하는 그릇이 되지 못한 비극이다. 누구를 원망하겠는가?

만약 원균이 이순신처럼 일기를 남겼다면 원균에 대한 평가도 달라질수도 있을지 모르는 일이다.

1598년 류성룡의 파직되는 날 이순신을 노량해전에서 장렬한 최후를 맞이한다.

이순신은 고금도에서 류성룡이 파직 소식을 듣고 '나라일이 이 지경에 이르는가' 탄식한다. 자신의 든든한 후견인 류성룡이 공격당하는 걸 보면서 자신도 위험하다는 것을 직감한다. 류성룡이 영의정일 때도 죽을 만큼 고문당한 이순신, 그는 적과 싸우다가 죽기로 결심한다.

1598년 11월 18일 저녁 수많은 일본전선이 몰려온다. 왜선은 5백여척, 조선수군 85척이었다. 저녁부터 시작된 싸움은 19일까지 계속된다. 19일 새벽 이순신은 최후를 맞는다.

당시 상황을 징비록에서는 이렇게 기록하고 있다.

"이순신은 시석(矢石)을 무릎쓰고 몸소 힘껏 싸우는데 날아온 탄환이 그의 가슴을 뚫고 등 뒤로 나갔다. 곁에 있던 부하들이 부축하여 장막 안으로 옮기자 이순신은 '싸움이 한창 급하니 내가 죽었다는 말을 내지 말라'고 말을 마치고 숨을 거둔다"

선조가 류성룡을 파직하는 날 이순신은 노량해전에서 전사한다. 만남과 헤어짐이 극적인 운명이다. 이순신은 죽었으나 조선수군은 큰 승리를 거두면서 7년 전쟁도 끝나게 된다.

이순신

이순신 장군 만큼 존경받고 사랑받는 리더는 없을 것이다. 어떤 역경에도 포기하지 않고 최선을 다해 이겨 나갔다는 점이다. 이순신 장군은 우리와 멀리 있는 영웅이 아니라 우리와 똑같은 갈등과 고민속에 살아왔기에 현시대에도 여전히 적용 가능한 리더십의 모범이다.

난중일기

1592년 1월부터 마지막 노량해전을 앞에 두고 1598년 11월 17일까지 일기를 썼다. 해마다 묶어 '임진일기' '병신일기' 등으로 표지에 적었다. 정조 때 〈이충무공전서〉를 편찬하면서 일기를 묶어 '전쟁 중에 쓴 일기'라는 의미로 난중일기로 이름을 붙이게 된 것이다.

'나랏일이 이 지경에 이르나니' 이순신의 탄식

1597년(정유년) 7월 15일 원균은 칠천도에서 패하면서 죽게 된다. 한산도가 폐허가 되면서 조정에서는 백의종군하는 이순신을 수군통제사로 다시 임명한다. 이순신에 의해 조선 수군이 왜 수군을 무찌른다. 이순신이 고금도에서 수군을 강화하고 복구하던 중에 류성룡의 탄핵과 관직에서 물러난다는 소식을 듣고 탄식한다 '나랏일이 하나같이 이 지경에 이르다니'

류성룡의 탄핵은 이때까지의 권력다툼과는 차원이 달랐다. 류성룡은 이순신을 뒤에서 도와주는 후원자가 아니라 조선 수군을 후원하는 자였기 때문이다. 이순신이 그 당시 어떤 결심을 하고 어떤 결정을 했는지는 노량대전에서 알 수가 있다. 이순신은 얼마든지 다른 선택을 할 수가 있었다. 권력 욕심있는 원균이었다면 얼마든지 다른 선택을 할 수도 있었을 것이다.

이순신 장군은 전쟁 승리를 위해 전략을 세우고 전술을 개발하는데만 모든 정신을 집중하는 진정한 군인이었다. 그러나 원균은 눈앞의 왜적보다는 조정 관리들 간의 권력다툼에 더 신경을 쏟고 관심을 기울였다.

원칙을 지킨다.

관직에서 파면되어 때를 기다리던 이순신에게 류성룡은 이조판서 이율곡이 한번 보자고 하니 만나볼 것을 권했다. 이순신은 "이율곡은 나와 같은 덕수 이씨 문중의 어른이라 뵙는 것은 좋은 일이지만, 이조판서의 자리에 계시니 지금 만나는 것은 옳지 못한 일입니다"

이순신과 율곡의 만남은 이뤄지지 않았다. 파면에서 벗어나 빨리 복직하고 싶은 절박한 상황에서도 오직 자신의 실력과 힘으로 힘든 상황을 스스로 개척하려 했다.

당시 병조판서 김귀영은 자신의 서녀(첩의 몸에서 난 딸)를 첩으로 주어 이순신을 사위로 삼으려 했으나 거절한다.

"이제 벼슬길에 오른 내가 어찌 권세의 집과 연을 맺어 이익을 바라겠는가"

자신의 재능과 능력을 좋게 본 고위공직자의 제안을 거절한 것이다. 권세있는 가문과 인연을 맺고 공직생활에 큰 도움이 되고 인맥 쌓을 좋은 기회였으나 원칙을 지키기로 작정한 이순신은 거절한다. 제안을 거절함으로써 미운털이 박힐 수도 있지만 마음에 두지 않았다.

1579년 2월 35세 나이로 훈련원 인사업무를 관장하는 봉사에 재직할 때 병조정랑 서익이 자신의 친척 한 명을 승진압력을 가한다. 이순신은 이렇게 말하면서 거절한다. "자격이 안되는 사람을 등급을 뛰어넘어 승진시키면, 승진해야 할 사람이 못하니 이는 공정하지 못한 일입니다"

상급자인 서익은 이순신의 이런 행동에 크게 분개한다. 서익과의 인연은 여기서 끝나지 않았다. 1582년 1월 서익이 임금의 특명으로 무기를 점검하러 이순신이 근무하는 발포(전남 고흥)에 왔다. 잘 정비되어 있었지만, 서익은 무기 관리를 잘못했다고 조정에 보고한다. 그 결과 발포만호였던 이순신은 파직됐다.

발포만호 시절 직속상관 수사가 거문고를 만들기 위해 관아 뜰에 있는 오동나무를 베어가려 할 때에 이순신은 불의와 타협하지 않고 원칙을 끝까지 지키는 공직자였다. 이순신 장군의 이런 모범적인 태도는 암울하고 무질서한 전쟁터에서 백성과 군대 기강을 잡을 수 있었다.

명확한 목표

이순신 장군에 대한 책, 영화, 소설 등 수없이 많다. 왜일까? 사랑받는 조건을 모두 갖췄기 때문이다.

첫째, 주인공이 충분히 고통을 받아야 하고

둘째, 주인공은 분명한 목표가 있어야 하고

셋째, 주인공이 그 목표를 이룰 기회가 있어야 한다.

시대를 초월해서 이순신 장군은 이 모든 조건을 갖추고 목표를 달성했기 때문에 지금까지도 사랑과 존경을 받고 있다.

정도의 차이는 있지만 사람은 누구나 인생의 목표를 정하고 살아간다. 이순신은 어떤 목표를 세우고 살았을까?

22세 때 편한 문관의 길을 포기하고 힘들고 하층 무관의 길로 들어선다. 전라좌수사로 임명됐을 때 "왜적은 반드시 쳐들어 온다. 남해바다를 지켜 이 나라를 적으로부터 지켜야 한다"는 확실한 목표를 가지고 준비했다. 이순신은 '나라를 지키고 백성을 보호하는데' 삶의 목표를 정하고 살았기에 목표를 이룰 수 있었다.

임진왜란 중에 백성들에게는 존경과 사랑을 한 몸에 받지만, 선조를 비롯한 조정 관리들로부터 끊임없는 미움과 시기 질투로 수많은 고통을 당하게 된다. 22년간 공직에 있으면서 세 번 파면되고, 두 번 백의종군한다.

그도 나약한 한 인간이었다.

이순신 수많은 전투에서 승리했으므로 건강하고 병 같은 것은 앓지 않는 것으로 생각하는 것은 당연한 일이다. 그러나 난중일기를 보면 이순신의 몸 상태를 알 수가 있다.

난중일기에 나타난 신체 증세는 약 160여회의 병증이 등장하는데 '불편'이란 단어가 90여회 사용한다. 의료 전문가들은 장티푸스, 신경성 위장염, 고열, 구토, 몸살, 식은 땀, 체력 소진 등 증상이 보인다고 추정한다. 주로 몸이 '불편하다, 불편해서 앓았다, 불편하여 신음하였다, 눕지도 앉지도 못하였다' 네 가지 유형으로 표현하고 있다.

- 1593.2.22. 몸이 불편하여 누워서 끙끙 앓았다.
- 1594.3.21. 나는 몸이 몹시 불편하여 종일 땀을 흘렸다.
- 1594.6.14. 통증이 극히 심하여 거의 인사불성이 되었다.
- 1596.7.13. 몸이 몹시 불편하여 나가지 못하고 신음하며 앉았다 누웠다 했다.
- 1597.11.6. 몸이 몹시 불편하여 밤 내내 아팠다.

이순신은 기골이 장대하고 강인한 체격의 소유자가 아니라 눈앞의 왜적과 싸우고 자신의 병과 싸워야만 했다.

백성을 사랑했다.

굶주림에 떠도는 피난민들에게 적에게 빼앗은 쌀, 옷 등을 나눠주고 위로하며 임시 거처까지 마련해 주었다. 피난민이 줄지어 갈 때 말에서 내려 손을 잡아주며, 잘 숨어서 적에게 잡히지 말라고 위로해 주었다.

이순신 장군이 백성을 얼마나 사랑했는지 일화가 있다. 바다에서 전쟁할 때 적군의 배를 다 파괴해버리면 궁지에 몰린 적들이 혹시 백성들을 해칠까봐 한척은 남겨두었다고 한다. 전투가 끝나면 항상 부하들이 세운 공을 상부에 보고했으며 전쟁터에서 부상자를 정성을 다해 치료해 주었으며, 사망자에게는 제사를 지내고 유족들을 위로했다. 이순신은 충성스런 마음은 권력자가 아니라 오직 국가였다. 정치,권력에 관심을 두지 않고 바다를 지키는 일에 최선을 다했다. 이순신은 일생을 국민과 나라를 위해 헌신과 충성을 했으며, 백성과 부하들과 격의없이 항상 소통하면서 이 나라를 전쟁에서 구해내는 기적을 이룰 수 있었다.

정보수집, 성적, 난중일기

"맑다, 종일 비오후 4시경에 잠깐 개었다가 다시 비가 왔다. 흐리다가 저녁나절에 개이고 바람이 세게 불더니 해질 무렵에는 더 거세어졌다"

예나 지금이나 인간이 살면서 가장 중요 관심사는 날씨다. 이순신 장군은 날씨, 특히 바다의 상황에 관심이 많았다. 이순신 장군은 보고 들은 정보를 꼼꼼히 기록하고 전술에 활용했다. 난중일기는 이런 습관에서 만들어진 것이다. 정보를 활용 전술에 적용하는 습관이 전쟁 승리의 중요한 요인이었다.

1592년 7월 6일 새벽, 경남고성의 당포에 정박해있는 함대에 뜻밖의 손님이 찾아온다.

"장군, 저는 미륵도에사는 목동 김천이리고 합니다"

"소인이 오늘 볼일이 있어 거제에 갔더니 적군의 배 큰배, 중간 배, 적은 배 합하여 칩십여척이 영등포 앞바다에 나타났다가 고성 땅 견내도에 정박한 것을 봤습니다"

드론, 레이더, 비행기가 없던 시절, 적의 위치와 병력의 규모를 미리 파악하고 한산도 앞바다로 유인 '학의 진' 전술로 역사에 남을 대승을 거둔다. 조선 수군에게 정보를 제공하는 자는 쌀과 곡식 등을 주며 포상을 했다. 이순신은 군 지휘관에 물러나 있을 때에도 사람들과 끊임없는 소통으로 정보를 수집하고 활용방안을 연구했다.

성적순이 아니다.

클라우제비츠가 『전쟁론』에서 명언을 남겼다.

"낮은 지위에 있을 때는 매우 훌륭한 활동력을 과시한 지휘관이 일단 최고의 지위에 올라 앉게되면 정신적, 지적 능력의 부족 때문에 수준 이하의 능력자로 낙착되어 버린다"

임진왜란에서 최강 해군력을 보유한 일본을 격파한 이순신' 그는 과연 몇 등으로 무과에 합격했을까? 23연승, 출중한 무예 등을 고려하면 우수한 시험성적으로 합격하지 않았을까?

이런 예상을 빗나간 그의 성적은 평범한 보통 사람이었다.

무예를 연마한지 6년째, 28세 무과시험 응시했으나 낙방한다. 이때 말에서 떨어져 골절되었다. 1576년 식년무과에 응시 합격한다. 아이 셋의 아버지, 32세였다.

이 시험은 갑과 3명, 을과 5명, 병과 20명으로 나누는데 갑, 을, 병과는 성적순 등급을 의미한다. 이순신은 1등도 차석도 아니었다. 병 그룹에 속한 12등으로 합격했다.

당시 무과에 응시한 사람들은 현직 군관 출신들이 많았다. 이순신은 군대에 가지 않은 보인이었기 때문에 시험과목인 무예를 접할 기회는 물론 말타기, 격구 등을 접할 기회가 없었다. 독학으로 할 수밖에 없었다.

이순신과 함께 합격한 사람들은 어떻게 되었을까?

1등을 했던 문명신에 대한 기록은 없다. 2등 박종남을 비롯 김대기, 이경록을 제외하면 이순신의 합격 동기생들은 관련 기록을 남기지 못했다. 박종남은 무과를 통과한 그 해 현직무관들이 보는 증시에 다시 합격한 대단한 실력자였다.

기록상으로 볼 때 박종남의 경우 낮은 지위에 있을 때 아무리 무예가 활동력이 뛰어나도 반드시 훌륭한 지휘관이나 정치가가 되는 것은 아니다. 뛰어난 입시성적을 보인 박종남이란 인물은 지금 역사에서 기억하지 못한다. 시험성적보다는 그 이후의 삶이 훨씬 더 중요하다는 것을 보여준다. 박종남과 이순신의 차이는 어디에서 나온것일까? 박종남은 무신집안에서 자랐고, 이순신은 문신의 집안에서 자라 무신의 리더십을 익힌것과 대조적이다.

이순신이 리더로서 더 유명해진 이유는 오랜 기간 고통의 세월을 견뎌냈기 때문에 위기상황에 리더로서 책임을 잘할수 있었다. 한 사람의 위대한 리더가 만들어지기까지는 단순히 개인의 노력뿐만아니라 주변에 도와주는 협력자가 있어야 한다. 이순신의 위대함은 일기를 쓰며 그날 그날 반성하고 계획을 세우면서 끊임없이 공부하고 노력하고 준비했다는 점이다.

문(文)을 먼저 익히고 무(武)로 다듬어진 하이브리드형(hybrid:특정한 목표 달성을 위해 두 개이상의 기능이 합쳐진 것) 리더십이었다.

러·일전쟁에서 러시아 천하무적 발틱함대를 격파한 일본해군제독 헤이하치로는 이순신을 이렇게 평가했다.

"나를 이순신 제독에 비교하지 말라. 그 분은 전쟁에 관한 한 신의 경지에 오른 분이다. 이순신 제독은 국가의 지원도 제대로 받지 않고 훨씬 더나쁜 상황에서 매번 승리했다. 나를 전쟁의 신이자 바다의 신이신 이순신 제독에게 비유하는 것은 신에 대한 모독이다"

도쿠토미 이이치로의〈근세일본국민사〉에는 이렇게 기록하고 있다.

"이순신은 이기고 죽었으며 죽고 나서도 이겼다. 조선의 전후 7년간에 걸쳐 수많은 책사, 변사, 문사가 있었으나 전쟁에서는 참으로 이순신 한 사람으로 써 자랑으로 삼지 않을 수 없다. 일본 수군 장수들은 이순신이 살아 있을 때에 기를 펴지 못했다. 그는 실로 조선의 영웅일 뿐 아니라 동양 삼국을 통틀어 최고의 영웅이었다"

이순신은 왜 이런 일기를 썼을까? 기록이 나를 만든다.

우리는 드라마틱한 이순신을 기억하고 있다. 난중일기를 읽다 보면 지루하고 따분한 일상적인 삶을 기록하고 있다.

이순신 장군의 애국심, 탁월한 능력을 인정받는데 중요한 역할을 한 것이 일기, 편지, 전쟁에 관한 그의 기록들이다. 만약 원균도 이순신처럼 기록을 남겼다면 그의 대한 평가도 많이 달라졌을 것이다.

난중일기는 개인의 일상생활로서 뿐만 아니라 그 당시 시대 상황,

역사적 사료로서도 그 가치를 인정받아 국보 76호로 지정되었다.

기대와는 달리 단순하고, 따분하고, 짧은 기록의 연속이다. 이순신은 이런 일기를 왜 썼을까? 나랏일을 근심하고 염려하는 참된 마음에서 간단한 사실만을 기록했을 수도 있고 아니면 자신의 아픈 경험에서 시작된 것으로도 볼수 있다. 글은 자신이 쓰지만 남이 볼수 도 있다. 솔직하게 쓰기보다는 다른 사람이 읽어 볼수 도 있다는 점을 의식하고 기록했을수도 있다.

자기를 돌아보고 절제력을 가지고 기록했으며 배울 점이 너무 많다는 것이 장점이자 단점이다.

난중일기에 전쟁에서 잘못된 전략·전술로 손실과 피해를 입었다는 내용은 찾아볼 수가 없다. 원균이나 장수들에 대한 비난은 있지만 자신을 괴롭힌 선조에 대한 비판도 없다. 또한 당시 조정에 많은 불만이 있었음에도 일기에는 그런 언급이 없다.

억울한 일과 모함으로 옥에 갇히고, 백의종군 어려움을 많이 당했던 이순신, 자신에게 일어난 일을 간략하게 기록함으로써 위기에서 벗어나기 위한 일종의 자기방어적인 증거로 일기를 쓴 것은 아닐까? 그 당시 상황에 자신이 하고 싶은 솔직한 감정, 느낌, 일상을 절제하면서 쓰여진 일기를 남겨야 하는 장군의 심정은 어떠했을까? 언제 죽을지 모르는 전쟁터, 몸도 아픈 상황에서 언제라도 자신이 위기에 몰릴 수도 있음을 알았을 것이다.

일기를 쓰면서 먼 훗날 자신에 대한 정당한 평가를 받고자 하는 인간적인 아픔을 참으며 적어 내려간 일기가 이순신 자신을 위대한 장수로 만들고 있다.

대국민 메시지를 정확하게 전달한다

윈스턴 처칠(1874-1965) 향년 90세

귀족 출신으로 부유한 환경에서 성장하고 부모의 배경을 통해 쉽게 정치에 입문하고 총리를 두 번이나 지냈으며 제2차 세계대전 당시 히틀러와 맞서 싸우면서 열세인 전황에도 불구하고, 뛰어난 리더십과 통찰력으로 전세를 뒤집어 연합군의 승리를 이끌어 냈다.

아돌프 히틀러(1889-1945) 향년 56세

오스트리아 시골마을에서 사생아로 태어나 정규교육도 제대로 받지 못하고 오로지 혼자 힘으로 세계를 전쟁의 소용돌이로 몰아넣고 1945년 4월 30일 베를린 함락 직전에 권총 자살하였다.

두 지도자는 어떤 방법으로 사람들을 움직였을까? 리더십 비밀은 무엇일까?

내가 바칠 것은 피와 땀과 눈물 뿐

처칠의 나이 65세, 절체 절명의 위기 속에서 수상이 된 처칠은 의회와 국민 앞에 첫 연설을 한다.

"내가 바칠 것은 피와 땀과 눈물밖에 없습니다. 우리는 가장 힘든 시련을 앞에 두고 있습니다. 기나긴 투쟁과 고난의 세월이 우리를 기다리고 있습니다. 여러분은 우리의 정책이 무엇이냐 묻습니다. 나는 말합니다. 그것은 땅에서 바다에서 하늘에서 전쟁을 수행하는 것입니다. 하나님께서 우리에게 허락한 모든 힘과 우리의 모든 능력을 다하여, 인류가 저지른 개탄스런 죄악의 목록 가운데에서도 가장 극악한 폭정(暴政)과 맞서 싸우는 것입니다. 이것이 우리의 정책입니다. 여러분은 우리의 목적이 무엇인가 묻습니다. 나는 한마디로 답할 수 있습니다. 그것은 승리입니다. 어떠한 대가를 치르고서라도 반드시 승리합니다. 모든 공포를 이겨내고 반드시 승리합니다. 승리에 이르는 길이 아무리 길고 험난해도 반드시 승리합니다. 승리하지 못하면 죽음만이 남을 뿐이기 때문입니다. 기필코 승리를 쟁취합시다. 승리하지 않으면 대영제국이 존속할 길이 없고, 대영제국이 지탱해 온 모든 것들이 존속할 수 없습니다. …나는 확신합니다.…이 시점에서 나는 모든 이에게 도움을 호소합니다. 자! 단결된 힘으로 우리 함께 전진합시다!"

-1940년 5월 수상으로서 첫 하원 연설

노벨문학상 수상자, 화가로서의 처칠

처칠은 아마추어 수준을 뛰어넘는 화가이기도 했다. 그는 특히 인상파 풍의 풍경화로 유명했다. 1915년 해군장관직에서 사임한 뒤부터 그림 그리기에 몰두하기 시작했는데, 이 취미를 통해 스트레스와 우울증에서 잠시라도 벗어날 수 있었다. 처칠은 특유의 활기차고 정력적인 분위기와는 달리, 실제로는 평생 우울증에 시달린 것으로 알려져 있다. 그림은 그런 그에게 하나의 천국과도 같았다. 전쟁 후에 처칠은 여러 나라에서 전시회를 열었다.

처칠은 소설, 전기, 회고록, 역사서 등을 집필한 정력적인 작가, 저술가였으며 신문에 기고한 많은 에세이와 시사평론은 물론 〈제2차 세계대전〉으로 1953년 노벨문학상을 수상했다. 당시 문학상 후보였던 헤밍웨이는 "처칠은 구어(口語)의 대가이기 때문에 노벨문학상의 취지와 맞지 않다"고 지적했지만, 스웨덴 한림원 측은 처칠의 전시 연설도 문학적 가치가 있다고 평가했다.

『리더십 불변의 법칙』의 저자 존 맥스웰은 자신의 책에서 이렇게 밝혔다.

"지식이 있다고 해서 리더가 되는 것은 아니지만, 지식이 없다면 리더가 되는 것은 불가능하다."

처칠이 공부한 고전들은 처칠에게 세상을 바라보는 시야를 넓혀주었다. 그가 미래를 예측하는 통찰력을 가질 수 있었던 것도 젊은 시절의 깊이 있는 독서와 냉철한 사색의 결과물이었다.

처칠은 독서광이었다

처칠은 필수 과목인 라틴어와 그리스어 과목에 낙제점수를 받아 낙제한 학생들만 모인 하급반에서 3년 동안 영어 수업만 받았다.

학생 시절 대부분의 학과목에서 뒤쳐졌지만 역사와 영어 과목만은 뛰어났던 것에서 작가와 연설가로서의 자질을 엿볼 수 있다. 장교로 임관하여 여러 근무지역을 돌아다니며 처칠은 독서에 몰두했다. 특히 역사와 정치 관련 도서를 집중적으로 탐독했는데, 에드워드 기번의 〈로마제국흥망사〉가 애독서였다. 급박하게 전개되는 역사의 흐름을 읽어내고 격조 높은 문장과 연설문을 쓸 수 있었던 것도, 역사서 탐독 덕분이었다고 할 수 있다

다른 사람들과 소통한다는 것은 리더의 기본자질이다. 중요한 것은 어떤 글과 말로 소통하느냐는 것이다. 처칠은 말과 글의 중요성을 일찍부터 잘 알고 있었다.

육군사관학교를 졸업하고 기병부대 장교로 임관되면서부터 군사학,

역사, 철학, 경제학 등 다양한 분야의 책들을 탐독한다. 처칠이 역사에 남는 명연설을 하고 신문과 잡지에 1,000개가 넘는 기고문을 보내고 소설을 쓰는 기초가 영어를 철저히 공부했기 때문이다.

독서로 세상의 흐름을 깨우친 프랑스 지도자가 있다. 한 때 유럽을 지배한 나폴레옹이다. 오랫동안 이탈리아 지배를 받다가 프랑스에 편입된 변두리 코르시카섬 출신이다. 나폴레옹은 15살 때 파리의 육군사관학교에 입학한다. 이탈리아식 이상한 프랑스어를 사용해 촌놈이라 놀림의 대상이었다. 그러나 나폴레옹은 영웅들의 전기를 읽으며 꿈을 키워나갔다. 육군사관학교 시절 수학과 역사 뿐만 아니라 정치, 경제, 지리, 천문, 기상 등 다양한 분야의 책을 읽었다. 총사령관이 돼서도 원정을 떠날 때 1,000여권의 책을 실은 마차와 수백명의 고고학자, 도서정리한 사서까지 동원되었다. 나폴레옹의 분야를 가리지 않는 독서는 전쟁에서 다양한 상상력과 전술을 창조했다. 그 지형과 상황에 맞는 새로운 전투방식을 사용함으로써 승리할 수 있었다. 나폴레옹은 죽을 때까지 책을 손에서 놓지 않았다.

리더는 다양한 사건 사고 위험한 현장에서 순간적으로 판단과 결정을 내려야 한다. 실제 현장에서 상황이 어떻게 진행될지 한계가 있을 수밖에 없다. 이 때 간접 경험으로 지혜를 얻을 수 있는 방법이 독서이다. 독서를 통해 반복되는 역사 속 과거에 있었던 전쟁 등 다양한 사건들을 참고해서 다가올 재난을 대비해야 한다.

처칠과 히틀러의 공통점

제1차 세계대전 당시 둘 다 전투현장에 있었다. 처칠은 프랑스에서 부하들과 전쟁을 수행했고, 히틀러는 육군상병으로 전투에 참가 부상을 입기도 했다. 그림을 좋아했다. 처칠은 자신이 우울증에 걸리자 공직에서 물러나 그림 배우고 그리기를 좋아했다. 히틀러는 어렸을 때 꿈이 화가였다. 오스트리아 미술 대학와 건축학교에 지원하지만 두 번이나 낙방했다. 히틀러는 2차 세계대전을 일으키면서 유럽을 점령하면서 예술품과 문화재를 약탈했으며 유명화가 그림은 첫 번째였다. 화가의 꿈을 이루지 못한 히틀러의 한이었다. 처칠과 히틀러는 열렬한 독서광이었다. 처칠과 히틀러는 수많은 죽음의 고비를 넘겼다. 정치에 진출한 사람들을 움직이는 명연설을 할 수 있었던 것도 평소에 책을 가까이하는 습관이 있었다.

처칠의 연설은 독일군 폭격으로 불안해하는 영국 국민들을 위로했으며, 독일에 점령당한 유럽인들에게는 희망을 주었다.

히틀러의 연설은 독일 국민들의 자존심을 회복시켰지만 유대인에 대한 증오와 복수심은 독일을 전쟁의 소용돌이로 몰아넣었다.

베스트셀러 책을 집필했다

처칠은 신문과 잡지에 1,000여 개의 글을 기고했으며, 43종(72권)의 책을 출판했다. 그 중 가장 인기 있었던 책은 『제2차 세계대전』이었다.

1946년에 집필이 시작되어 1953년에 총 6권으로 된 이 책은 1,500만의 사망자를 기록한 인류 역사 최대의 전쟁인 제2차 세계대전의 역사를 개관한 결정판으로, 처칠이 1953년에 노벨 문학상을 수상한 직접적인 계기가 된 책이다

1923년 뮌헨 폭동이 미수에 그치자, 히틀러는 유죄판결을 받아 란츠베르크 교도소에 수감되었다. 감옥에서 『나의 투쟁』이라는 책을 썼다. 이 책에서 독일에 대한 연합국의 부당한 요구를 비판했으며, 패전이유

도 군수공장 파업을 주도한 유대인 때문이라고 비판한다. 이 책은 히틀러의 운명을 바꾼다. 출판되자마자 독일뿐만 아니라 유럽에서도 베스트셀러가 되었다. 대중에게 강한 인상을 주면서 주목받기 시작한다.

히틀러는 자신이 앞으로 실행하려는 것들을 『나의 투쟁』에 기록했다. 세계 정복의 야망, 인종차별과 전체주의의 수행계획, 공포정치의 프로그램까지 모든 것을 담아냈다.

웅변을 통한 대중여론조작에 비상한 능력을 가진 히틀러의 야망은 『나의 투쟁』에서 "사람을 설득하는 데는 글보다 말이 더 효과적이며, 따라서 위대한 운동은 위대한 문필가에 의해서가 아니라 위대한 연설가에 의해서 이루어졌다는 사실을 나는 알고 있다"고 한 말에 여실히 드러나 있다.

처칠은 번역된 『나의 투쟁』을 읽고 히틀러가 반드시 전쟁을 일으킬 것이라고 확신했다.

처칠과 히틀러의 차이점

국가나 기업이나 어떤 사람을 쓰느냐에 따라 결과가 달라지는 경우가 많다. 인사가 그만큼 중요하다. 처칠은 장관 때나 수상으로 재직하는 동안에 확실한 인사 원칙을 정했다. 참모나 부하 직원들을 뽑을 때 근무 연수나 출신 배경, 과거의 업적, 주위의 평가가 아니라, 오직 그 사람의 능력만 보고 선발했다. 처칠은 군대 근무 연수에 따라 자동으로 진급하는 군 고위장성 인사 제도를 반대하면서 이렇게 말했다.

"군대는 장교들의 사교모임장이 아닙니다. 저의 임무는 영국의 국왕과 국민에게 충성하는 장성을 가려내는 것입니다."

히틀러는 그 사람의 능력보다는 자신에 대한 충성도에 따라 인사를 결정했다. 대표적인 예가 공군의 최고위직인 원수에까지 오른 헤르만 괴링이다. 괴링은 제1차 세계대전 때 뛰어난 공군 조종사로 이름을 날렸고, 제1차 세계대전 이후 나치당에 입당한 뒤에는 히틀러의 열렬한 지지자가 되었다. 괴링은 히틀러에 반대하는 세력을 제거하기 위해 비밀경찰인 게슈타포를 창설하고 반대파를 숙청한다.

됭케르크 철수와 스탈린그라드 전투

1940년 영국·프랑스 등의 연합군은 막강한 독일군에 밀려 영국군과 연합국 수십만 명이 프랑스의 됭케르크에 고립되어 애타게 구조의 손길을 기다리고 있었다. 처칠은 고립된 연합군을 영국으로 철수 결정을 한다. 영국의 모든 전함, 어선, 요트를 동원 철수작전에 투입한다. 당시 기준으로 사상 최대 규모의 철수작전으로 33만여 명은 영국으로 귀환했다. 이때 살아 돌아온 병력은 이후 노르망디 상륙작전 성공과 마지막에 연합군 승리의 발판이 됐다.

1942년 소련의 스탈린그라드 일대에서 소련군과 독일군 간에 전투가 벌어진다. 추위와 기아, 탄약이 고갈된 독일의 파울루스 장군은 철수를 요청한다. 독일군은 탈출할 기회였지만, 히틀러는 철수 요청을 거부하고 결사 항전을 명령한다. 이 전투에서 엄청난 인명과 전력 손실을 입고 독일은 패배한다.

전쟁에서 최후 결정권을 가진 리더는 공격과 후퇴할 때를 제대로 판단해야 한다. 처칠은 불리할 때는 전략상 후퇴하고 후일을 기약한 반면 히틀러는 자신의 욕망을 채우기 위해 불리함에도 전쟁을 고집 엄청난 전략 손실과 함께 결국에는 몰락의 길로 들어선다.

리더의 통찰력

"제2차 세계대전은 막을 수 있었던 전쟁이다"처칠이 한 말이다.

제1차 세계대전에서 승리한 연합국은 다시는 전쟁을 못하게 군사적, 경제적 뿐만 아니라 독일의 해외 식민지까지 연합국 마음대로 베르사유 조약을 체결한다. 독일 육, 해, 공군까지 보유 수량을 정해 통제를 했다. 독일제국 패망으로 불평등한 베르사유 조약으로 국방력, 경제력 없는 무기력한 국가로 전락한다. 4년간 전쟁으로 폐허가 된 독일 국민들은 아무리 열심히 일해도 전쟁배상금을 갚을 수가 없었다.

처칠은 베르사유조약을 승자의 어리석음으로 규정하고 이렇게 말했다. "베르사유 조약의 내용은 독일에게 감당할 수 없는 전쟁부담금이었다"

처칠은 개인적 정보를 바탕으로 세계정보와 독일의 상황을 파악한 후 신문과 언론 등을 통해 독일이 다시 군사력을 키울 것을 계속해서 경고했다. 1933년 히틀러 등장으로 전쟁 가능성이 한층 더 높아졌다고 수차례 위험을 알렸으나 정부와 언론들은 전쟁광이라고 매도하며 묵살했다.

처칠은 신문과 잡지에 기고했던 글들을 모아 1932년 단행본 출간 에세이 모음집(폭풍의 한 가운데)에서 미래를 예측하는 방법으로 역사가와 과학자의 입장에서 설명했다.

"역사가는 현재 우리가 처해있는 상황과 비슷한 과거의 특정시기를 집중적으로 연구해서, 그 당시의 결론을 앞으로 닥칠 미래에 대입시킨다. 과학자는 시간적으로 직전의 과거 시점에 벌어졌던 일반적인 사태의 발전 과정을 분석함으로써, 거기에서 추출한 일반적인 추세를 다가올 미래에 적용시킨다"

리더가 갖추어야 할 여러 가지 자질 중 내다보고 준비하는 통찰력이 중요하다. 우리가 리더를 따르는 이유는 더 나은 내일이 있다는 희망 때문이다. 리더는 현실을 제대로 파악하고 과거의 잘못을 반복하지 않도록 다가올 어려운 일들을 준비하고 대비하는 일이다. 모든 일을 완벽하게 준비할 수는 없겠지만 과거의 사례들을 연구하고 공부해서 현재의 문제점 등을 보완해 나가야 한다. 처칠은 독서와 사색 그리고 현실 세계를 바라보고 미래에 일어날 일들에 대해 끊임없이 연구하고 찾았다. 영국의 현재 장점과 단점, 사람들이 잘못 판단하는 원인과 이유는 무엇일까? 이것이 옳다고 많은 언론들이 말할 때 그렇게 생각하는 이유는 무엇일까? 등 처칠은 자신에게 자문해보고 사람의 글을 통해 성향과 습관에서 해답을 발견하곤 했다. 미래를 보는 통찰력은 끊임없는 노력과 과거의 사례들을 연구해보는 것이다. 왜 인간의 성향을 100년이 지나도 쉽게 변하지 않기 때문이다.

아돌프 히틀러

1889년 4월 20일 인류 역사상 가장 불행을 가져올 운명의 아이가 태어났다. 독일과 국경 부근에 있는 오스트리아 작은 마을 브라우나우에서 히틀러가 태어난다. 그의 명령 하나로 유럽에서는 6백만명의 유대인들, 집시, 동성애자, 공산주의자, 정신적·신체적 결함있는 사람들이 살해되었다. 전 세계를 전쟁의 공포로 몰아넣었다.

히틀러는 어린 시절 불행했으며 열등감에 시달렸다. 세관원이었던 아버지의 난폭한 행동을 보고 자랐다. 미술학교와 건축학교에 지원했지만 두 번 낙방을 한다. 히틀러는 이 일을 평생 동안 가슴에 담아두었다. 예술가의 꿈이 무너진 열 여덟살 청년은 정치에 관심과 열정을 쏟는다.

히틀러는 사람들을 병적 흥분 상태로까지 이끌 수 있는 천재적인 대중 선동가였다

그는 자신과 자신의 정책을 선전하기 위해 당시에 사용할 수 있는 모든 수단을 동원했다. 히틀러 정권의 병기국 장관이었던 알베르트 슈페어는 훗날 비인도적인 범죄로 법정에 서게 되었을 때 이런 말을 했다.

"히틀러의 독재가 역사상 다른 독재자들과 근본적으로 다른 한 가지 있다. 히틀러의 독재는 현대의 기술 발전을 이용한 최초의 독재, 나라를 지배하기 위해 모든 기술적 수단을 철저하게 이용한 독재였다는 것이다.

8백만 명을 한 사람의 뜻에 복종하게 할 수 있었단 것은 라디오와 확성기 등의 기술 장치를 이용해 그들의 독립적인 사고를 박탈했기 때문이었다"

대중집회를 보노라면 마치 한 편의 연극을 보는 것 같다. 수 많은 군인들이 똑같은 제복을 입고 똑같은 동작으로 행진하는 모습을 보면서 사람들은 그때까지 경험해 보지 못한 흥분을 느꼈다. 히틀러는 카리스마가 있는 지도자였다(독재자의 최후, 셜리 클라인, 도서출판 길산, p.116-117).

독일 국민은 누군가를 기다리고 있었다.

히틀러는 대중과 하나 되는 감정을 만들고 끌어들이기 위해 군가, 깃발, 폭풍 같은 대규모 군대를 동원 극적인 조명효과, 손에 횃불을 들게 했다. 이런 도구를 이용 극적인 효과로 집회나 연설 등을 했다. 현대 정치에도 자주 등장하는 선동기법의 개척자라고 할 수 있다.

처칠은 집회 특수효과를 동원하지 않았다. 그는 의회나 라디오 방송국처럼 대중과 직접 마주치는 것보다는 상대방을 설득시키는 토론을 했다. 20세기 최고의 웅변가로 만들어준 것은 선동적인 방법이 아니라 영어를 조화롭게 구사한 탁월한 능력이었다.

처칠은 “나의 웅변술은 타고 난 것도 아니고, 모두 학습할 수 있는 것도 아니며 피나는 연습과 노력으로 얻어졌다”고 말한다.

책임 인정하기

지도자는 책임을 져야 한다. 모든 상황이 자신에게 불리하게 돌아갈 때도 처칠은 순순히 인신공격을 받아들였다. 의회 비공개 회의에서도 처칠은 자신의 실수를 순순히 인정했다. 그와 반대로 히틀러는 전쟁 상황이 독일에게 불리하게 돌아가자 그 이유를 끊임없이 남의 탓으로 돌렸다. 히틀러는 먼저 자신의 천재성을 무시하는 장군들과 독일 전체에 책임을 떠넘겼다. 이런 극단적인 차이는 처칠이 사기를 진작시키려고 폭격 맞은 영국의 거리를 방문했던 데 비해 히틀러는 단호하게 거절한 사례를 비교해보면 더욱 분명해진다. 실제로 히틀러는 승용차 안에 커튼을 쳐서 밖에서 안을 들여다보지 못하게 했다. 1944년까지만 해도 국민들로부터 아첨을 받았던 히틀러가 국민들의 고통을 멀리한 것은 치명적인 실수였다. 자신의 이미지가 실패나 좌절로 연결되는 것을 두려워했던 히틀러는 처칠이 그토록 즐겼던 사진 찍기도 거부했다. 1940년 8월 8일 처칠은 런던 이스트 엔드의 잿더미가 된 거리를 보고 울부짖기 시작했다. 그 광경을 목격한 사람들은 모두 처칠을 위로하기 시작했다. 반면에 히틀러는 절대 그런 모습을 보이지 않았다. 불행하게도 히틀러 주위에는 생각을 바꾸도록 조언해 줄 사람이 없었다. 성공적인 지도자는 주위에 건설적인 비판과 조언을 해주는 사람이 있어야 한다(히틀러와 처칠,리더십 비밀, 앤드류 로버츠지음, Human & Books, p.366-367).

리더는 글을 쓸 줄 알아야 한다.

처칠이 은퇴하고 나서 편안하게 쉬는 것이 아니라 지난 수십년간 저술해온 방대한 양의 미국, 영국 역사를 마무리 하는 작업이었다. 역사에 발자국을 남기고 싶은 지도자라면 훌륭한 웅변가도 돼야 하지만 훌륭한 저술가도 될 필요가 있다. 처칠이 노벨문학상을 수상한 것은 자신의 피나는 노력의 결과였다.

리더십을 평가할 때 진실이나 용기처럼 선악의 개념으로 판단할 수는 없다. 히틀러는 역사적인 야만스러운 큰 죄악을 저질렀지만, 자신의 신념을 실행하는데 있어서는 용기있고 성실한 사람이었다.

처칠의 리더십은 지금까지도 국민을 설득해 위기를 헤쳐 나가는 국가 지도자에게 영감과 용기를 일깨워 준다. 2011년 911테러 때에도 증명되었다. 2002년 새해 당시 조지 부시 대통령은 대국민 메시지에서 대테러 공격에 어떻게 대처해 나갈 것인가 설명하면서 "우리는 동요하지 않을 것이며, 지치지도 않을 것이며, 물러서지도 않을 것이며, 실패하지도 않을 것이다."라고 말했다. 이 말은 1941년 처칠이 방송 연설을 통해 미국인들에게 연설했던 내용이었다. "우리는 실패하지도 물러서지도 않을 것입니다. 우리는 약해지거나 지치지도 않을 것입니다."

독일 국민들의 마음을 단번에 사로잡은 히틀러

제1차 세계대전에서 패한 독일은 프랑스를 포함한 전쟁에서 이긴 국가들에게 천문학적인 배상금을 지불하고 있었다. 전쟁에 패배한 절망감과 모든걸 빼앗가 버린 평화조약에 분노로 누군가를 부르고 있었던 것이다. 독일의 경제 상황은 심각한 수준이었으며 이런 독일 국민들에게 구세주가 나타난다. 독일 국민들이 듣고 싶은 열정적 연설을 했다.

“제1차 세계대전에서 부당한 전쟁배상금은 더 이상 갚을 필요가 없다. 다른 나라에서 고통받고 있는 게르만족을 구원하기 위해 전쟁도 마다하지 않아야 한다. 독일이 패전국으로서 져야 할 전쟁배상금은 연합국 마음대로 터무니없이 계산되었다. 독일은 전쟁을 일으킨 전쟁범죄자가 아니라 연합국과 전쟁에서 억울하게 패전했을 뿐이다. 영국과 프랑스는 독일보다 먼저 무력으로 약소국을 침략해서 자신들의 식민지로 만들었다. 독일도 제국을 만들 권리가 있다. 독일 국민이 일치단결하여 다시 일어설 수 있다”

히틀러의 연설은 절망에 빠져 있는 독일 국민의 자존감을 회복시키고 미래 희망의 메시지를 던졌다. 또한 유대인들에 대한 증오심을 나타낸다.

“독일이 제1차 세계대전에서 패한 이유는 공산혁명에 빠진 노동자들이 군수공장에서 파업을 했기 때문이다. 공산주의를 창시한 유대인 마르크스가 있다. 유대인은 언론과 한통속이 돼서 우리의 사상을 지배하고 있다” 독일인들은 유대인들이 독일 경제 뿐만 아니라 모든 영역에서 영향력을 행사할 때 불만을 표시하지 못했다. 히틀러는 이런 국민들의 마음을 읽었고 연설로 국민들의 마음을 단번에 사로잡아 버린다. 국민들은 선거에서 히틀러가 주도한 나치당에 표를 몰아준다. 히틀러는 합법적으로 독일을 통치하게 된다.

히틀러를 만든 비결은 무엇일까?

중학교 중퇴의 학력뿐인 히틀러의 연설을 특별하게 만든 것은 무엇일까? 몇 가지 원칙이 있다. ‘대중의 마음속에 있는 간절함을 읽고, 그들의 언어로 말하라’ ‘지도자가 신념에 가득찬 모습을 보이면 대중은 따른다’ 이 무서운 이론을 히틀러 스스로 증명했다. 예를 들면 그는 세상을 갈라놓은 두 가지 이념, 자본주의와 공산주의도 모두 유대인이 만든 음모라고 단순하게 설명했다.

국가지도자의 연설은 평화를 가져올 수도 전쟁을 일으킬 수도 있다. 처칠은 국민들에게 희망과 비전을 제시하며 단합을 이끈 반면, 히틀러의 연설은 게르만족의 우수성을 강조하며 600만명의 유대인을 대량학살하고 세계 제2차대전을 일으켜 수 많은 사람들을 죽게 만들었다.

세계 2차대전 당시 서로 전쟁했으나 정반대의 리더십을 행사했다.

전쟁이 끝났을 때 처칠은 승자, 히틀러는 패배자가 되었다. 성공과 실패 원인은 무엇일까?

나치의 위협을 일찍이 간파한 처칠은 전쟁 준비를 강력히 주장했으나 번번히 묵살당하게 된다. 처칠의 경고대로 막강한 군사력을 보유한 나치 독일 침략에 유럽 대륙이 맥없이 무너지자 영국총리로 취임 당당히 나치와 맞서 싸운다.

독일이 영국을 쳐들어오기 위해 프랑스 해안에 엄청난 병력을 집결시키자 라디오 방송을 통해 대국민 연설을 했다. 처칠은 전쟁 위기 상황을 솔직하게 영국 국민들에게 설명하면서 마지막 한 명이 남을 때까지 항복하지 말고 싸울 것을 강력하게 외쳤다. 공포에 휩싸인 국민들에게 희망과 싸울 의지를 심어주었다. 이러한 연설은 독일 군사력이 만만치 않을 것임을 알려주는 탁월한 심리전술이었다. 계속되는 비행기 공격 공포에 떨고 있는 런던 시민들에게 용기를 주기 위해 공습이 끝난 폐허 속을 공습이 진행중에도 시가(cigar)를 입에 물고 시내를 다니며 승리의 V를 보이며 당당하게 다녔다.

히틀러는 세계적으로 그 유례를 찾을 수 없는 악인으로 낙인 찍혔지만 지도자로서 강점도 있다. 일부 학자중에서는 히틀러가 차라리 경제정책에 성공했을 때 죽었다면 세계에서 가장 존경받는 지도자 중 하나가 되었을지 모른다는 말을 하기도 한다. 실제로 히틀러는 극심한 고통에 시달린 국가 경제를 다시 일으켰고 절망에 빠져 있는 독일 국민들에게 독일 통일이라는 구호 아래 하나로 뭉치게 했다. 외교정책이나 전쟁 초기 탁월한 수행 능력을 발휘했다. 누구도 따라올 수 없는 천재적인 선동기법은 정치인들이 본보기로 삼을 정도이다.

히틀러는 유대인이라는 이유로 수많은 유대인들을 죽이고 강제수용소로 보냈다. 절망한 독일인들에게 먹는 문제 해결과 자부심, 희망을 주었지만 결국은 뛰어난 웅변 기술로 국민들을 미혹해서 국가를 세계 역사에서 영원히 씻을 수 없는 상처와 수치심을 안고 살아가게 만들었다.

히틀러는 국민들과 독일통일이라는 비전을 함께 했지만 그 비전이 유대인을 경멸하고 비도덕적으로 주변 국가들의 저항을 불렀다. 부하들을 믿지 못했다. 야전사령관이 결정할 전술상 문제까지 자신이 결정하는 그런 지도자였다. 자신의 참모들을 뽑을 때도 능력이나 합리적인 기준이 아니라 자기 마음대로 할 수 있는 흠 많은 인물들을 선택했으며, 승진 기준도 실적이 아니라 친분관계에 따라 결정하게 된다. 그 결과 부하들의 불만으로 암살 위기까지 가게 된다. 처칠과의 전쟁에서 패하게 된다.

지금 우리 사회는 처칠과 히틀러가 마주했던 2차대전 못지않게 극심한 혼란 속에 살아가고 있다. 많은 사람들이 정직하고 용기있고 결단력있는 지도자가 없음에 그 원인을 찾고 있다. 차라리 독재시대 강력한 리더십을 그리워하는 사람들도 있다. 그러나 히틀러가 보여주었듯이 전체주의적인 리더십은 결코 성공하지 못한다. 그렇다면 이 시대가 필요로 하는 리더십이란 무엇일까?

경영의 대가 피터 드러커가 주장한 3가지 리더십

드러커에 의하면 리더십은 어떤 비전을 세울 것인가 하는 점이 중요하다고 한다. 리더십은 하나의 수단일 뿐이므로, 목표가 바람직하지 않으면 '잘못된' 리더십을 행사하게 된다는 의미다. 효과적인 리더십은 카리스마에 의존하지 않는다. 카리스마는 히틀러처럼 잘못 사용 인류의 적이 될 수 있기 때문이다.

효과적인 리더십을 발휘하기 위해서는 리더십을 특권과 계급으로 생각하지 말고 책임으로 보아야 한다는 점을 강조한다. 훌륭한 지도자는 다른 누구도 아닌 자신이 최종적인 책임을 진다는 것을 알기 때문에 동료나 부하 직원들의 능력이 뛰어나다고 해서 위협을 느끼지 않는다. 오히려 유능한 부하들과 함께 일하기를 원하며, 그들을 격려하고 지원한다. 유능한 인재들을 밑에 둘수록 자신의 리더십이 빛난다는 사실을 알기 때문이다.

드러커의 설명에 의하면 "유능한 인재는 야심을 품는 경향이 있다. 그러나 그 위험은 평범한 사람을 기용했을 때의 위험에 비하면 훨씬 작다"고 한다. 그래서 훌륭한 지도자는 동료나 부하들에 대한 평가가 공정하다. 반면 무능한 자도자는 동료와 부하 직원들의 힘을 두려워하는 나머지 그들을 제거하려고 한다.

피터 드러커가 마지막으로 꼽은 훌륭한 리더십의 조건은 구성원으로부터 신뢰를 확보하는 일이다. 리더란 '추종자를 거느린 사람'이란 뜻인데, 신뢰가 확보되지 않으면 아무도 리더를 따르지 않는다. 리더의 언행이 일치할 때 추종자들은 그를 신뢰한다. 리더는 행동과 자신이 공개적으로 말한 신념이 일치해야 한다(히틀러와 처칠, 리더십 비밀, 앤드류 로버츠지음, Human & Books, p.418-419).

처칠과 히틀러는 탁월한 연설가였다.

처칠은 불안과 분열에서 희망과 비전을 제시하며 국민을 하나로 뭉치게 만들었고, 히틀러는 증오와 분열을 통해 전쟁을 불러왔다. 정반대의 결과를 가져온 것이다. 처칠은 불굴의 의지로 제2차 세계대전을 승리로 이끌었지만, 히틀러는 1945년 4월 30일 베를린의 지하 벙커에서 애인 에바 브라운과 결혼식을 올리고 다음 날 베를린이 함락되기 직전에 자살로 생을 마감하였다.

처칠과 히틀러는 도대체 어떤 방법으로 사람들의 마음을 움직였을까?

지도자 한 사람이 수 많은 군중을 이끌어가는 리더십의 비밀은 무엇일까?

히틀러와 처칠의 리더십을 통해 한국사회 리더십 문제를 해결하는데 도움을 얻을 수 있다. 우리는 역사를 통해 배우면서 현재를 보고 미래를 설계할 수 있기 때문이다. 왜 최근 들어 다시 사람들이 처칠을 주목하는 이유는 "위기돌파형 지도자"였기 때문이다.

아무리 훌륭한 지도자라도 전쟁, 경제위기, 자연재해, 수 많은 인명피해 사고로 위기에 처하면 정권 자체가 침몰하는 경우가 많다. 그러나 강력한 지도자는 상황이 위태로울수록 위기가 커질수록 침착하게 국민들에게 용기를 주고 지혜롭게 힘을 모아 위기를 잘 헤쳐 나가게 된다. 위기 극복 능력은 아무나 가진 것이 아니다.

승리와 패배의 원인

제2차 세계대전에서 연합군이 최후 승리하고 독일이 패배하게 된 데는 많은 요인이 작용했다. 군대와 군수품에 있어서 연합군이 대단한 우위를 점했기 때문만은 아니다. 히틀러와 처칠의 리더십은 중요한 부분을 차지했다. 따라서 두 사람이 1939-1945년까지 어떤 행보를 보였는지 배울 수만 있다면, 우리는 우리 시대가 안고 있는 중요한 딜레마를 헤쳐 나가는 데 크게 도움을 받을 것이다.

히틀러가 국가 전체를 최면에 걸었을 때 그가 발휘한 리더십의 비밀은 무엇일까? 오늘날 우리는 그의 의도를 쉽게 꿰뚫어 볼 수 있는데 당시 독일인들은 왜 그러지 못했을까? 처칠이 히틀러의 전쟁 의도를 꿰뚫고 경고할 때 당시 영국의 처칠 반대자들은 그의 말을 왜 귀담아듣지 않았을까? 처칠은 당시 거의 모든 일을 정확히 예측했는데, 그러한 선견지명은 리더십의 핵심이다. 처칠은 히틀러와 달리 정규교육을 통해 리더십을 훈련 받았지만 마지막이 되어서야 겨우 인정을 받았다. 왜 그랬을까?

우리는 리더십이 어디에서 나오고, 어떻게 행사되며, 어떻게 남용되는지 알아야 한다. 어떤 인물이 훌륭한 지도자이며, 예비 지도자들이 국민의 신뢰와 지지를 얻기 위해 어떤 속임수를 쓰는지도 알 필요가 있다. 그래야만 미래 지도자의 올바른 상을 세울 수 있기 때문이다. 다시 한번 완장을 차고 복종을 강요할 독재자가 생겨나지 않게 하기 위해 그것은 당연히 해야 할 일이다(CEO히틀러와 처칠,리더십 비밀, 앤드류 로버츠지음, Human & Books, p.52-53).

처칠의 말

절대로 포기하지 마시오. 절대로 포기하지 마시오. 절대, 절대, 절대, 절대로! 엄청난 일이건 작은 일이건, 크건 하찮건 상관 말고, 명예로움과 분별에 대한 강한 확신이 있는 경우들이 아니라면, 절대 포기하지 마시오.

Never give in. Never give in. Never, never, never, never! - in nothing, great or small, large or petty - never give in, except to convictions of honour and good sense.

-1941년 영국 해로우 고등학교 졸업식 연설 전문

"정치인에게 바람직한 자질은 내일 내주 내달 내년에 어떤 일이 생길지를 예측하는 능력과 그런 일이 일어나지 않았을 때 왜 그것이 일어나지 않았는지를 설명하는 능력을 갖추는 것이다"

"내가 바칠 수 있는 거라고는 피와 노고, 눈물 그리고 땀 밖에 없다.

"나는 행동에 옮기는 것을 걱정한 적이 없다. 행동하지 않는 것을 걱정할 뿐이다."

"인정받는 지도자라면 무엇이 최선인지를 확실히 알아야 한다. 아니면 적어도 무엇을 최선으로 생각해야 하는지 마음속으로 결정하고 있어야 한다"

"성공이란 실패에 실패를 거듭하면서도 열정을 잃지 않는 것이다."

"용기는 인간이 지닌 첫 번째 자질로 평가되어야 한다. 그 하나가 다른 모든 자질을 보증하기 때문이다."

히틀러의 말

“국민들은 이해력이 부족하고 잘 잊어버린다.”

“대중은 작은 거짓말보다는 큰 거짓말을 믿게 된다.”

“사람들이 생각하기를 좋아하지 않는다는 것이 그들을 관리하는 정부에게는 얼마나 다행인가”

“누구나 전쟁에서 자신이 죽는다고 생각하지 않는다. 자신은 살아남아서 죽은 전우들을 묻게 될 것이라고만 생각한다. 하지만 현실은 그렇지 않다”

괴벨스(독일의 선전장관, 히틀러를 독일 신화로 창조한 선동가)

“대중은 거짓말을 처음에는 부정하고 그 다음엔 의심하지만 되풀이하면 결국에는 믿게 된다”

“한 국가의 외무장관이 평화회담에서 목숨을 걸고서라도 국제평화를 지킨다고 말하면, 그 시간에 본국에서는 최신함정과 전투기를 만들고 있다고 보면 된다”

극한 위기 리더십으로 극복한다

과학적인 발견을 위해서는 스콧이 필요하다. 속도와 효율성에서는 아문젠이 필요하다. 그러나 재난이 닥치고 모든 희망이 사라지는 순간이 오면 무릎을 꿇고 섀클턴을 보내 달라고 기도하라.

- 에드먼드 힐러리. 에베레스트 산을 세계 최초로 정복한 산악가

승리는 준비된 자에게 찾아오며, 사람들은 이를 '행운'이라고 한다. 패배는 미리 준비되지 않은 자에게 찾아오며, 사람들은 이를 '불운'이라고 한다.

- 로알 아문센

나는 나 자신과 동료들을 위해 죽음을 이겨 내고 삶을 얻어냈다. 미지의 세계에 도달하여 탐험하려는 것은 인간의 본성이라고 생각한다. 진정한 실패는 시도 조차하지 않는 것이다.

-어니스트 섀클턴

탁월한 리더는 어떤 과정을 거치는가?

아문센(Amundsen, 1872-1928) 노르웨이 탐험가로 인류 최초로 남극점을 탐험했다.

스콧(Robert Scott, 1868-1912) 영국 해군 대령, 탐험가이다. 1912년 1월 18일 남극점에 아문센 다음으로 도달하였다. 첫 정복의 목표는 깨어졌으며 탐험대원 4명과 함께 돌아오는 길에 악천후로 조난, 식량부족과 동상으로 전원 숨진다.

섀클턴(Ernest Shackleton, 1874-1922) 영국의 탐험가, 인류 미개척

지 정복이라는 큰 탐험 두 번을 모두 실패했으나, 그 실패 속에서도 더욱 힘든 모든 대원들을 데리고 생환에 성공이라는 위업을 달성 인류 역사상 최고의 탐험가 중 하나로 꼽히는 인물이다.

인류 최초 도전하는 세 사람의 리더십을 살펴보고,

극한 상황에서 결정, 판단하는 리더십을 배움으로써 역경에 처한 조직을 이끌고 발전시킬 능력을 키울 수 있을 것이다.

아문센(Amundsen, 1872-1928)

아문센이 이끈 원정대는 1911년 12월 14일 인류 최초로 남극점에 도달하였다. 이는 식량이 부족해도 살 수 있고 몸이 가벼운 개를 이용해서 썰매를 운행시키는 데다가 자신들의 복장 역시 오랫동안 친분을 쌓고 지내던 북극 원주민들의 조언을 받아들여 그들의 옷인 순록 가죽으로 만든 방한복을 준비하여 추위에 철저하게 대비하는 치밀한 준비 덕분이었다.

프람호로 북극점을 정복하려 했던 아문센은 미국의 로버트 피어리가 먼저 북극점을 정복했다는 소식을 듣고 남극점 정복을 결심하고 1910년 남극 탐험길에 올라 로버트 스콧과의 경쟁 끝에 1911년 12월 14일 인류 최초로 남극점을 정복했다.

아문센은 남극 탐험을 계획하기 앞서 준비를 매우 철저하게 했다.

남극 탐험을 성공한 비결은 다음과 같다.

현지 적응한 우수한 복장

아문센은 평소 북극의 원주민들과 친분을 쌓고 지냈는데 남극을 탐험하게 되자 북극 원주민들이 입는 옷을 그대로 입었다. 동물 가죽으로 만든 그 옷은 추위를 견디기에 가장 좋은 옷이었으며, 외부의 물기를 차단하면서도 내부의 땀에 의한 수증기를 배출할 수 있었다. 고어텍스가 개발되기 전까지 그런 기능을 가진 다른 방한복은 없었다.

깃발을 설치

아문센은 탐험기간 내내 일정 간격으로 깃발을 높게 설치해서 멀리서도 자신의 팀이 지나간 위치를 식별할 수 있도록 조치했다. 그 결과 제때 남극점에 도달하고 제때 귀환에 성공했다.

탐험대원 구성

탐험에 성공하기 위해서는 가장 중요한 것이 누구와 함께할 것인가이다. 철저하게 탐험을 완수하기에 적합한 인원들만 골라 선발했다. 해군 장교(군견교관 출신), 세계 스키 선수권 대회 우승자, 세계 개썰매 선수권 대회 우승자, 포경선 사수 등으로 탐험대를 구성했다.

대원들의 의견 적극 수용

아문센은 올라프 바야란드가 스키를 가볍게 해서 더 빨리 달리게 하자는 아이디어를 적극 받아들여 80kg에 달했던 스키의 무게를 22kg까지 줄였으나 성능의 변화가 전혀 없도록 개조했다. 스키 무게를 가볍게 함으로써 아문센의 탐험대는 체력소모가 덜했고 결국 남극탐험 성공의 원인 중 하나가 되었다. 탐험 도중 아무리 귀한 물건도 탐험에 방해가 된다고 판단한 물건은 과감하게 버렸다.

식량은 현지에서 해결한다.

최소 무게로 진행을 해야 하는 탐험대는 이동 무게를 줄이는 것이 핵심이다. 아문센은 탐험대원 중 포경선 사수를 계획적으로 뽑아 탐험 도중 바다표범을 발견하면 무조건 사냥을 했다. 탐험대는 우선 바다표범을 사냥해 배를 채우고 바다표범이 없을 때에는 가져간 식량으로 식사를 해결했다. 필요에 따라서 썰매를 끄는 개도 잡아먹었다. 아무리 굶주려도 개를 잡아먹지 않고 배고픔에 시달렸던 로버트 스콧 탐험대와는 비교가 된다.

다른 탐험가들의 실패에서 배운다.

섀클턴은 남극 탐험에 실패한 경험이 있다. 아문센은 섀클턴이 왜 탐험에 실패했는지 원인을 분석했다. 결과는 조랑말을 끌고 갔기 때문이라는 것을 알아낸 아문센은 자신의 탐험대에 말을 과감히 제외하고 추위에 강하고 가벼운 개를 끌고 간다. 라이벌 로버트 스콧에게도 말을 끌고 가지 말라고 조언했으나 스콧은 거절한다. 말은 추위에 약하고 탐험을 하기에는 너무나 많은 식량을 소비했다.

스콧(Robert Scott, 1868-1912)

1910년 10월 노르웨이 탐험가 아문센이 북극 탐험에서 돌아와 남극으로 향한다. 이에 도전받은 스콧은 역사적인 경주에 뛰어든다. 스콧의 마지막 여행은 이렇게 시작된다.

1911년 10월, 스콧의 출발장소는 에반스 곶이었고, 아문센의 출발장소는 동쪽의 웨일즈만이었다.

마지막까지 용기를 잃지 않고 영국 신사다운 최후를 마친 것이 알려져 국민적 영웅이 되었다. 저서로는 《탐험항해기》(1905년), 《스콧 C.M.Scott 최후의 원정》(1913년)이 있다.

다만 스콧이 로알 아문센보다 훨씬 많은 돈을 갖고 있음에도 불구하고 아문센이 탐험에 성공한 것에 비해 스콧이 탐험에 실패한 탓으로 스콧에 대한 비판이 존재한다.

실패의 원인

연료의 부족 남극의 혹한의 날씨로 인해 납 리벳으로 제작한 연료 저장고에서 연료가 서서히 새는 현상이 있었고 이는 이전의 탐험대에서 보고된 바 있었다. 그러나 스콧은 이를 간과하였다. 그의 일기 곳곳에는 저장소마다 연료 저장고의 연료의 양이 줄어들고 있다고 기록되어 있다.

대원 선발의 문제점 스콧 탐험대, 아문센 탐험대 둘 다 팀원 중에 해군 장교가 포함됐다. 하지만 이것을 제외하면 스콧과 아문센의 팀원들은 전혀 다른 인원들로 구성되었다. 아문센의 탐험대원들은 해군장교 이외에 포경선 사수, 세계 스키 선수권 대회 우승자, 세계 개썰매 선수권 대회 우승자 등 한랭지역 전문가들로만 구성되어 있었다. 반면에 스콧의 탐험대원들은 스콧 자신이 해군 장교인 것 이외에 지질학자, 기후학자, 자연생태학자, 설상차 정비공 등이었다.

배고픔 스콧 탐험대는 하루 평균 섭취량을 미리 계산해서 식량을 분배했으나 남극에서 강행군은 그 이상의 체력이 소모되었다. 결국 그들은 마지막 귀환길에서 체력이 고갈될 수밖에 없었다. 물론, 아문센의 경우도 식량이 부족하긴 마찬가지였다. 이 때를 대비 자기 대원 중에 포경선 사수를 고용하여 바다표범을 사냥해서 식량을 보충했지만 스콧은 탐험기간 내내 단 한 번도 사냥을 시도하지 않았다. 심지어 부하 대원 중 한 사람이 스콧에게 조랑말이 죽으면 바로 고기를 먹으면서 견뎌내자고 했으나 스콧은 동물애호가 기질을 보여 그런 의견을 묵살하고 조랑말이 죽으면 그 자리에 그냥 방치했다.

이동 수단 선택의 실패 스콧탐험대는 섀클턴 탐험에서 아무 소용 없는 것으로 확인된 조랑말, 작동하지 않는 모터썰매, 개를 다룰 줄 몰라 심각한 어려움 속에 남쪽으로 나간다. 이동 거리는 하루에 15~20km인 반면, 아문센 탐험대는 잘 훈련된 개 이용 스키를 타면서 25~30km를 이동하였으며, 하루에 50km를 달린 적도 있다.

추위를 견디기 힘든 옷 선택 아문센은 탐험중 원주민을 많이 만났기 때문에 그들의 옷, 즉 순록 가죽으로 만든 옷을 그대로 착용하여 그 옷을 입고 탐험을 하면서 추위를 견뎌냈다. 하지만 스콧은 겉치레를 중시한 나머지 원주민들의 저질스러운 옷은 입을 수 없다며 영국에서 직조한 모직 옷을 입고 탐험을 했다. 하지만 모직 옷은 젖으면 오히려 벌거벗은 것보다도 체감 온도가 떨어지는 데다가 자체 방한 능력도 순록 가죽에 비해 훨씬 떨어졌다. 게다가 아문센의 가죽 옷은 앞이 트여있는 데다가 끈으로 단단하게 고정할 수 있었지만 스콧의 모직 옷은 푸대 자루처럼 입어야 했던 데다가 추위에 약해서 낮은 온도에서는 부서지는 성질을 지는 금속인 주석을 단추로 사용하였기 때문에 찬 바람을 막기 어려웠다.

고생 끝에 남극점에 도착해 발견한 것은 아문센 탐험대가 꽂아 놓고 떠난 노르웨이 국기였다. 1912년 1월 16일, 스콧 탐험대는 남위 89도 지점에서 아문센 탐험대가 이미 지나간 흔적을 발견한다. 최초 남극점 정복 깃발을 꽂는 꿈도 물거품 되는 순간이다.

"최악의 상황이 벌어졌다. 모든 꿈이 사라졌다" 스콧은 일기에 솔직한 자신의 심정을 적었다.

스콧 탐험대는 지칠대로 지친 상태로 남극점을 향한다. 아주 힘들게 도착한 남극점에서 마치 운명을 예감한 일기를 쓴다.

"이제 다시 돌아간다. 아마도 필사적인 투쟁이 될 것이다. 해낼 수 있을지 모르겠다"

스콧 탐험대는 얼음 위에서 한 명씩 죽어 나갔다. 심한 고생 끝에 보급창고에서 18km 떨어진 곳에 텐트를 쳤을 때, 생존자는 스콧을 포함한 세 명이었다.

눈 앞에 다가 온 최후를 예감한 스콧은 역사에 길이 남을 편지를 썼다.

"우리는 신사처럼 죽을 것이며, 불굴의 정신과 인내력이 남아있음을 보여주겠다…"

우리가 살아난다면 모든 영국인들의 가슴을 뒤흔들 탐험대의 용기와 인내를 말해 줄 수 있을 텐데…이 짧은 글과 우리의 시체가 그 이야기를 대신 해줄 것이다.

그리고 1912년 3월 29일 스콧은 마지막 일기를 남긴다.

"우리는 끝까지 버텨야 하지만, 점점 약해지고 있고, 끝이 멀지 않았다. 안타깝지만 나는 더 이상 쓸 수 없을 것 같다. 신이시여 국민들을 돌보소서"

1913년 2월, 스콧이 쓴 일기가 세상에 알려지자 영국 전체가 충격과 슬픔에 휩싸였다.

언론도 "넬슨 이후 이렇게 극적인 죽음은 없었다"보도했다. 스콧의 탐험을 영웅적으로 생각하는 국민들도 있었으며, 세계 여러곳에 세워진 동상들이 죽음을 맞이한 스콧의 모습을 나타내며 거기에는 이런 메시지가 쓰여져 있다.

"나는 이 여정을 후회하지 않는다. 이 여정에서 영국의 사나이들은 곤경을 극복하고 서로를 도우며, 과거 그 어느 때보다도 꿋꿋하게 죽음을 맞이할 수 있음을 보여 주었다"

리더로서 스콧의 한계

스콧은 인류역사상 가장 위대한 탐험가 중 한 사람이다.

섀클턴과 스콧은 시대적으로 탐험이 낭만적으로 받아들여지는 시대에 태어났으며, 경쟁적이고 꿈과 도전정신을 갖춘 인물들이었다.

리더십 전문가 데니스 NT 퍼킨스 박사는 저서 《어니스트 섀클턴 극한상황 리더십》에서 섀클턴 남극 탐험을 '역사상 가장 위대한 실패'로 꼽았고, 리더십의 문제로 스콧의 결함 중 많은 부분이 영국 왕실 해군에서 비롯된 것이라고 지적했다.

120여년 전 일이지만 오늘날 리더들과 조직들이 타산지석으로 삼을만하다.

"스콧이 영국 해군사관학교에 입교한 1880년대 왕실 해군은 넬슨제독이 프랑스군을 패퇴시킨 트라팔가 해전의 승리에 도취되어 변화를 거부하며 기능보다는 형식에 중점을 두었다. 그들은 겉모양에만 치중했다. 내부의 무기가 고철 덩어리로 변해가고 있음에도 전함들은 겉모습만 번지르했다. 스콧은 디스커버리호의 대원들에게 왕실 해군의 전통에 따라 갑판을 닦도록 지시했다. 영하의 날씨 속에서 갑판에 물을 뿌리자마자 얼음으로 변해버려 잠시 후에는 삽으로 긁어내야 했다.

스콧은 모든 대원들을 갑판 위에 집합시켜놓고 검열하기를 좋아했다. 너무 오랫동안 서 있던 탓에 발에 동상이 걸리기도 했다. 스콧은 커뮤니케이션 능력에 심각한 문제가 있었다. 기본적인 정보마저도 알리지 않고, 간부들조차도 다음 목적지나 그곳에서 얼마동안 머무르게 될지 도무지 알수 없었다. 이런 행동은 대원들을 분노와 좌절속으로 몰아넣었다.

스콧은 해군장교로서 우수한 지도자였으나, 왕실 해군의 철저한 계급구조를 가지고 무조건 상관에 복종했고 중앙집권적 의사결정을 배우면서 끔찍한 결과를 가져왔다.

스콧은 검열 때를 제외하고는 일반대원에게 말을 건 적이 없을 정도였다. 이러한 계급 구조는 눈과 얼음으로 둘러쌓인 남극에서는 전혀 쓸모 없었다. 이러한 계급 체계는 분열을 낳았고, 그들을 도저히 팀이라고 부를 수조차 없는 오합지졸로 만들어 버렸다"

섀클턴(Ernest Shackleton, 1874-1922)

1874년 아일랜드에서 출생하여 스콧 대령이 이끄는 디스커버리 남극 탐험대에 참가하였으나 병에 걸려 중도에서 돌아오게 된다. 1909년 탐험대 대장으로 남극점에서 약 156km지점까지 진출하는 기록을 세운다. 1914년 27명의 대원을 이끌고 남극대륙 횡단에 도전했으나 급격한 기상 악화로 얼음덩어리에 갇혀 배를 잃고 표류한다. 식량부족으로 모두가 굶어 죽을 위험에 처하자 6m 길이의 구명보트로 1,287km를 항해한 끝에 구조대를 불러오는데 성공한다. 총 항해기간 634일 사망자 0명.

이 탐험은 '섀클턴의 위대한 항해'로 불리며 극한 위기상황에 처한 리더와 팀이 본받아야 할 이상적인 모델이 되고 있다.

아문센 탐험대가 스콧 탐험대보다 남극에 먼저 도착했을 때, 섀클턴은 이제 위대한 도전은 딱 한 가지다고 생각한다. 바로 세계 최초로 남극 대륙을 종단(남북 방향으로 건너가거나 건너옴)이었다. 섀클턴 탐험은 상상을 초월하는 위험과 모험이 가득하고 고된 시련을 끝까지 참아내고 사망자 없이 무사히 돌아온 것이다.

출발 당시 독일이 러시아를 상대로 선전포고하면서 유럽 전역에 전운이 감돌기 시작했다. 다행히 해군성 장관으로 있던 윈스턴 처칠은

'계속 진행하시오'라는 전보를 보낸다.

아문센의 성공비결을 최대한 활용했다.

영국 해병대의 스키에 능숙한 장교를 초빙하여 탐험대원들에게 훈련을 시켰고, 탐험대의 비상식량을 영양사와 함께 준비했다. 개들은 품종간 교배를 통해 새롭게 생긴 잡종견들이었다. 이런 개들은 힘이 세고, 털이 많아 추위에 강했다. 순한 개는 몸무게가 평균 45kg이나 되었다. 전문가로부터 썰매 끄는 훈련을 받은 캐나다 개 69마리를 준비했다.

섀클턴은 탐험가로서 갖추어야 할 낙천적인 성격이었다.

탐험대원을 모집 광고

위험한 여정, 적은 임금, 혹한, 몇 달간 완전한 어둠, 끊임없는 위험, 무사귀환 불확실, 성공 시 명예와 영광.

- 어니스트 섀클턴 벌링턴 가 4번지.

솔직한 내용에, 실제로 목숨을 걸어야 하는 여정이었지만 이 광고 문구가 목숨을 건 모험을 향한 사나이들의 동경심을 제대로 자극한 덕분에 놀랍게도 5천 명이 넘는 사람들이 자원하여 무려 197:1이란 엄청난 경쟁률을 기록하였고, 섀클턴은 그 중에서 27명의 우수한 대원들을 뽑을 수 있었다. 정식 대원 스물일곱 명과 밀항자 한 명, 이렇게 해서 모두 스물 여덟명의 대원이 남극 종단 탐험 길에 오른다.

인듀어런스(endurance)호 출항

모든 준비를 끝낸 인듀어런스 호는 1914년 12월 5일 드디어 사우스조지아 섬을 떠나 사우스샌드위치 제도로 향한다.

드디어 섀클턴과 그의 대원들의 위대한 탐험이 시작되었다. 거대한 얼음 덩어리들 사이로 이제 막 들어서는 인듀어런스 호 앞에 놓인 끝도 없는 얼음 덩어리들. 길이가 무려 1,100Km가 넘었다. 얼음에 갇혀 얼음 사이를 헤쳐 나가던 인듀어런스 호가 결국 얼음에 갇혀 버리고 말았다. 열흘이 넘도록 온갖 방법을 다 동원해보지만 상황은 나아지지 않았고 두꺼운 얼음덩어리를 깨고 앞으로 나가기가 힘들고 어려웠다.

남극 대륙횡단을 위해 탐험에 나섰던 인듀어런스 호의 선원들은 남극 대륙에 발을 딛기도 전에 그만 웨들해의 부빙 사이에 갇혀 얼음 바다를 표류하는 신세가 된다.

인듀어런스 호 침몰

1915년 10월 27일 탐험 327일째, 배가 앞쪽으로 기울면서 바닷물이 배 안으로 쏟아져 들어오면서 침몰한다. 얼음 위에서 생활이 시작된다.

우린 꼭 살아 돌아간다

- 1916년 4월 10일 보트를 띄워 육지로 향하다 엘리펀트 섬에 상륙한다.
- 1916년 4월 24일 6명의 선발대가 구조를 요청하러 사우스조지아 섬으로 향한다.

살을 에는 추위와 배고픔, 차가운 얼음 바다 위에서 새우잠을 자고 펭귄을 잡아 배를 채우고 동상으로 다리가 썩어 들어가는 아픔을 겪어도 끝가지 포기하지 않고 살아남기 위한 몸부림이 힘들고 고통스러웠다. 섀클턴은 불안과 공포에 휩싸인 탐험대원들을 격려하며 살아서 집에 돌아갈 수 있다는 희망을 심어준다. 끝까지 포기하지 않았던 대원 모두 살아서 돌아온다.

탐험대원 전원 구조

- 5월 8일 사우스조지아 섬의 남쪽 해안에 도착
- 5월 15일 섀클턴, 워슬리, 크린의 사우스조지아 섬 횡단 시작, 5월 20일 포경기지 도착한다.

남극 바다를 헤쳐나갈 배를 구하기 위해 섀클턴은 미친 듯이 찾아 헤맨다.

다행히 칠레 정부가 예인선을 빌려준다.

탐험대원들을 구하기 위해 섀클턴과 크린과 워슬 리가 칠레 선원들과 함께 엘리펀드섬을 향해 출발했다.

사우스 조지아 섬을 통과한 뒤 섀클턴은 그동안의 일들을 차분히 정리하며 다음과 같이 기록했다.

"이 시기를 되돌아보면 엘리펀트 섬과 사우스 조지아 섬 사이의 폭풍이 몰아치는 바다와 빙원에서 하나님이 항상 우리와 함께 했으며 우리를 이끌어주셨다고 확신한다. 사우스 조지아 섬 내륙의 이름 모를 산과 빙하를 36시간이나 행군하는 동안에도 우리는 늘 셋이 아니라 넷인 것 같았다. 당시엔 대원들에게 그런 얘기를 하지 않았지만, 나중에 워슬리도 내게 이렇게 말했다. '대장, 산을 넘을 때 왠지 또 다른 누군가가 옆에 있는 듯한 이상한 기분이 들었습니다' 크린 역시 같은 생각이었다고 고백했다"(인듀어런스, 캐롤라인 알렉산더, 뜨인돌 출판사. p.145)

1916년 8월 30일, 사우스조지아섬을 출발 탐험을 떠난 지 634일 만에 전원 구조되었다.

뛰어난 리더십, 팀워크, 동료애…

탁월한 리더는 어떻게 만들어지는가?

세 영웅에게서 리더십 교훈은 무엇인가? 세 사람 중 최고의 리더는 누구일까?

극한 상황 리더십 전문가인 퍼킨슨은 자신의 저서 『어니스트 섀클턴 극한상황 리더십』에서 섀클턴의 모험으로부터 4가지 리더십 원리를 뽑아서 위기를 돌파하는 전략을 현실에 맞게 설명하고 있다.

목표를 분명히 하라

아문센은 최초로 남극점 도달이라는 확고한 단 한가지 목표를 세우고 밀고 나갔다. 타협하지 않는 목표 덕분에 남극에 가장 먼저 도착했고, 대원들을 무사히 집으로 돌려 보냈다.

그에 비해 스콧은 목표가 명확하지 않았다. 첫째는 대영제국 영광을 위해 남극점 최초 도달하는 것이고 두 번째는 과학적인 성취를 위해 남극 탐험 역사상 가장 뛰어난 과학자들과 최고의 장비로 팀을 꾸렸다. 남극점을 향한 탐험과 과학적인 연구는 동시에 이룰수 있는 목표가 아니었다.

새로운 아이디어를 받아들여라

새로운 아이디어를 받아들이는 열린 마음 자세와 경험에서 배우는 능력이 결합될 때 혁신이 일어난다. 이런 관점에서 볼 때 아문센 리더십과 섀클턴, 스콧 세 사람의 리더십에는 커다란 차이점이 있었다.

아문센과 노르웨이 탐험대의 성공은 스키, 개, 의복, 식단 등 극지 탐험에 대비한 우수한 기술 덕분이었다. 스키가 일상적이었으나 아문센은 스키타는 기술을 계속 갈고 닦았다.

영국인들은 스키에 대해 잘 알지 못했다. 섀클턴과 스콧은 모터 썰매와 조랑말을 사용해 봤지만 실패했다. 두 사람은 모두 개와 스키를 효과적으로 사용하지 못했고 결국 사람이 썰매를 끌어야 했으며 당연히 느리고 체력 소모가 많았다. 아문센의 성공은 우연이 아니라 세심하게 잘 짜여진 계획, 철저한 준비, 현지 경험 등을 잘 활용했기 때문이다. 아문센은 이렇게 말했다.

"모든 것을 완벽하게 준비한 사람에게는 승리가 기다리고 있다. 사람들은 그것을 행운이라고 말한다. 필요한 준비를 소홀히 한 사람은 패배할 수밖에 없다. 사람들은 그것을 불운이라고 부른다"

팀원들의 지혜를 활용하라

스콧은 의사결정과정에서 팀원들을 참여시키지 않고 혼자 모든 결정을 했다. 다른 사람들의 의견을 활용하지 않고 어떤 결정을 내렸는지는 최후 순간까지 비밀로 했다. 아문센과 섀클턴은 팀원들의 의견을 중요하게 생각했다. 아이디어를 구하는 과정 자체가 팀원들에게 스스로 상황을 통제한다는 느낌과 함께 주인 의식을 갖고 최선을 다하는 효과를 가져왔다.

탁월한 리더는 팀이 일체감을 갖도록 한다

세 사람 모두 어려움 속에서도 한마음으로 힘을 모으는데는 성공했다. 비극적 종말을 맞은 남극점 탐험팀이 최후 순간까지 함께하였다는 것을 보면 알 수 있다. 그러나 스콧은 팀원들과 일정한 거리를 두었고 지위를 중시했으며 이런 스타일은 팀을 하나로 묶는데 장애물이 되었다. 아문센과 섀클턴은 팀을 단합시키기 위해 팀원들의 감정 상태, 사기진작에 노력했으며, 갈등 가능성이 있는 대원들을 잘 관리했다. 계급이나 사회적 명성이나 지위보다는 개인의 역량을 중요시했다.

리더십의 개인별 역량의 차이는 있으나 세 사람 모두 불굴의 인내력과 결단력 그리고 용기를 통해 고난을 이겨냈다는 점이다. 이런 자질은 어떠한 상황에 처하더라도 그들의 성공과 실패를 좌우하는 결정적 요인이다.

성공과 실패를 보는 관점

수 많은 극한 상황을 헤쳐 나가야 하는 리더들에게 한 가지 질문이 있다. 남극 탐험 목표를 달성하지 못했으나, 사고자 한 명 없이 무사히 돌아온 섀클턴은 성공한 리더인가, 실패한 리더인가? 물론 성공과 실패 여부는 어떤 기준을 적용하느냐에 따라 달라질 수도 있다. 리더로서 최악의 상황에서 포기하지 않고 끝까지 결단력과 강인함을 보여주었다는 점은 높이 평가 받아야 한다. 탐험 뿐만 아니라 첨단시대에도 본질적으로 예측 불가능한 장애물로 인해 목표를 변경할 수밖에 없는 가능성을 항상 안고 살아가고 있다.

섀클턴은 대원들을 무사히 집으로 보내는 데 온 힘을 쏟았다. 인듀어런스호가 침몰한 날 밤 텐트에서 밤을 지새며 오직 자신에게 주어진 새로운 책임에 모든 정신을 집중했다.

"이제 내게 주어진 일은 대원들을 무사히 고향으로 데리고 가는 것이다. 그 목적을 위해 나는 내 모든 에너지와 정신력을 바치고, 그동안 탐험 경험에서 얻은 모든 지식을 동원해야 한다. 길고도 험난한 여정을 거쳐야 할 것이다. 단 한 명도 잃지 않고 무사 귀환하기 위해서는 냉정을 잃지 말아야 함은 물론 철저한 계획이 뒤따라야 한다"

조지 부시의 7분 vs 박근혜의 7시간

리더는 마음을 움직여야 한다.

리더로 살아가는 동안 크고 작은 사건 속에 자신에게 운명을 결정짓는 결정적인 순간들과 마주하기 마련이다. 리더가 어떤 말과 행동을 하느냐에 따라 결과는 달라지기 때문이다.

2001년 9월 11일, 이슬람 근본주의 세력인 오사마 빈 라덴과 그가 이끄는 무장 조직인 알카에다가 항공기 납치를 통해 일으킨 테러 사건으로 인해 미국 뉴욕 맨해튼의 세계무역센터와 워싱턴 D.C.의 국방부 청사 건물인 펜타곤이 공격받았고, 백악관 또는 미국 국회의사당이 목표로 노려졌고, 3천 명에 가까운 사망자와 최소 6천여 명 이상의 부상자가 발생했다.

이 사건은 미국을 포함한 전 세계를 충격과 공포의 도가니로 몰아넣었으며 당시 대통령이던 조지 W. 부시의 지지율은 무려 90%에 육박하게 되었다. 이후 미군은 아프가니스탄 공습을 시작했고 탈레반 정권이 일시 축출, 2002년 조지 W. 부시 대통령의 '악의 축' 선포, 2003년 이라크 전쟁의 개전과 후세인 정권 붕괴, 그리고 최종적으로 2006년 아부 무사브 알자르카위 사살과 사담 후세인의 처형, 2011년의 오사마 빈 라덴 사살로 이어졌다.

9.11테러와 부시 대통령

테러리스트에 의해 납치 비행기가 세계무역센터를 충돌하는 시각, 플로리다 주의 한 초등학교에서 수업을 참관하며 아이들에게 동화책을 읽어 주던 부시 대통령은 비서실장으로부터 미국이 공격받고 있다는 충격적인 보고를 받은 후에도 아이들에게 계속 책을 읽어주다가 약 7분이 지난 후에야 교실을 떠났다.

이후 조사위원회로부터 "왜 7분 동안 교실에 머물렀냐"는 지적에 부시는 "학생들과 이후 국민들을 안심시키기 위해 시간을 약간 지체했다."라고 해명했다. 이후 인터뷰에서도 그 상황에서 바로 격앙된 반응을 내서 학생들이나 이를 지켜보던 취재진 등을 당황하게 할 수 없어서 태연한 척했다고 말했다. 사건 당시 백악관 측에서 "부시 대통령은 보고를 받은 즉시 교실을 떠났다"고 과장해서 이런 논란이 벌어졌다. 다만 테러 소식을 듣자마자 태연한 척하고 있지만 표정이 실시간으로 굳어지는 부시의 모습을 볼 수 있었다.

9.11테러는 예측가능한 상황이 아니므로 부시 대통령의 리더십 때문이라는 정치적인 공격은 없었다. 오히려 사건이 난 그날 저녁 8시30분 부시는 대국민 연설을 통해 테러범들을 반드시 찾아내 응징하겠다고 단호한 어조로 다짐했고 이후 대통령 지지율은 90%로 올라갔다. 사건 직후 미국 전역에는 성조기가 휘날리고 'God Bless America'란 음악이 미국인들의 단결된 애국심을 전세계에 보여줬다

세월호 사고는 물론 9.11 테러와는 크게 다르다. 세월호 사건은 예측 불가능한 테러도 자연재해도 아닌 사전에 얼마든지 막을 수 있었던 그야말로 인재이고 그 배경에는 우리 사회의 크고 작은 부정부패 뿌리 깊은 탐욕이 자리 잡고 있다. 한국사회 부패 실상을 전세계에 보여준 부끄러운 사고였다.

9.11테러 직후 부시 대통령은 첫 번째 긴급 대국민 담화를 가졌다. 이 이후에도 수차례에 걸친 대국민 연설로 충격에 빠진 미국인들을

안심시키는데 전력을 다했다. 이 연설들 중 9월 11일 밤 10시 연설이 가장 잘 알려져 있다.

부시 대통령 대국민담화문

Good evening.

오늘 우리의 국민과, 우리의 생활방식과, 우리의 자유가 치밀하게 계획된 치명적인 일련의 테러 공격을 받았습니다. 이 테러 공격으로 여객기를 타고 있던 국민들과 건물 내 사무실에 있던 국민들이 희생되었습니다. 비서, 사업가, 여성, 군인, 연방정부 공무원 등이 희생되었고, 우리의 어머니, 아버지, 친구, 이웃이 희생되었습니다.

사악하고 비열한 테러 행위로 수천 명의 국민이 순식간에 목숨을 잃었습니다.

여객기가 건물에 충돌하고, 불길이 솟고, 거대한 건물이 무너지는 모습은 참으로 믿기 어려운 광경이었으며, 우리에게 엄청난 슬픔과 함께 조용하면서도 단호한 분노를 불러 일으켰습니다.

이러한 대량살상 행위는 우리에게 공포를 불러 일으켜 미국을 혼란과 퇴보로 몰아 넣을 의도로 자행된 것입니다. 그러나, 테러분자들은 그 목표를 달성하지 못했고, 미국은 여전히 굳건히 서 있습니다. 위대한 나라를 수호하기 위해 위대한 국민이 나섰습니다.

테러 공격으로 가장 큰 건물의 기초를 흔들 수는 있을지언정, 미국의 기초에는 손조차 댈 수 없습니다. 테러 공격으로 강철 구조물이 산산조각으로 깨졌을지언정, 미국인의 강철 같은 의지에는 흠집조차 낼 수 없습니다. 미국이 테러 공격의 대상이 된 것은 미국이 세계에서 가장 밝은 자유와 기회의 등대이기 때문입니다. 어느 누구도 이 등대의 불빛을 끌 수 없을 것입니다.

오늘, 우리는 인간 본성에서 가장 나쁜 악을 보았습니다.

이러한 악에 대해 미국은 구조대원의 용감한 활약과 헌혈과 여타 지원활동으로 나타난 이웃과 전혀 모르는 사람에 대한 애정 등 최고의 선으로 대응했습니다. 제1차 공격 직후 나는 정부의 비상대응계획을 실행했습니다. 미군은 막강한 전력과 확고한 준비태세를 갖추고 있습니다.

비상대응팀이 뉴욕 시와 워싱턴 D.C.에서 현지의 구조 노력을 지원하고 있습니다.

우리의 최우선 과제는 부상자를 구호하고 국내외의 미국 국민을 추가 테러공격으로부터 보호할 수 있도록 필요한 모든 조치를 취하는데 있습니다.

정부의 기능은 중단 없이 계속되고 있습니다. 워싱턴의 연방정부 부처의 직원들은 오늘은 긴급 대피할 수밖에 없었지만, 오늘 밤부터 핵심인력이 복귀하게 되며 내일부터는 정상적으로 업무를 재개하게 됩니다. 미국 금융기관의 온 전선에는 흔들림이 없으며 미국 경제의 모든 기능도 내일부터 정상적으로 작동하게 됩니다. 현재 이러한 사악한 테러 행위의 배후에 있는 자들을 색출하고 있는 중입니다.

나는 정보기관과 행정부의 모든 자원을 이 테러 행위에 책임이 있는 자를 색출하여 응징하는 데 투입하도록 지시했습니다. 이 과정에서 우리는 테러를 자행한 자들과 테러 분자에게 은신처를 제공하는 자들을 구분하지 않고 응징할 것입니다. 나와 더불어 이 테러 공격을 강력하게 비난하는 데 동참해 준 연방의회 의원 여러분께도 깊은 감사를 드립니다. 또한, 애도의 뜻을 표하고 지원 의사를 표명해 준 전 세계 수 많은 지도자들께도 미국 국민을 대표하여 감사 드리는 바입니다. 미국과, 그 친구 및 우방들은 세계의 평화와 안전이 깃들기를 바라는 모든 이들과 손을 잡고, 테러에 대한 전쟁에서 승리하기 위하여 함께 노력할 것입니다.

오늘 밤, 슬픔에 잠긴 모든 사람들과, 세상이 산산조각으로 깨졌다고 느끼는 모든 어린이들과, 안전과 안보가 위협받고 있다고 느끼는 모든 사람들을 위하여 국민 여러분께서 기도해 주실 것을 당부 드립니다.

시편 제23편의 "내가 사망의 음침한 골짜기로 다닐지라도 해를 두려워하지 않을 것은 주께서 나와 함께 하심이라"라는 성경의 말씀처럼, 인간이 범접할 수 없는 권능을 가지신 주님이 이들의 아픔을 덜어 주실 것을 나 역시 기도할 것입니다.

오늘은 각계각층의 모든 미국인들이 정의와 평화를 위한 결의로 함께 뭉친 날입니다.

미국은 지금까지 수많은 적을 물리쳐 왔으며, 이번에도 반드시 적을 물리치고야 말 것입니다.

미국 국민 어느 누구도 오늘을 결코 잊지 못할 것입니다.

또한, 세계의 자유와, 선과, 정의를 수호하기 위하여 함께 노력할 것입니다.

감사합니다. 하나님께서 미국을 축복하실 것입니다.

관계는 이렇게 시작된다.

9·11테러 사흘 뒤인 2001년 9월 14일 뉴욕 맨해튼 세계무역센터 앞에 갈색 잠바 차림의 부시 대통령이 모습을 나타낸다.

상상을 초월한 끔찍한 테러로 한순간에 잿더미로 변한 미국 자본주의 상징의 흔적을 참담한 표정으로 둘러본 뒤 시커멓게 탄 소방차 위에 올라 자원해서 구조작업에 나선 은퇴 소방대원의 어깨에 팔을 두르고 부시 대통령은 메가폰을 잡았다.

며칠간 사력을 다한 구조작업에 지친 구조대원과 자원봉사자들은 대통령의 가슴에서 우러나오는 듯한 격려에 힘을 얻으며 성조기를 흔들며 "USA, USA, USA"를 뜨겁게 외쳤다.

대통령의 인사말이 환호에 묻히자 뒤쪽에서 누군가가 "들리지 않는다"고 소리쳤다. 이에 부시 대통령은 "나는 당신의 말을 들을 수 있다"며 "전 세계가 여러분의 말을 듣고 있고 이 빌딩을 무너뜨린 자들도 곧 우리 모두의 목소리를 듣게 될 것"이라고 열변을 토했다.

부시대통령은 그곳에서 봉사하는 사람들을 격려했다. "온 나라가 여기 있는 모든 분에게 사랑을 보내고 있고, 이 나라를 자랑스럽게 만든 여러분에게 감사한다"며 구조대원들을 향해 "신이여, 미국을 축복하소서"라고 말했다.

언론 보도에 따르면 대통령이 현장을 방문해 소방대원, 경찰관, 군인, 구조대원들과 악수하고 그들의 이야기를 듣고 격려 한 마디에 힘을 얻었다고 한다.

백악관에서 '테러와의 전쟁'을 선포할 때도 터질 것 같은 눈물을 겨우 참으며 분노에 몸을 떨었다. 미국인들은 부시 대통령의 이 같은 태도에서 상당한 위로를 받았으며, 테러 당일 부시 대통령이 백악관을 오래 비운 것을 비판했던 언론도 그를 중심으로 국난을 극복해야 함을 강조했다.

현장대원들은 대통령이 자신들의 수고와 마음을 알아주고 이해한다고 느꼈다. 그 순간 부시 대통령은 그 누구도 하지 못한 방식으로 사람들과 마음으로 소통하고 있었던 것이다.

"나는 당신 말을 들을 수 있습니다. 전 세계가 여러분 말을 듣고 있고 이 빌딩을 무너뜨린 자들도 곧 우리 모두의 목소리를 듣게 될 것입니다."

국난극복에는 여야가 없다

많은 논란 속에 2013년 조지 W 부시 전 미국 대통령의 기념관이 텍사스 주 댈러스 시에 세워졌다. 방문객 중 평생 민주당원으로 살아온 한 분은 "그때나 지금이나 공동체에 기여하면서 책임을 다하려고 노력했던 부시 전 대통령의 가치를 지지한다"는 평가를 했다.

미국인들 사이에 아직도 찬반 평가가 엇갈리는 부시 전 대통령의 기념관이 성황을 이루는 것을 보면서, 미국인은 전직 대통령에 대한 평가와 별개로 보수나 진보라는 정치 성향과 관계없이 그의 모든 행적을 객관적인 '미국 역사'로 여기고 있었다. 아직도 평가 논쟁이 끝나지 않은 불행한 대다수 한국 대통령의 기념관이 언제쯤이면 세워지고 언제쯤 역사의 일부분으로 관람객을 맞이할 수 있을지…

세월호와 박 대통령

2014년 4월 16일 오전 8시 50분경 전라남도 진도군 조도면 부근 해상에서 여객선 세월호가 전복되어 침몰한 사고로 수학여행을 떠났던 고등학생 등 300명이 넘는 인명을 앗아간 이 사고는 유족은 물론 국민전체에게 깊은 마음의 상처를 입혔다. 현장 책임자의 자질과 훈련, 재난사고시 정부뿐만 아니라 관계자에게 현장대응 능력의 중요성과 일련의 처리 과정이 대통령 탄핵과 정권 붕괴로 이어졌다는 충격적인 사실을 일깨워 준다.

세월호 사고당일 정부 실제 대응 (자료: 서울중앙지방검찰청)

- 08:52 좌현으로 30도 가량 기울어짐 / 대통령 본관으로 출근하지 않고 관저에 머무름
- 09:19 / 비서실장, 국가안보실장 사고발생사실인지
- 10:22 / 대통령 안보실장에게 전화 지시
- 10:30 완전 침몰 / 대통령 해경청장에게 전화 지시

모두를 놀라게 한 박근혜 대통령의 대국민 담화

2014년 5월 19일, 세월호 참사가 발생한 지 34일만에 박근혜 대통령은 대국민 담화를 발표한다. 대통령은 이날 담화문을 통해 "본연의 임무를 다하지 못한 해경은 해체하기로 했다"며 "수사 정보 기능은 경찰청으로, 해양 구조 구난과 해양 경비 분야는 국가안전처가 맡는다"고 밝혔다. 이어 국가안전처는 지휘체계를 일원화해서 모든 유형의 재난에 현장 중심으로 대응하게 될 것이라고 설명했다. 대통령의 해경 해체 발언은 당시 큰 사회적 충격을 불러왔다. 세월호 참사를 두고 무기력한 모습을 보였던 해경에 대해 비판 여론이 고조되긴 했지만, '개혁'이 아니라 '해체'라는 극단적인 해결책을 생각한 사람은 거의 없었다.

2014년 세월호 참사 후 국민안전처 소속 해양경비안전본부(차관급)로 변경됐다. 새 정부 출범 후인 2017년 7월, 해양수산부 산하 해양경찰청이 재탄생했다.

<박근혜 대통령 세월호 대국민 담화>

존경하는 국민 여러분,

세월호 침몰사고가 발생한지 오늘로 34일째가 되었습니다. 온 국민이 소중한 가족을 잃은 유가족들의 아픔과 비통함을 함께 하고 있습니다.

국민의 생명과 안전을 책임져야 하는 대통령으로서 국민 여러분께서 겪으신 고통에 진심으로 사과드립니다.

국민 여러분, 지난 한 달여 동안 국민 여러분이 같이 아파하고, 같이 분노하신 이유를 잘 알고 있습니다. 살릴 수도 있었던 학생들을 살리지 못했고, 초동대응 미숙으로 많은 혼란이 있었고, 불법 과적 등으로 이미 안전에 많은 문제가 예견되었는데도 바로 잡지 못한 것에 안타까워하고 분노하신 것이라 생각합니다.

…

이번 사고에 제대로 대처하지 못한 최종 책임은 대통령인 저에게 있습니다. 그 고귀한 희생이 헛되지 않도록 대한민국이 다시 태어나는 계기로 반드시 만들겠습니다! 이번 세월호 사고에서 해경은 본연의 임무를 다하지 못했습니다. 사고 직후에 즉각적이고, 적극적으로 인명 구조활동을 펼쳤다면 희생을 크게 줄일 수도 있었을 것입니다.

해경의 구조업무가 사실상 실패한 것입니다. 그 원인은 해경이 출범한 이래, 구조·구난 업무는 사실상 등한시 하고, 수사와 외형적인 성장에 집중해온 구조적인 문제가 지속되어왔기 때문입니다.

해경의 몸집은 계속 커졌지만 해양 안전에 대한 인력과 예산은 제대로 확보하지 않았고, 인명구조 훈련도 매우 부족했습니다.

저는 이런 구조적인 문제를 그냥 놔두고는 앞으로도 또 다른 대형

사고를 막을 수 없다고 판단했습니다. 그래서 고심 끝에 해경을 해체하기로 결론을 내렸습니다.

앞으로 수사·정보 기능은 경찰청으로 넘기고, 해양 구조·구난과 해양 경비 분야는 신설하는 국가안전처로 넘겨서 해양 안전의 전문성과 책임을 대폭 강화하겠습니다.

국민안전을 최종 책임져야 할 안전행정부도 제 역할을 다하지 못했습니다. 안전행정부의 핵심 기능인 안전과 인사·조직 기능을 안행부에서 분리해서 안전 업무는 국가안전처로 넘겨 통합하고, 인사·조직 기능도 신설되는 총리 소속의 행정혁신처로 이관하겠습니다. 그래서 안행부는 행정자치업무에만 전념토록 하겠습니다……

나는 정권의 종말을 예언했다!

대한민국 대표 원론인으로, 현재는 조갑제닷컴 대표가 한 말이다.

"나는 2014년 5월 19일 박근혜 대통령이 세월호 사고 책임을 물어 해경 해체를 발표하였을 때 이것이 정권 종말의 신호탄이 될 수 있다고 경고하였다"는 취지의 글을 발표한다. 다시 읽어보니 수많은 대한민국 현대사 현장을 취재하면서 뛰어난 촉, 예리한 통찰력에 경의를 표한다.

정부, 기업체, 일반 국민, 특히 재난관련 업무 종사자는 한번 쯤 깊이 되새겨보아야 할 의미있는 메시지를 주고 있다. 다음은 당시 글을 요약 정리해 본다.

박근혜가 해경 해체를 발표한 날, 나는 정권의 종말을 예언했다!

오늘(2014년 5월 19일) 대한민국 대통령은 언론의 선동에 굴복,

진실·정의·자유를 근간으로 하는 헌법정신과 국가이익에 배치되는 내용의 발표를 했다. 특히 세계적인 해양 국가로 성장한 대한민국을 해경 없는 나라로 만들겠다고 선언하였다. 해경 해체는 해군 해체와 같은, 너무나 비이성적이고, 과격하고, 감정적인 결정이다. 물론 국회에서 관련 법이 통과되어야겠지만 오늘 박 대통령의 연설은 그의 지도력을 회복 불가능한 수준으로 약화시킬 위험성이 있다.

그는 바다와 배를 모르는 기자들의 과장과 왜곡과 날조 보도를 그대로 수용했다.

〈이번 세월호 사고에서 해경은 본연의 임무를 다하지 못했습니다. 사고 직후에 즉각적이고, 적극적으로 인명 구조활동을 펼쳤다면 희생을 크게 줄일 수도 있었을 것입니다. 해경의 구조업무가 사실상 실패한 것입니다〉는 말은 우선 사실과 다르다.

평온한 바다에서 과적, 급변침 등의 사유로 큰 배가 갑자기 기울어 한 시간 반 만에 전복된 것은 세계 해난 사고 역사상 유례가 드문 경우이다. 그만큼 구조가 어려웠다는 이야기이다. 그럼에도 해경은 구조요청을 받은 뒤 40분을 전후하여 세월호에 구조헬기와 구조정을 보내 배가 뒤집어지기까지의 40여분 사이 172명을 구조하였다.

선장과 선원이 먼저 배를 버리고 탈출, 선내의 지휘체제가 무너졌다. 바깥의 해경과 긴밀하게 협조, 구조 작업을 이끌어야 할 배의 안의 사령탑이 없어졌으니 해경은 자신들의 정보와 수단에 의존하여 자력으로 탈출하려는 사람들을 우선적으로 구조할 수밖에 없었다.

해경은, 배가 처음 30도 이상으로 기울고 시간이 흐름에 따라 가속도가 붙은 듯 급하게 넘어가고 있는 상황에서 시간에 쫓기면서 구조하여야 했다. …평평했던 바닥이 수직의 벽이 되고 종국에는 하늘처럼 천장이 되는 상황에서 그런 이상적인 구조 작업은 인간의 힘으론 불가능하였다. 제한된 인력으로 제한된 시간에 무리하게 선실(배 안에 마련한 승객의 방)에 들어가려고 했더라면 구조대가 구조 대상이 되었을 것이고 살릴 수 있던 사람을 놓쳤을 것이다.

…다수 구조 전문가들도 선실 진입은 불가능하였다고 이야기하는데 박근혜 대통령은 그것이 가능하였다고 전제하고, 해경을 비방하는 기자들의 억지 주장을 고스란히 받아들여 해경의 구조작업을 실패라고 규정, 해체를 결정했다.

…해양 국가에서 해군이 안전사고를 냈다고 육군에 흡수시켜버리는 것과 같은 결정이다…

오늘 대국민 선언은 일시적으로 박 대통령의 인기를 회복시킬지 모르지만 장기적으로는 그의 리더십에 치명적 타격을 가할 것이다. 검찰 조사, 국정조사 이전에 대통령이 나서서 쟁점있는 사안에 대하여 '해경의 구조가 실패하였다'고 결론을 내렸다. 대통령이 사법부의 역할을 한 셈이다. 이는 삼권분립의 원칙, 무죄추정의 헌법적 원칙에 위배될 뿐 아니라 지금 이 순간 목숨을 건 수색 작업을 펼치는 해경에 피눈물을 나게 하는 지극히 비윤리적 행동이다.

…해경을 희생양으로 바쳐 대통령의 인기를 지켜주려는 발상에 박 대통령이 넘어간 것인지, 박 대통령의 독단적 발상에 전문가들이 굴복한 것인지는 알 수 없지만 모든 책임은 박 대통령이 져야 한다.

해경의 구조가 실패하였다는 공언(公言)으로, 박근혜 대통령은 살릴 수 있는 생명을 죽게 하였다는 선동세력의 공격에 아무런 방어 수단 없이 노출되는 처지가 되었다. 자업자득이다. (출처: 조갑제닷컴)

<세월호 관련 판결>

지난 2014년 발생한 세월호 참사 당시 초동 대응조치를 제대로 하지 않아 승객들을 사망하게 했다는 혐의로 기소된 김석균 전 해양경찰청장과 전·현직 해경 관계자들에게 항소심에서도 무죄가 선고됐다.

재판부는 "관계자들의 증언과 기록에 따르면 서해지방해양경찰청 상황실에선 해상교통관제센터(VTS)로부터 전달받아 확실히 인지한 정보는 세월호가 50도 가량 기울어졌다는 점과 승객 비상 탈출 여부를 문의한다는 등 제한적 정보였던 것으로 판단된다"며 "당시 VTS센터장의 보고 내용을 근거로 세월호 침몰이 임박해 즉시 퇴선이 필요한 상황인데도 승객들이 아무런 퇴선준비 없이 선내 대기중 이라는 사실을 일반적 보통인의 주의정도로 볼 때 쉽사리 예견할 수 있었다고 단정하기 어렵다"고 밝혔다.

다만 사고 발생 초기에 퇴선유도 조치를 지시하지 않았음에도 한 것처럼 내부 문건을 수정해 직권남용 권리행사방해 등의 혐의로 기소된 김 전 목포해양경찰서장과 이 전 함장은 유죄로 판단했다. (출처: 법률신문, 2023.2.7.)

조지 부시의 7분 vs 박근혜의 7시간

보좌관으로부터 "미국이 공격받고 있다"는 첩보를 들었지만, 약 7분 동안 가만히 앉아 있었다. 부시는 이후 국정 조사에서 왜 이 시간 동안 어떠한 행동도 취하지 않았는지 청문회에서 상세하게 해명을 해야만 했다. 장소가 학교였던 것도 한몫 했다. 부시가 당황했다면 현장에 있던 어린이들과 학교에서 일하는 교사 및 관심을 가졌던 학부모와 언론인들에게 곧바로 그 충격이 전달될 수 있었다.

하지만 미국에서는 단 7분에 대해서조차 잘못을 따진다. 그리고 이 일은 부시 본인이 논란을 자초한 면도 있다. 테러 직후 부시는 당시 상황에 대해 설명하면서 '테러가 발생했다는 보고를 받고 곧바로 학교를 떠났다'라고 과장했다가 거짓말이라는 게 들통나서 7분의 공백에 대한 논란이 더욱 커졌기 때문이다. 처음부터 솔직하게 말했다면 가볍게 넘어갈 수 있는 일을 굳이 감추려다가 일을 키운 셈이다. 무엇보다 부시의 7분은 지도자로서는 비판의 여지가 있지만 옳고 그름을 떠나서 사람으로서는 충분히 이해할 수 있는 행동이다.

일본 아베 신조 총리는 2018년 7월 일본 호우로 사람들이 수백 명이 사망한 난리에도 무려 66시간이라는 경이로운 기록을 달성했다. 선거에 이기겠다고 비 때문에 난리인데 한창 술 마시고 인증샷이나 올리고 있었다. 하지만 나중에 뒷수습을 했기 때문에 별 일 없이 넘어갔다. 만약에 한국이나 미국에서 66시간 동안 없어졌다면 무슨 일이 벌어졌을지…

9.11 당시 부시와 비교 자체가 안 될 정도로 우리나라는 미흡했다.

미국의 경우 이 7분 이후부터 컨트롤타워가 상당히 진행되었지만, 세월호 때는 너무 미비했고 그 이후로도 박근혜가 탄핵될 때까지 대한민국에서 컨트롤타워 역할을 하는 사람은 아무도 없었다.

세월호 때 '청와대 책임론'이 터져 나오자 당시 비서실장, 안보실장은 "국가안보실은 재난 콘트롤타워가 아니다" 등 청와대 핵심 인사들의 책임 회피는 모든 책임을 해경에 돌리는 데 급급했고 결국 해경 해체 대통령 탄핵이라는 초유의 사태로 연결된다.

대통령 7시간 행적 논란

세월호 침몰 당일인 2014년 4월 16일 오전 10시부터 2014년 4월

16일 오후 5시 15분까지 약 7시간 동안의 행적이 비판의 대상이 되었다.

2014년 4월 16일 오전 10시는 대통령이 세월호 침몰 소식을 처음 보고 받은 시각이고, 2014년 4월 16일 오후 5시 15분은 대통령이 중앙재난안전대책본부를 방문한 시각이다. 청와대는 '그 7시간 동안 대통령은 청와대 경내에 있었고 모두 18차례 세월호 침몰 사고와 관련한 보고를 받았으며 오전 10시 15분과 오전 10시 30분 두 번에 걸쳐 구조 지시를 내렸다'고 밝혔다.

박근혜 대통령이 7시간 동안 세월호 관련 직무 수행에 소홀한 혐의는 대통령 탄핵 소추 발의 사유에 포함되었다.

"대규모 재난과 같은 국가위기 상황에서 대통령이 그 상황을 지휘하고 통솔하는 것은 실질적인 효과뿐만 아니라 상징적인 효과까지 갖는다. (중략) 앞으로도 국민 다수의 지지로 당선된 대통령들이 그 직책을 수행할 것이다. 국가 최고지도자가 국가위기 상황에서 직무를 불성실하게 수행하여도 무방하다는 그릇된 인식이 우리의 유산으로 남겨져서는 안 된다. 대통령의 불성실 때문에 수많은 국민의 생명이 상실되고 안전이 위협받아 이 나라의 앞날과 국민의 가슴이 무너져 내리는 불행한 일이 반복되어서는 안 되므로 우리는 피청구인의 성실한 직책수행의무 위반을 지적하는 것이다"

- 2016헌나1 탄핵 심판 결정문, 보충의견

3장

리더의 자질

공감능력이 리더십이다

공감(empathy, 共感)은 상대방 입장에 서서 서로의 경험한 바를 이해하거나 혹은 다른 사람의 입장에서 생각해 보는 능력이다. 쉽게 말해 '타인의 상황과 기분을 느낄 수 있는 능력'을 말한다.

공감의 종류에는 크게 인지적 공감(cognitive empathy), 감정적 공감(emotional empathy)을 주축으로 학자에 따라 여러 세부적인 분류가 존재한다.

인간관계, 실생활에 중요시되는 것은 인지적 공감이다. 따라서 보통 요구되는 공감능력은 인지적 공감을 의미한다.

사고 현장에서 대통령 역할을 가장 잘 보여준 '한 장의 사진'

2012년 초대형 허리케인 샌디가 미국을 덮쳤을 때, 현장을 찾은 오바마 대통령이 피해 주민 할머니를 감싸 안고 있다.

2011년 오사마 빈 라덴 제거 작전 당시의 상황실. 중앙에 앉은 마셜 브래드 웹 준장 옆에 오바마 대통령이 쪼그려 앉아있다.

2016년 오바마 대통령이 총기 규제 강화를 발표하면서 샌디훅 총기 난사 사건 당시를 회상하며 눈물을 닦는 모습.

2019년 이슬람 수니파 극단주의 무장 조직 이슬람국가(IS)의 수괴인 아부 바크르 알바그다디 제거 작전 당시, 트럼프 대통령이 회의실 테이블 정중앙에 앉아 작전 상황을 지켜보고 있다.

직접 말하지 않아도 진심은 통한다

2011년 1월 8일, 미국 애리조나 투손 지역에서 총기난사 사건이 발생했다. 사건 이후 오바마 대통령은 유가족들 앞에서 추도사를 하였다. 연설에서는 희생자 중 한 명인 크리스티나 테일러 9살 여자아이 이름을 말하는 순간, 유가족과 눈이 마주친 오바마 대통령은 51초 동안 말을 멈췄다. 다음날, 주요 언론은 이 연설을 '국민과 마음을 소통한 명연설'이라고 극찬했다. 오바마 대통령을 싫어한 언론에서도 이 연설에 지지를 보냈다. 직접적인 의사소통은 하지 않았지만 51초 침묵이 모든 사람들의 마음을 울리기에 충분한 소통의 시간이었다.

사람들은 날마다 누군가를 만나고 이야기하고 지낸다. 하지만 대부분의 대화는 형식적이거나 시간을 보내는 수단일 때가 많다. 가정, 직장, 사회에서도 진정한 소통이 이루어지지 않고 있다.

오바마 대통령실 홍보라인은 국민들을 이렇게 감동시켰다.

오바마 사진가에 답이 있다.

피트 수자(1954~, 전 백악관 최고의 사진작가) 오바마 이미지 메이킹.

오바마 대통령 시절 미국의 문화, 정치, 사회 등 특히 힘들고 어려운 고비 때마다 오바마가 말하지 않아도 사진 한 장으로 '사진적 언어'로 전 세계에 깊은 생각과 감동을 주었다.

2012년 10월 초대형 허리케인 샌디가 미국 동부지역을 강타했다. 220명 이상이 사망했고, 수만 명이 집을 잃었다. 오바마 대통령은 현장으로 달려갔다. 대통령이 뉴저지주 피해 현장에서 이재민 할머니를 꼭 끌어안고 있는 사진 한 장이 전 세계로 전파됐다.

강렬한 이 사진 한 장이 그 어떤 설명보다 더 많은 메시지를 전달한다. 재난 현장에서 포착한 이 사진은 오바마 대통령의 발 빠른 위기 대응 능력과 리더십, 인간적인 매력까지 보여준다. 허리케인 샌디가 오바마의 정권 재창출을 결정적으로 도왔다는 분석까지 나왔다. 사진은 대통령 전속 사진사였던 피트 수자가 찍었다. 2020년 뉴욕타임스는 그에 대해 "카메라 렌즈를 통해 바람직한 대통령상을 그려낸 작가"라고 평했다.

오바마와 대통령실 사진이 감동을 주는 이유

오바마 대통령의 모든 스케줄과 일상을 함께했다.

피트 수자가 처음 백악관 전속 사진사 직책을 제안받았을 때 그가 요구한 조건은 대통령이 어디에서 무엇을 하든, 가까이에서 촬영할 수 있는 '완벽한 접근권'이었다. 오바마는 흔쾌히 조건을 받아들였다. 민감한 국가안보회의, 긴박한 사고 현장, 모든 브리핑 장소에 그가 있었다. 그의 사진을 주제로 만든 다큐멘터리 영화 '내가 보는 방식(The way I see it)'에서 수자는 "대통령 사진사는 홍보 사진을 찍는 게 아니라 카메라로 역사를 기록하는 것"이라고 말한다. "대통령 임기를 역사에 기록하고 싶으면 항상 그 자리에 있어야 한다. 매일 24시간 쉬지 않고 준비하고 있어야 한다. 언제 이미지가 나올지 예측할 수 없으니까."

2011년 오사마 빈 라덴 제거 작전 때 찍은 백악관 상황실 사진은 그렇게 나왔다.

상황실에 모인 오바마 정부 당국자들의 눈은 일제히 현지 작전 영상에 쏠려 있다. 주인공은 정중앙에 앉아 있는 마셜 브래드 웹 준장이고, 오바마 대통령은 그 옆에 쪼그려 앉아 있다. 수자는 영화에서 그날의 뒷얘기를 들려준다. "대통령이 들어서자 준장이 의자를 양보하려 일어섰다. 대통령은 이를 말리면서 그냥 옆에 앉겠다고 했다." 실무자를 최대한 존중하며 권위에 집착하지 않는 리더의 모습이 저절로 표현된 것이다.

이 사진이 강력한 이유는 "아무도 인위적으로 포즈를 취하지 않았기 때문"이다. 참모진은 긴장된 표정으로 손으로 입을 막거나 팔짱을 낀 채 현지 작전을 지켜보고 있다. 수자는 오바마 재임 8년간 200만 장, 하루 평균 700여 장의 사진을 찍었다. 그는 "오바마 대통령은 가까이에서 연신 셔터를 눌러대도 한 번도 중단시킨 적이 없었다"며 "시각적 이미지의 중요성을 아는 영리한 대통령"이라고 했다.

리더십의 기본은 공감과 위로

피트 수자는 한 강연에서 "대통령 전속 사진사로서 특히 어려웠던 순간이 있었나"라는 질문을 받았다. 그는 "어느 한순간도 쉬운 게 없었지만, 제일 힘들었던 건 오바마 대통령이 참변을 당한 가족을 만날 때였다"며 "안타깝지만 그런 순간을 기록하는 것도 내 일이었다"고 답했다.

오바마 대통령 임기 중 가장 힘들었던 날은 코네티컷주 뉴타운의 샌디훅 초등학교 총기 난사 사건 때였다. 아이 20명과 성인 6명이 사망했다. 오바마는 눈물을 흘리며 담화문을 발표했고, 이틀 뒤 뉴타운에 가서 2시간 30분 동안 유족들을 만났다. 6살 아들 벤을 사고로 잃은 데이비드 휠러씨는 "수행원들이 대통령 일정을 급히 진행하려고 하자 대통령이 말렸다. 시간이 아무리 걸려도 괜찮다고 했다"며 "대통령은 들어와서 아내를 가만히 안아줬다"고 했다. "아무것도 공감을 대체할 수 없다. 그건 인간 대 인간의 근본적인 관계니까. 국정을 운영하는 사람이 이렇게 마음을 쓰고 관심 갖고 있다는 걸 느끼게 해줬다."

역효과 부른 어설픈 연출

2019년 도널프 트럼프 대통령이 주재하는 상황실 사진은 사뭇 다르다. 미국 특수부대원들의 작전으로 이슬람 수니파 극단주의 무장조직 이슬람국가(IS)의 수괴인 아부 바크르 알바그다디가 사망했을 때다. 백악관이 공개한 사진에서 트럼프 대통령은 회의실 테이블 정 중앙에 앉아 작전 상황을 지켜보고 있다. 대통령과 참모진 모두 정복과 정장 차림으로 카메라를 응시하고 있다. 트럼프 전속 사진사였던 셰일라 크레이그헤드는 언론 인터뷰에서 "트럼프 대통령은 어떤 사진을 공개할지에 대해 일일이 자신의 허락을 거치도록 했다"고 밝혔다. 가까운 접근도 허용하지 않았고, 얼굴 색깔을 밝아 보이게 해달라는 등의 외모 보정 요구를 자주 했다고 한다.

2017년 허리케인 하비로 텍사스주에 물난리가 났을 때 트럼프 대통령의 처신이 도마에 올랐다. 트럼프는 피해 주민들을 만나서도 위로의 말을 건네지 않았고, 자신을 보기 위해 몰려든 수많은 군중을 보고 "정말 많이 모였네요"라고 감탄했다. 또 자신의 웹사이트에서 판매 중인 40달러짜리 야구모자를 쓰고 수해 지역을 돌아봐 "국가적 재난을 개인 사업의 홍보 수단으로 이용했다"는 비난을 받았다.

한 정치학자는 "공감과 위로라는 기본 마인드를 늘 가슴에 새겨야 한다"고 말했다.

공감하는 리더가 진짜 리더

1983년 헤즈볼라의 자살특공대는 약 6t의 폭약을 실은 트럭을 몰고 레바논의 수도 베이루트에 있던 미 해병대 사령부 건물로 돌진했다. 이 공격으로 미군 241명이 목숨을 잃었다.

당시 기준으로 베트남전 이후 최대의 군사적 손실이라 할 정도로 미국에 치명적인 사건이었다. 레이건 대통령은 국민 앞에 연설을 한다.

백악관 참모들은 어떻게 이 위기 상황을 극복 할까를 두고 논란을 벌였다. 레이건 대통령은 자신이 직접 사태의 처음부터 끝까지 설명하겠다고 나섰다. 이 연설에서 스스로 묻고 스스로 답했다. "많은 분들이 묻습니다. 왜 우리 젊은이들이 레바논에서 목숨을 잃어야 합니까. 레바논이 미국에 왜 중요합니까." 그는 국민들이 생각하는 기본적인 의문을 상세하게 설명했다. 대통령의 진심어린 연설이 국민들을 어루만져주고 따뜻이 감싸고 달래주는 역할을 했다.

정부를 비난하는 여론이 멈춰섰다.

공감 능력은 다른 사람의 입장에서 그 사람의 마음을 느낄 줄 아는 능력이다. 상대방의 마음을 이해하는 바탕에서 생각할 줄 아는 힘이다. 일반적으로 보여주는 동정이나 연민과는 다른 마음이다. 공감능력이 리더십이다. 국가 지도자에게는 이런 공감능력이 필요하다.

공감 능력은 타고나는 것인가?

『최고의 나를 만드는 공감 능력』 공동 저자(헬렌 리스: 정신과 의사이자 하버드의과대학 부임상교수, 메사추세츠종합병원의 '공감과 관계과학 프로그램' 책임자/리즈 네포렌트: 의학 저널리스트)는 뇌과학에 기반한 연구를 통해 공감은 가르칠 수 있음을 입증했고, 공감 능력을 키우기 위한 프로그램을 개발했다. 공감 능력이 향상되었을 때 의사와 환자 사이의 치료 효과는 놀랍게 상승되었고, 회사에서는 조직의 성공을 위한 제일의 조건이 공감 능력임을 확인하였다.

저자는 기술이 최첨단화될수록 중요해지는 것은 공감 능력이라면서 일은 물론 사랑, 인간관계, 육아, 직장, 예술, 리더십 등에서 성공하는 데 획기적인 힘을 발휘한다고 주장하고 있다.

왜 하버드 의과대학에서는 공감능력에 주목했는가

우리는 다른 사람의 뇌에서 어떤 일이 일어나는지 알 수 있는 특별한 신경세포가 있다.

누구나 공감은 하지만 얼마나 적절한 공감을 하느냐에 따라 당신의 능력과 인상은 달라진다.

다행인 것은 공감은 훈련을 통해 얼마든지 키울 수 있는 능력이라는 사실이다.

공감 능력의 일곱 가지 열쇠는 '눈 맞춤', '표정 근육', '자세', '객관적으로 감정 읽기', '어조', '사람 전체에 귀기울이기', '당신의 반응' 등이다. 우리 일상의 삶에서 어떤 식으로든 의미 있고 긍정적인 영향을 준 사람은 모두 나와의 상호작용에서 이러한 일곱 가지 공감의 열쇠를 주고받은 사람이다. 공감은 우리가 직업이나 취미 심지어 사랑하는 사람을 선택하게 되는 이유에도 영향을 미친다.

공감 능력을 높여 줄 일곱 가지 열쇠

① 눈 맞춤 : 눈에는 상대방의 생각과 기분에 대한 방대한 정보가 담겨 있다.
② 표정 근육: 웃고 있는 사람의 눈가에 주름이 잡히는지를 보면 거짓 벗의 정체를 알 수 있다.
③ 자세 : 대화가 잘 통한다면 무의식적으로 당신과 상대방은 똑같은 자세를 취하게 된다.
④ 감정 : 어렵게 진행되는 대화의 중심에는 항상 감정이 깔려있다.
⑤ 어조 : 어조는 상대방이 전달하는 비언어적 감정 표현의 37퍼센트 이상을 담당한다.
⑥ 사람 전체에 귀 기울이기 : 많은 사람들이 주된 불만만 듣고 주된 걱정은 놓치고 만다.
⑦ 당신의 반응 : 갑자기 느껴지는 불안은 주변 사람의 기분을 가늠할 척도가 될 수 있다.

우리는 공감 덕분에 상대방의 관점에서 세상을 바라볼 수 있고, 타인의 기분을 읽을 수 있다. 이러한 능력으로 현대인들은 대화뿐만 아니라 사회, 문화, 예술 등을 할 수 있다. 우리의 성공을 돕는 가장 중요한 도구인 공감능력을 길러야 한다.

공감이 이끄는 조직은 빠르게 성과를 내지 않는다. 빠른 성장만을 쫓지도 않는다. 하지만 언제 어디서나 다시 일어설 수 있다는 자신감이 넘친다. 한 걸음 전진하기 위해 자신의 부족한 점을 남김없이 조직에 공유하고 조직의 약점을 극복하기 위해 모든 구성원이 한마음이 된다. 그 조직은 진정성을 토대로 한 단계 성장한다. 이런 조직은 그 어떤 최악의 상황이 닥쳐와도 부드럽고 유연하게 돌파할 수 있다.

리더는 마음으로 공감을 전파한다.

공감은 리더가 자신을 따르는 구성원들의 생각과 감정을 읽고 더 명확한 비전을 가지고 앞으로 나아갈 길을 찾는 데 도움이 된다. 공감은 '전염성'이 있기 때문에 조직 내 갈등이나 문제점을 해결하는데 필요하다.

공감 능력이 뛰어난 리더는 자신의 팀, 조직, 구성원들과 감정적 유대감을 형성하고 신뢰와 협력을 기반으로 하는 문화를 만들어간다. 서로의 필요를 이해하고 사람들의 재능을 발견하고 활용한다. 또한 문제 해결에 있어 타인의 관점을 인식하고 의사 결정 과정에 반영한다.

'공감'은 타인의 기분을 읽을 수 있게 할 뿐 아니라 상대방의 관점에서 상대방이 바라보는 대로 세상을 볼 수 있게 하여, 타인과 교감하고 협력하여 세상을 살아가는 데 큰 힘이 되는 중요한 능력이다.

말 한마디로 진심이 통한다

소통이란 내가 하고 싶은 이야기를 나의 언어로 말하는 것이 아니라, 상대방의 언어로 표현하는 것이다. 대화를 통해 내가 진짜 무엇을 원하는지 알 수 있다.

공감받는 사람이나 공감하는 사람 모두에게 심리적 편안함과 구성원들에게 긍정적 상호작용을 일으켜 사회 전체의 성숙과 성장이라는 유익함을 준다.

사람들은 누구에게나 공감 능력이 있다고 생각한다. 이러한 사회적 통념이 사실과 다르다는 것을 많은 공감 연구자들을 통해 밝혀졌다. 즉 현대 사회에는 타인의 고통에 적절하게 공감 하지 못하는 사람들이 상당히 존재한다는 사실이다.

아주 다양한 사고력을 가진 사람들이 섞여 살다 보니 이는 자연스러운 현상이다. 그러나 국가나 사회, 조직을 누군가를 보살펴야 하는 리더를 선택할 때 공감 능력은 매우 중요한 자질이 된다. 우리 사회가 더 나은 사회가 되기 위해서는 고통 중에 힘들어하는 사람들을 인지적·정서적으로 균형 있게 공감할 줄 아는 리더가 필요하기 때문이다.

사람의 커뮤니케이션 성향(활발 정도)

① 이야기를 자신이 이끌어가기 좋아하는 사람(주도형)
② 개인적인 이야기를 주로 꺼내는 사람(사교적 타입)
③ 다른 사람의 이야기를 평가하기 좋아하는 사람(분석형)
④ 말하는 것보다 듣는데 열중하는 사람(순응형)

소통을 잘하려면 공감하는 능력을 개발해야 한다. 친하지 않은 사람을 골라 적어도 10분이상 대화하는 연습이 필요하고, 대화하기 전 미리 상대를 파악하고 다양한 질문할 내용을 정리해본다.

리더에게 필요한 7가지 소통의 법칙

① 어디서 들은 이야기가 아니라 내가 경험한 이야기와 마음을 담아라(자기 철학의 법칙)

② 팔로워에게 명확한 비전을 설명하라(비전의 법칙)
③ 중요한 메시지를 구체적이고 명확하게 전달하라(명확성의 원칙)
④ 상대방과의 교감을 극대화하라(공감의 법칙)
⑤ 즉각적이고 긍정적인 반응으로 소통의 공간을 만들어라(반응의 법칙)
⑥ 치우침 없이 판단하고 행동하라(균형의 법칙)
⑦ 말과 행동이 일치되게 하라. 팔로워는 언제나 리더를 주시하고 있다(언행일치의 법칙)

불필요한 관계정리법

① 지금 관계가 필요한지 고민한다. 만나고 나서 내 기분이 어떠한가? 객관적 결과물로서의 효용이 있는가를 기준으로 판단하면 된다.
② 어쩔 수 없이 계속 얼굴을 마주치는 사람이라면 너무 멀게도 너무 가깝지도 않게 적당한 거리를 유지하는 것이 필요하다.
③ 관계를 정리하기로 마음 먹었다면 상대를 비판하는 등의 표현을 자제하는 것이 좋다.

소통하기 가장 좋은 방법은 공감이다.

경영의 대가 피터 드러커는 "기업에서 발생하는 문제의 60%는 잘못된 소통으로부터 시작된 문제이다"라고 하였다. 그만큼 조직 내 소통이 중요하다. 조직의 리더라면 효과적인 소통 방법을 추구해야 한다.

리더는 영향력이 있어야 한다.

오늘날 리더십은 점점 더 복잡해지고 있다. 사람들을 이끌고 함께 일하기가 그 어느 때보다 쉽지 않은 상태다.

리더십은 사람들에게 영향력을 발휘해 리더를 따르게 만드는 힘이다. 리더의 진정한 척도는 영향력이다.

《리더십 불변의 법칙》의 저자 존맥스웰은 '영향력이 없다면 리더가 아니다'고 설명하면서 에이브러햄 링컨 대통령의 일화를 소개하면서 리더십 곧 영향력이라고 강조한다.

〈링컨이 대통령으로 당선되기 수십년 전인 1832년, 그는 사람들을 모아 블랙호크 전쟁에 참전했다. 당시는 자원병들을 모아 민병대를 조직한 사람이 부대의 리더나 지휘관이 되는 경우가 많았다. 링컨도 자신이 모은 그 부대의 지휘관이 되었고 대위라는 계급을 부여받았다. 하지만 그는 병사를 지휘하는 일에 대해 아는 바가 없었다. 군대에서 복무한 경험이 없었고 전술에 대해서도 알지 못했다. 그렇다 보니 간단한 군사적 절차를 익히기도 쉽지 않았다.

하루는 링컨이 10여명의 부대원을 인솔해서 들판을 가로질러 행군하고 있었다. 행군 도중 병사들에게 어떤 관문을 거쳐 들판의 다른 쪽으로 나가도록 명령해야 했는데 링컨은 어떻게 명령해야 할지 몰랐다. 링컨은 당시를 이렇게 회상했다. "횡대로 행진하고 있던 부대원들을 종대 행렬로 만들어 관문을 통과해야 했는데, 아무리 생각해도 적당한 명령어가 떠오르지 않았다. 결국 관문 근처에 다가갔을 때 '2분간 부대를 해산한다. 그리고 문 반대쪽으로 다시 집합하라!'라고 외쳤다.

이후 군대에서 그의 영향력은 날이 갈수록 줄어들었다. 다른 장교들은 실력을 증명해 보이면서 점점 높은 계급으로 진급했지만 링컨은 정반대였다. 대위로 복무를 시작했음에도 지위는 리더십에 아무런 도움이 되지 못했다. 즉, 그는 영향력의 법칙을 극복하지 못했다. 나중에 군 생활을 마감 할 무렵 링컨은 자신에게 꼭 맞는 지위를 찾아냈다. 바로 이등병이 되는 것이었다. 하지만 그 자신과 미국을 위해서는 천만다행으로 링컨은 영향력 문제를 결국은 극복해냈다. 군대 복무를 마친 뒤에 링컨은 일리노이주 의회와 연방 하원에 진출했지만 처음부터 두각을 드러내지는 못했다. 그러나 시간이 흐르며 수많은 경험을 쌓은 끝에 사람들에게 커다란 영향력을 발휘하는 인물이자 미국 역사상 가장 훌륭한 대통령이 되었다. 리더십에 관해 내가 좋아하는 격언이 있다. 바로 "남들을 이끈다고 생각하지만 따르는 자가 아무도 없다면 그저 산책할 뿐이다"〉

사람들에게 영향력을 발휘하지 못한다면 따르지 않을 것이며, 따르지 않는다면 리더가 아니라는 말이다. 진정한 리더의 평가는 영향력이다. 리더는 경력이나 지위가 있는 사람이 아니라 눈 앞에 벌어진 상황을 책임지고 처리하는 사람이다.

영향력을 갖추려면 다음 몇 가지를 생각해봐야 한다.

① 어떤 성품을 가졌는가?

진정한 리더십은 내면의 됨됨이에서 출발한다. 전쟁 중에도 이순신 장군을 수 많은 장수들과 백성들이 자발적으로 따랐다. 영향력은 어떤 사람인가에서 시작된다.

② 리더는 알아야 한다.

사회는 빠르게 변하고 습득해야 할 지식의 양도 증가하는데 이전의 경험과 지식으로 문제를 해결하기 쉽지 않다. 리더는 어떤 사건의 사실관계를 정확히 파악하고 다양한 변수들에 대비할 수 있어야 한다. 지위와 역할에 따라 책임이 주어지는데 자신이 맡은 분야 만큼은 부하직원들을 이끌고 지도할 수 있는 전문지식이 있어야 한다. 리더의 책임중 하나가 끊임없는 학습이다. 지식으로만 리더라고 할순 없지만 지식없는 리더는 불가능하다. 리더에게 판단력은 매우 중요하다. 다양한 지식과 정보를 꾸준히 분석해 결정적인 순간에 최선의 판단을 내릴수 있어야 한다.

③ 어떤 인간관계를 맺고 있는가?

리더는 항상 좋은 관계를 유지해야 한다. 조직의 리더가 될 사람은 원만한 인간관계를 유지해야 하고 관계가 튼튼할수록 리더십을 효과적으로 발휘할 수 있다. 결국은 사람이 따라야 하기 때문이다.

④ 순간적인 판단력이 있는가?

자신이 의식하지 못할 정도로 빠르게 판단해내는 능력이 있어야 한다. 쉽게 볼 수 있는 예로 시험에서 문제를 보는 순간 곧바로 정답이 떠오르는 것이다. 리더는 보이는 단순한 문제를 해결한 이상의 능력이 필요하다. 리더와 관리자의 가장 큰 차이점은 순간 판단력이다. 리더는 직원들과 조직의 현재 상태, 활동, 추진력 등 눈에 보이지 않는 부분들을 살펴보고 올바른 방향으로 이끌어간다.

⑤ 무엇을 보여줄 것인가?

지금까지 커다란 성과가 있다면 이것만큼 사람들을 잘 설득할 수 있는 것은 없다. 사람들은 리더의 능력과 조직을 어떤 방향으로 이끌 것 인가에 관심이 많다. 리더의 행동과 말에 살피면서 능력 있다고 판단되면 리더로 인정할 것이다.

⑥ 과거의 실패를 돌아보는가?

이 세상에 완벽한 리더는 없다. 성공한 리더들은 과거의 겪었던 성공과 실패 경험을 돌아보고 반성을 한다. 만약 그렇지 않다면 그 경험에서 어떠한 교훈을 얻을 수 없을 것이다. 기록을 통해 살펴보고 그 과정에서 되풀이 해서는 안될 것 무엇을 느꼈는지를 적어두어야 한다.

⑦ 링겔만 효과(Ringelmann effect)↔시너지 효과(synergy effect)

독일의 심리학자인 링겔만이 줄다리기 실험을 통해 한 집단의 구성원 증가와 집단의 공헌도가 비례하지 않다는 것을 실험을 통해 밝혀냈다. 즉, 개인의 역량이 집단의 규모가 커질수록 감소하는 것으로 시너지 효과(synergy effect)의 반대 개념이다.

사람들의 숫자가 증가할수록 힘의 크기가 증가해야 하는데, 실험결과는 오히려 줄어들었다.

1대1 게임에서 1명이 당기는 힘을 100%로 가정할 때, 2명이 당기면 93%, 3명이 당길 때는 85%, 8명 당길 때는 49%로 줄어들었다. 구성원이 증가할수록 개인이 내는 힘의 크기는 작아지는 것을 확인한 것이다. 많은 사람 속에 숨어 '나 하나 쯤은 괜찮겠지' 바로 책임이 분산되다 보니 이런 결과가 나온 것이다. 이런 현상을 차단하기 위해서는 책임자는 여러 사람에게 동일한 업무를 줄 때는 개개인에게 구체적이고 독자적인 역할과 책임을 부여해야 한다.

리더는 구성원에게 명확한 역할과 책임을 묻는 조직 운영으로 한정된 인적자원을 효율적으로 운영해야 한다.

리더십을 유지하는데 필수적인 요소는 존경을 받는 것이다. 사람들에게 존경을 받으려면 합리적인 결정을 내리고 자신의 실수를 인정하고 조직과 부하직원들의 이익을 우선해야 한다.

리더의 행동을 보고 배우면서 그대로 따라 한다. 리더가 솔선수범하면서 조직 구성원들에게 비전을 제시하고 조직이 발전할 수 있다. 리더는 모든 일을 처리함에 있어 모범을 보여야 한다.

전세계적으로 180개국에서 600만명 이상의 지도자를 훈련시킨 리더십의 대가 존 맥스웰은 자신의 저서 《리더십 불변의 법칙》에서 리더가 본보기를 보여주기 위해서는 4가지를 기억해야 한다고 소개하고 있다.

① 항상 리더를 지켜보고 있다.

자녀를 키워본 부모라면 아이들이 부모의 말과 행동을 항상 지켜보고 있다는 것을 알 것이다. 부모가 자녀에게 무엇을 가르치든지 아이들은 부모의 영향을 가장 많이 받는다. 보는 대로 행동을 따라 한다. 마찬가지로 함께 근무한 직원들도 리더를 지켜본다. 리더가 규정과 절차를 무시하면 직원들도 규정과 절차를 무시한다. 리더가 지각을 하면 직원들도 지각을 해도 된다고 생각한다. 사람들은 리더가 한말을 믿지 않을 때도 있지만 리더가 한 행동은 일반적으로 믿는 경향이 있다.

흑인 최초의 미국합동참모본부의장을 거쳐 국무장관을 지낸 콜린 파월은 이렇게 말했다.

"당신이 아무리 많은 서면 지침을 내리고 동기부여를 불러일으키는 연설을 한다고 해도, 사람들에게 매일 최선의 노력을 다하는 모습을 보여주지 않으면 그들도 최선을 다하지 않을 것이다"

② 옳은 일을 가르치기는 쉽지만 행하기는 어렵다.

말로 가르치는 것은 쉽지만 말하는 대로 실천하며 살기는 매우 어렵다. 말이 아닌 행동으로 보여줘야 한다. 사람들은 리더가 남보다 앞장서 행하며 본보기가 되며 최선을 다하고 올바른 방향을 제시하는 모습을 보고 싶어 한다.

③ 리더가 먼저 변해야 한다.

조직을 책임지고 목표 달성을 위해서는 러더가 먼저 변해야 한다. 신뢰받는 리더가 되기 위해서는 조직원들 보다 먼저 자신의 부족한 점을 꾸준히 고치고 보완해 나가야 한다. 모범을 보이지 않고 업무 지시만 한다면 사람들은 혼스러울 수 밖에 없다. 먼저 자신을 변화시키는데 우선 순위를 두고 노력할 때 사람들은 리더를 따를 것이다.

④ 사람들은 본대로 행동한다.

미국 여론조사기관이 근로자들에게 리더의 가장 중요한 특성에 대한 설문조사 결과다.

㉠ 솔선수범 26% ㉡ 도덕성 19% ㉢ 해당분야의 도덕성 17% ㉣ 공정성 14% ㉤ 지식과 역량 13% ㉥ 직원들을 인정하고 격려하는 자세 10%

직원들은 다른 무엇보다 생각과 행동이 일치하는 리더를 원한다. 좋은 본보기가 되는 사람이 맨 앞에서 이끌어 주기를 바라는 것이다. 리더는 자신의 행동이 조직 분위기를 결정한다는 사실을 잊어서는 안된다. 솔선수범하며 모범을 보이는 것이 최상의 리더십이라는 것이다.

사람들은 자신보다 더 나은 리더를 따른다

'누구를 따를 것인가' 우리는 아무 이유 없이 결정하지는 않는다. 자신이 원하는 리더십을 발휘하는 사람을 존경하고 따른다. 자신보다 부족한 사람을 따르는 경우도 있을 수 있다. 그러나 거기에는 그럴만한 이유가 있다. 예를 들면 상대방의 과거의 업적이나 현재의 직책이 높다면 조직의 지휘계통을 따르다 보니 그럴 수도 있다. 그렇지만 사람들은 일반적으로 자신보다 더 뛰어난 리더를 따른다.

모든 리더는 똑같이 태어나지 않는다.

어떤 사람은 남들을 이끄는 능력이 뛰어나게 태어난 삶도 있고, 성장하면서 노력을 통해 더 나은 리더가 될 수 있다. 뛰어난 리더라고 해서 모든 능력을 갖고 태어나지는 않는다. 좋은 리더는 자신의 강점이 무엇인지, 약점이 무엇인지를 돌아보고 강점은 더 강하게 하고 약점은 보완한다.

미국 대형할인마트 창업자 샘월튼의 자서전 『샘 월튼 불황없는 소비를 창조하라. p.31』에 샘월튼의 동생이 형을 모습을 평가한 내용이 있다.

"어린아이였을 때부터 형은 마음만 먹으면 무슨 일이든 잘 해낼 수 있는 능력이있었다. 그냥 타고 났던 것 같다. 형이 신문 배달을 했을 때가 기억난다. 그때는 콘테스트가 있었다. 얼마였는지 정확히 기억나지 않지만 상금이 아마 10달러였던 것 같다. 형은 새로운 구독 계약을하러 집집마다 돌아다녔고, 결국 그 콘테스트에서 승리했다. 형은 자신이 승리한다는 사실을 미리 알고 있었던 것 같았다. 그건 형의 기질 같은 것이다. 형이 어머니 성격을 많이 닮았다는 것 외에는 달리 설명할 방법이 없다"

강점을 갖고 태어난 리더가 빠지기 쉬운 함정은 자신의 재능만 믿고 지나치게 자만한다는 것이다. 처음부터 모든 것을 갖고 태어난 사람은 많지 않다. 다만 자신의 강점과 약점을 분석해서 보완해 나간다면 더 좋은 리더가 될 수 있을 것이다.

성공한 리더들의 공통점-더 먼저, 더 멀리, 더 많이

리더가 다른 사람보다 미래를 예측하고 내다 볼수 있다는 것은 가장 큰 장점이라 할 수 있다. 독재자나 폭군들은 이런 예지력을 바탕으로 자신의 권력을 유지하고 누렸다. 훌륭한 리더는 지위가 낮은 사람들의 말에 귀 기울이고 존중하는 자세를 보인다.

역사상 용기없는 사람이 위대한 리더가 된 경우는 없다. 위대한 리더는 성공할 가능성이 적을 때도 위험이 눈 앞에 닥치고 강한 비난이 쏟아지는 상황에서도 옳은 일은 끝까지 밀고 나갔다. 역사상 위대한 리더는 용기를 갖고 어려운 상황을 뚫고 나갔다.

리더의 인격과 성품은 사람들에게 신뢰를 준다.

리더에 대한 믿음은 자신의 장래에 희망을 갖게 하며 조직에 대한 강한 신뢰감으로 작용한다. 리더가 부하들에게 신뢰와 존경을 받으려면 옳고 합리적인 결정을 내려야 하고 실수를 할 때에는 변명을 하거나 부하 직원들에게 떠넘기지 말고 솔직하게 자신의 실수를 인정해야 하고 부하 직원들을 보호하며 조직의 이익을 우선순위로 해야 한다.

소통이란게 단순히 우리가 말하는 내용만을 의미하는 것은 아니다. 말하는 방법이야말로 가장 중요한 포인트다. 어떤 교육가들의 가르침과는 반대로, 효과적인 의사 전달의 열쇠는 '간단함'에 있다. 거창한 말이나 복잡한 문장으로 사람들에게 깊은 인상을 주려는 생각은 버려야 한다. 사람들과 진정으로 통하고 싶다면 메시지를 단순화시켜라. 나폴레옹은 그의 부관들에게 늘 이렇게 말했다.

"누구나 알 수 있게, 누구나 알 수 있게, 누구나 알 수 있게 하라고!"

강점 강화 vs 약점 보완

미국의 리더십 전문가이자 목회자인 존 맥스웰은 미국의 정치, 경제, 사회, 교육 등 영향력 있는 리더들을 대상으로 그들이 시간을 어떻게 활용하는지를 조사했다.

강점을 극대화 시키는데 75%, 새로운 것을 배우는데 20%, 약점을 보완하는데 5% 시간을 투자했다고 한다.

강점 강화

갈수록 경쟁이 치열해지고 전문 영역에서 성과를 내기 위해 자신의 강점 강화에 더 에너지를 사용한 것이다. 미국 여론조사기관이 유능한 리더는 직원들을 어떻게 관리했는지 조사한 결과 평범한 리더는 직원들에게 '열심히 노력하면 누구나 할 수 있어', '부족한 부분을 채울 수 있도록 기술과 능력을 배워야 해' 등으로 강하게 밀어 붙였다고 한다. 그렇지만 탁월한 리더들은 '사람은 크게 바뀌지 않는다'라는 본질적인 생각에서 출발해서 '없는 것을 갖추느라 소모하지 말라', '이미 가지고 있는 것을 끌어내라', '그것으로 충분하다' 라며 직원들을 이끌었다고 한다. 실적을 내고 인정받는 리더들은 평범한 리더들과 다른 생각을 갖고 있음을 알 수 있다.

새로운 것을 배운다.

대화형 인공지능 챗 GPT, 로봇 등 첨단기술 발전속도가 너무 빠르게 진행되고 있다. 이런 변화에 적응하기 위해 20%를 투자한다는 것이다.

약점보완

대부분의 사람들은 자신의 약점 보완에 많은 시간을 투자한다. 그러나 성공한 사람들은 단 5%만 투자한다는 것이다. 잘 하지 못하는 것에 집중하는 것이 아니라 잘할 수 있는 강점에 집중하는 것이 훨씬 낫다는 것이다. 성공한 리더가 되고 싶은가? 자신의 약점에 마음을 두지 말고 자신의 강점에 집중한다면 자신 뿐만 아니라 사회가 필요한 성공한 리더가 될 것이다.

언론은 막강하다

리더는 재난 현장에서 기자들과 접촉하면서 묻는 질문에 어떻게 답변하느냐에 따라 천국과 지옥을 오고 간다. 특히 기자들이 원하는 보도자료는 무엇인가? 인터뷰 주의사항들을 미리 알고 준비한다면 재난 수습 관리에 효과적으로 대응할 수 있을 것이다.

언론의 위력은 막강하다.

미디어는 국민들의 눈과 귀이다. 실제로 기자들이 현장 방문 기사는 그리 많지 않다. 기자는 어디선가 단서를 얻게 되면 전문가나 홍보담당자로부터 모은 정보를 만들어 기사를 쓴다. 1970년대 미국 발표한 자료에 의하면, 뉴욕타임즈 등 주요 일간지 기사 중 60% 정도가 보도자료 제공 등 홍보활동을 통해 나온 것이라고 한다.

편집국에서는 항상 어느 기사를 보도하고 어느 기사는 보도하지 않을 것인가를 치열한 경쟁에서 인정받은 뉴스는 방송된다. 뉴스 가치 기준은 언론사마다 다르다. 뉴스 가치 판단은 정치적, 계급적, 직업성향, 지식수준, 독자의 연령에 따라 달라진다.

저널리즘 (journalism)을 연구하는 학자들은 다음 기준을 통해 가치 있는 뉴스를 결정한다고 한다.

① 얼마나 흥미가 있느냐 ② 기사에 관심을 가질만 한 독자가 얼마나 있는가 ③ 보도될 내용이 중요한 이슈인가 ④ 신뢰할 만한 정보인가 ⑤ 그 당시의 사정에 맞는 내용인가 ⑥ 사람을 감동시킬 수 있는가 ⑦ 얼마나 지역적으로 가까운 곳에서 발생한 뉴스인가

뉴스의 가치를 결정하는 가장 중요한 요소는 흥미가 있어야 하고 많은 독자들이 글을 읽어야 한다.

언론은 평화보다 갈등 대립에 주목한다.

언론은 평안보다는 갈등과 다툼이 있을 때 크게 보도를 하는 경향이 있다. 경쟁은 사회 발전을 이끄는 원동력이고 누가 최종 승자가 되는가에 관심이 많기 때문이다.

기자는 무엇을 하는 사람인가?

기자는 믿을만한 정보를 제공해 주는 사람을 원한다. 언론인의 직업은 항상 상대가 제공하는 정보가 진실한 내용인지를 의심하는 직업이다. 거짓된 정보에 속으면 많은 사람이 피해를 본다.

기자는 항상 마감 시간과 싸운다. 언론사에서는 '마감 시간까지 기사를 못 만들면 손가락이라도 잘라서 내라'는 농담을 한다고 한다. 조간신문 마감 시간은 오후 4시, 석간신문은 오전 10시 정도이다. 기자들은 많은 사람을 상대하고 시간에 쫓기기 때문에 자신을 간단히 소개하고 어떤 내용을 보도 요청하는지 제목과 핵심을 간략하게 설명해야 한다. 전문 분야의 경우 쉽게 설명하는 것이 중요하다.

대체로 기자를 가까이 하지 말라고 하는데 반대로 기자를 가까이해

야 한다. 적절한 언론보도를 위해 열정을 가지고 적극적 관계를 유지해야 한다.

언론은 왜 보도자료를 좋아할까?

언론보도 지름길은 핵심 내용을 알기 쉽게 요약 기사체로 작성하는 것이다. 기자는 항상 바쁘다. 전화, 녹음 등을 정리해서 기사화 하는데 많은 시간이 걸린다. 중요한 핵심 내용을 정리해 주면 기사화 하는데 시간이 많이 걸리지 않는다. 문서는 말로 전달하는 것보다 더 정확하기 때문이다. 정보를 말로 전달하다 보면 틀리게 전달할 수도 있고 기자가 잘못 이해하고 틀리게 기사화하는 일은 자주 발생한다. 복잡한 뉴스나 어려운 내용은 기자들이 보도자료를 요청하는 이유다. 중요한 내용을 보도되기 원한다면 글로 정리 작성해서 기자에게 자료를 보내는 것이 가장 기본적인 일이다.

보도자료 작성 원칙

① 뉴스로서 가치가 있어야 한다. 무엇이 새로운 사실인지 명확하게 구분하여야 한다.
② 정직해야 한다. 신뢰성이 낮으면 기자는 보도자료를 쓰지 않는다.
③ 간결하게 쓴다. 신문에 하루에 수백 개의 기사가 실린다. 방송이나 신문 등은 시간, 지면의 제약이 있으므로 분명히 알려야 할 사실만 간결하게 정리해야 한다.
④ 단어나 문법이 정확해야 한다.

좋은 보도자료를 만들려면 작성하기 전에 전체 내용을 잘 파악해서 요점을 잘 정리하는 습관을 가져야 한다.

기자회견을 하면 주제와 맞지 않는 엉뚱한 질문을 하는 기자도 있다.

이때는 기자의 질문에 대해 칭찬을 하는 것이다. '아주 좋은 질문이다'고 말한 뒤 빗나간 질문에 끌려가지 말고 주제와 맞는 방향으로 답변을 하면 기자와 가까워질 수 있다.

질문에 답할 수 없다면 솔직히 모른다고 말하는 것이 좋다. 대충 대답했다가 나중에 화를 당한 사람들이 많다. 또한 무조건 모른다고 말하는 것은 좋은 태도가 아니다.

'좋은 질문이다. 그 내용은 솔직히 잘 모르겠다. 오늘 인터뷰가 끝나기 전 답변을 해주겠다'고 말하고 보좌진에게 정보나 관련 자료를 찾아보도록 여유를 주는 것이 좋다. 기자들은 기본적인 내용을 모르는 사람에 대해서는 의심을 하지만, 기억하기 어려운 정보에 대해서는 솔직한 자세로 모른다고 대답하는 것이 훨씬 낫다.

기자의 질문에 거짓말을 하는 것은 자살행위나 다름없다.

거짓말이 아무 문제없이 넘어가면 다행이지만 나중에 거짓말로 들통나면 돌이킬 수 없는 치명상을 입는다는 사실을 잊어서는 안된다. 내가 답변할 위치가 아니거나 분명히 말할 수 없는 이유가 있다면 솔직하게 설명하는 것이 오해를 피하는 방법이다.

불쾌한 질문을 각오하라

언론의 사명 중 하나가 파헤치는 것이다. 파헤쳐서 진실이 무엇인지 밝혀 확실한 내용을 보도하는 것이 언론의 책임이다. 기자들이 인터뷰 상대자에게 곤란한 질문을 하고 기업체나 조직의 아픈 곳을 찌르는 이유는 약점들을 즐기기 때문이 아니라 발표된 내용에 대해 확신을 갖기 위해 하는 행동이다. 기자라는 직업은 범죄 수사관이나 재판관처럼 언제나 의심을 해야 하는 직업이다. 갑자기 불쾌한 질문을 받더라도 감정을 절제하며 전문가답게 침착하게 답변을 해야 한다. 대답하기 곤란한 질문을 던졌을 때에도 여유를 가지고 농담으로 분위기를 부드럽게 한 다음 될 수 있는 대로 짧게 받아넘기는 것이 좋다. 기자회견을 할 때는 미리 자신이 발표할 내용을 알고 관련된 흐름을 전체적으로 이해하는 것도 필요하다.

기자는 비판을 좋아한다.

보도자료 내용 중 조금이라도 의심되는 사항을 자세하게 확인한 후 기사를 쓰는 것이 기자의 의무이자 취재의 기본이다. 정확성과 객관성을 생명으로 하기 때문에 기자들은 사물을 대하는 시각이 비판적일 수밖에 없다.

따라서 기자가 불쾌하게 질문한다고 해서 똑같이 퉁명스럽게 답변하면 취재를 통해 객관성을 확보하지 못했기에 불리한 기사를 감수해야 한다. 기자가 비판적으로 꼬치꼬치 캐묻는다는 것은 그만큼 관심이 많다는 증거이기 때문에 기사화될 가능성이 높다.

배신할 준비가 돼 있다.

'이게 기사가 될까' 순간 본능적으로 판단한다. 특종이 될 가능성이 있을 경우 인간적인 관계보다 특종이 우선이 된다. 따라서 기자들은 언제나 배신할 준비가 되어 있음을 이해하고 말을 조심스럽게 주의해서 말하는 습관을 들여야 한다.

설문조사, 통계를 좋아한다.

언론이 설문조사를 좋아하는 이유는 설문조사가 여론이기 때문이다.

설문조사만큼 언론이 좋아하는 것은 통계다. 통계는 객관적이기 때문이다. 주의할 것은 사실을 과장하여 재미있게 꾸미거나 보이고 싶은 부분을 나타내는 것은 필요하지만 조작해서는 안된다.

기사체로 간결한 보도자료를 만들라

기사체의 특징은 역피라미드형인 두괄식(글의 첫머리에 중심 내용이 오는 산문 구성 방식) 이다. 기자들이 좋아하는 보도자료는 "모든 구절보다는 간략하게 원고지 4~5장 분량으로 기사의 핵심 첫 문장을 잘 잡은 보도자료"이다.

현장에서 잘 바뀌지 않는 이유는 대외적 파급효과로 최고 책임자의 결재를 받는 과정에서 홍보 마인드 부족, 기자와 기사의 생리를 무시한 채 보도자료를 주문하는 경향이 있다. 최고 책임자의 의견을 반영할 수밖에 없는 것이 현실이다. 기사의 핵심은 바로 '리드'(본문 앞에 그 요점을 추려서 쓴 짧은 문장)라고 불리는 첫 문장이다. 기자들은 바쁜 일상에서 첫 문장만 읽고도 전체 내용을 이해할 수 첫 문장을 쓰는 훈련을 받는다. 첫 문장을 이해했다는 것은 기사의 방향을 잡았다는 것을 말한다. 본문은 사실상 첫 문장을 설명하거나 보완해주는 방식으로 전개해 나간다.

기자들이 가장 싫어하는 자료는 여러 가지 내용을 백화점식으로 나열한 보도자료다. 전달하고 싶은 내용이 많다면 여러 차례 나눠서 하는게 바람직하다.

기사는 길 필요가 없다. 아무리 긴 기사도 원고지 4~5장을 넘기 힘들다. 핵심을 쉽고 간결하게 정리하는 훈련이 필요하다.

대형사건의 명과 암

신문, 방송을 도배하는 대형사건이 터지면 모든 부서가 바쁠 것 같은데, 그렇지 않다. 대형사건과 직접 관련있는 부서는 한 달치 일을 하루나 이틀에 다 할 만큼 바쁘다. 9.11테러가 터졌을 때 각 언론사 국제부는 거의 매일 야근하고 대부분의 기사를 처리해야 했다.

반면 대형사건과 관련없는 부서는 사실상 개점 휴업에 들어간다. 기사가 나갈 지면이나 방송시간이 없기 때문이다. 사건이 터지면 다른 부서에서 일부 인원이 관련부서로 차출되는데, 이들의 경우 달콤한 휴가를 날리는 셈이다. 대형사건이 터졌지만 그 사건과 연관이 없다면 언론홍보에 나서지 않는게 좋다. 모든 관심이 대형사건으로 쏠려 있기 때문에 다른 보도자료에 대해서는 큰 관심을 기울이지 않는다(홍보도 전략이다. 장순옥, 책이 있는 마을, p.184).

위기가 자주 발생하지 않는다.

그러나 한 번 닥치면 국가, 지자체, 회사 등 위험에 처하게 된다. 위기에 잘 대처하면 살아남고 그렇지 못하면 추락하는 경우를 본다.

① 갑자기 찾아온 위기를 대비하라.

위기는 전혀 예측 불가능한 상황에 찾아와 매우 위태롭게 만든다. 과거 재난들을 분석해 보고 새로운 재난에 대비한다.

② 위기 대응 매뉴얼을 만든다.

각 케이스별 의견을 수합 10개 정도 정해 평소에 훈련을 한다.

③ 추측성 발언은 절대해서는 안된다.

위기시 대변인을 단일화해서 대응한다. 감정적인 발언이나 추측성 발언은 절대 금한다.

④ 사과할 건 사과하고 알릴 건 알린다.

⑤ 수상한 기자에 적극 대처한다.

재난 현장에 나타난 사이비 기자는 꼬투리를 잡고, 기사화 하겠다고 협박하는 사람을 말한다. 이들의 목적은 광고, 금품요구 등 인데 단호하게 대처해야만 피해를 막을 수 있다.

언론과 접촉시 해서는 안될 사항

① 거짓말을 해서는 절대 안된다. 사실대로 정직하고 신속하게 정보를 제공해야 한다.

② 언론사를 공평하게 대해야 한다. 나중에 심각한 문제를 가져올 수 있다.

③ 기자들을 상대할 때는 항상 두 사람 인간관계만 대하는 것이 좋다.

④ 회사의 좋은 부분을 말하고, 불리한 내용이라도 회사에 피해가 가지 않도록 요령 있게 답변한다.

⑤ 기자들은 항상 바쁘다. 요점만 간결하게 말한다. 방송, 신문게재 등 묻지 않는 것이 좋다.

⑥ 뉴스는 긍정적인 기사보다는 부정적인 기사가 더 가치를 지닌다. 부정적인 기사에 문제를 삼는 것은 별 의미가 없다.

⑦ 신임 기자에게도 예의를 지켜야 한다.

인터뷰, 취재 중 주의사항

① 결론부터 먼저 말한다.

② 상대방의 눈을 보면서 말한다.

③ 숫자, 고유명사는 틀리게 말하면 안된다.

④ 앞으로 어떻게 할 것인지를 말한다.

⑤ 다른 사람을 비난하지 않는 것이 홍보의 기본원칙이다.

⑥ 어떤 사실을 가정해서 질문하면 주의해야 한다. 대답할 수 없을 때는 일반론과 원칙적인 말을 한 뒤 자신의 생각을 말한다.

⑦ 회사나 업계에서 사용하는 전문용어는 피하는 게 좋다.

⑧ 갑자기 질문하더라도 동요하지 말고 침착하게 대답한다. 기자는 말의 내용보다 상대방의 태도를 보고 판단하는 경우가 많다.

인터뷰 끝난 후 조심해야할 점

① 능력있는 기자는 가장 중요한 질문을 인터뷰 끝나는 시점인 긴장을 풀릴 때 한다. 끝난 뒤 툭 던지는 애매한 질문에 주의를 해야 한다.

② 인터뷰 현장에서 주지 못한 자료는 나중에 전달한다. 기자와는 인터뷰 후에도 지속적인 관계를 유지하는 것이 중요하다.

③ 추가로 필요한 사항을 취재하는 일은 항상 있다. 신문이나 방송이 나간 뒤 반드시 감사 인사를 하는 것이 좋다.

위기 발생시 대응을 어떻게 해야 하는가

『홍보, 머리로 뛰어라』 책에서는 예측하지 못한 사건 사고를 위기상황이라고 한다. 위기시 거짓말과 은폐는 기업을 멸망시킨다고 한다. 언론 생리를 이해하고 대응 요령을 설명하고 있다.

① 가장 중요한 원칙은 거짓말을 하지 않아야 한다. 언론에 설명하는 중 본의 아니게 거짓말을 해 당장 위기를 면할지 몰라도 나중에 엄청난 손해를 입을 수 있다.

② 위기 상황을 정확히 평가해야 한다.

대형 사건 사고가 발생하면 일반적으로 사람들은 좋은 방향으로 해석하려는 경향이 있다. 초기대응 실패로 엄청난 결과로 확대되기도 한다. 위기상황 판단을 정확히 하는 것이 성공과 실패를 결정한다.

③ 항상 최악의 상황을 가정하고 대응해야 한다.

위험요소를 평가하는 방법 중 우선순위는 항상 최악의 상황을 가정해서 대응책을 마련해야 한다. 희망적인 상황만을 기대하고 대책을 세우면 최악의 상황이 닥칠 수 있다.

④ 위기관리는 빠른 대응이 최선이다.

사고가 발생하면 신속한 대응을 하되 12시간 이내에 위험 정도를 정확하게 평가 분석해서 상황을 종료하도록 1안, 2안의 계획을 만들어야 한다. 최대한 많은 정보를 언론에 제공하되 너무 완벽한 보도자료 작성을 위해 뉴스 마감 시간을 놓치지 말라. 전문용어는 가급적 피한다.

⑤ 부정적인 보도가 빨리 끝내도록 노력해야 한다.

어느 조직이나 기업의 이미지가 훼손되는 원인은 언론의 부정적인 보도 때문이다. 언론보도가 연속적 장기간 지속적 보도 되지 않도록 해야 한다. 일반 국민들은 신문 방송에 크게 보도되는 내용도 짧게는 3개월에서 1년이 지나면 잊혀진다.

⑥ 사고 재발 방지 발표

조직 최고 책임자가 사과문과 재발방지책을 직접 발표해야 한다. 국민들이 자신의 발표 내용에 구속력을 갖게 하라. 발표한 내용을 실제로 실행한다.

언론보도 기간 단축 5원칙

① 솔직한 사죄, ② 사실 경과의 상세한 공개, ③ 구체적인 재발 방비책 제시, ④ 원인을 초기에 밝힌다. ⑤ 책임을 표명한다.

재난에 신속하게 대응해야 한다.

최악 위기 상황 극복 사례

1982년 9월 미국 시카고 존슨앤존슨회사가 생산한 진통제 타이레놀을 먹은 후 8명이 사망하는 사건이 발생했다. 존슨앤존슨은 세계적으로 명성이 높은 의약품 회사다. 타이레놀은 미국 내 시장점유율이 35%를 차지할 정도로 대중적 인기가 높은 진통제였으며, 존슨앤존슨의 주력 상품이기도 했다.

미국 전역 충격과 불안이 급속하게 퍼져나갔고, 급기야 사건 발생 1주일 후 존슨앤존슨의 타이레놀 시장점유율은 35.4%에서 7%로 하락했다. 뉴욕 증시에서도 주가가 7포인트나 하락하면서 사상 최대의 심각한 위기 상황을 맞이했다.

조사 결과, 누군가 의도적으로 소매 단계에서 존슨앤존슨이 제조, 판매하던 캡슐형 타이레놀 일부에 독극물인 청산가리를 몰래 투입해 발생한 것으로 밝혀졌다. 이 과정에서 미국식품의약국은 사망자가 발생한 시카고 지역에 배포된 타이레놀 제품만 거둬들일 것을 권고했다.

그러나 존슨앤존슨은 회사 과실이 아닌 것으로 밝혀졌으나 타이레놀의 생산과 광고를 전면 중단하고, 당시 미국 전역에서 시판되고 있던 타이레놀 3100만 병(소매가 1억 달러 상당)을 즉각 수거하도록 한 것이다.

존슨앤존슨은 사건 발생 이후 언론의 취재에 적극 협조하면서 실시간으로 관련 정보를 제공했다. 언론을 통해 "경고! 가족과 사랑하는 사람을 지키기 위해 타이레놀을 절대 복용하지 마십시오"라는 광고까지 내보냈다. 존슨앤존슨은 사건과 관련된 뉴스가 처음 보도되자마자 언론의 취재에 성실하게 임하고 언론에 관련 정보를 최대한 공개했다. 또한 언론과 긴밀한 공조 체제를 구축해 대중이 더 이상 추가적인 위험에 노출되지 않도록 노력했다.

≪워싱턴포스트≫는 "존슨앤존슨은 사건 대처에서 솔직하고, 반성하며, 책임감 있는 모습을 보여 주었다. 이번 독극물 사건을 신속하게 해결하고, 대중을 보호하는 일에 최선을 다하고 있다"라고 평가했다

관련 사건을 은폐하고 덮어버리기보다는 정직하게 적극적으로 대응한 것이 대중과 언론에 깊은 신뢰만이 회사회복의 가장 빠른 길임을 보여준 것이다.

존슨앤존슨의 타이레놀 독극물 사건은 위기를 기회로 바꾼 대표적인 위기관리 사례로 평가된다. 특히 위기 상황에서 소비자의 안전이 최우선하는 경영 철학이 막대한 비용을 치르면서까지 소비자의 안전에 최선을 다했다는 점에서 대표적인 '윤리 경영'의 모범 사례로 인정받고 있다. 이 사건은 신속한 위기 대응 사례로 홍보 교과서에 자주 등장한다.

실패 사례-포드와 파이어스톤

자동차와 타이어의 관계는 '이와 잇몸'과 비슷하다.

2000년대 초 미국에서 교통사고로 271명사망, 800여명이 부상당하는 자동차 사고 원인이 고속주행시 포드자동차에 장착된 파이어스톤회사 타이어의 결함 때문이라는 사실이 밝혀졌다.

미국 정부는 그동안 '익스플로러'차종의 경우, 자동차의 주행중 타이어 파열사고로 최소 174명이 사망하고 500명이상이 부상한 것으로 추정하고 있다. 차량이 거의 모든 경우 전복되었으며 파이어스톤 타이어를 부착하고 있었다. 파이어스톤사는 계속해서 자신들에게는 책

임이 없다고 버텼다.

포드자동차 창업주 헨리 포드와 파이어스톤의 창업주 하비 파이어스톤은 1906년부터 거래를 시작했다. 그 후 두 사람의 손자와 손녀가 결혼 두 회사는 100년 가까이 각별한 사이였다.

교통사고 원인을 두고 소송에 휘말려 '펑크 난 타이어' 꼴이 되고 말았다.

미 국립고속도로교통안전청((NHTSA)은 주로 포드자동차사의 SUV에 장착돼 2000년도 여름까지 2백여명의 사망자와 7백여명의 부상자를 낸 교통사고와 연관됐다고 판단, 타이어에 제조업체인 파이어스톤 측에 회수를 명령했다.

두 회사는 서로의 잘못을 인정하거나 상호 협력하여 무엇이 문제인가를 찾아 해결하는데 노력하기보다는 서로에게 책임을 떠넘기는데 집중했다. 서로 공개적으로 상대방을 비난했으며, 의회 청문회에 나가서도 사고에 대한 원인을 차량 혹은 타이어로 돌리기에 급급했다.

여론은 악화되고, 판매량은 급감했다. 두 회사는 회복할 수 없을 만큼 기업이미지에 타격을 받았다. 이 사태를 수습하면서 파이어스톤사는 650만개의 타이어에 추가로 350만개 추가 리콜로 엄청난 손실이 발생했다. 고객도 잃고, 막대한 손실, 포드와의 제휴도 끝나고 만다.

미국의 투자자문회사인 무디스는 이번 리콜과 관련 포드사의 전망을 '안정적'에서 '부정적'으로 낮췄다. 브리지스톤-파이어스톤의 모체인 파이어스톤사는 78년 타이어 1450만개 리콜 사건으로 파산위기에 몰려 결국 90년 일본의 브리지스톤사에 흡수됐다.

이 사건은 글로벌 대기업 대부분의 경우 소비자를 속일 수 있을지 몰라도, 영원히 자신의 약점을 은폐할 수는 없다는 사실과 한번 손상된 신뢰도는 대기업이라도 위기에 빠지게 할 수 있다는 진실을 가르쳐주고 있다.

대형 사고에 임하는 리더의 자세

태종 3년(1403년) 5월 5일 뱃길로 경상도에서 한양으로 향하던 조운선(조세로 바치는 쌀을 싣고 항해하던 배)가 풍랑을 만나 침몰한 사고가 있었다.

태종이 보고를 받고 이렇게 말했다.

"책임은 나에게 있다."

"많은 사람을 사지(死地)로 몰아서 나가게 한 것 아닌가? 바람이 심한 것을 알면서도 배를 출발시켰으니 이것은 실로 백성을 내몰아 사지로 나아가게 한 것이다."

그리고 피해 상황을 물었다. 이에 "쌀은 1만여 석이고 사람은 천여 명입니다"라고 보고했다.

"쌀은 비록 많더라도 아까울 것이 없지만 사람 죽은 것이 대단히 불쌍하다. 그 부모와 처자의 마음이 어떠하겠는가?"

대책이 논의되었는데, 태종은 앞으로는 해로 운반을 중단하고 육로로 수송할 것을 명했다. 그러나 우대언 이응(李膺)이 말하기를 "육로로 운반하면 어려움이 더 심합니다"라고 하자 태종이 말했다.

"육로로 운반하는 것의 어려움은 소와 말의 수고뿐이니 사람이 죽는 것보다 낫지 않겠는가?" 그러나 해로를 통한 조세 운반을 폐지할 수는 없었다. 대량 수송이 가능한 유일한 방법이었기 때문이다.

사헌부에서 조운선 침몰 책임을 묻기를 청한다.

"내가 경들에게 죄를 주려는 것이 아니라, …죄를 청하기 때문에, 의정부로 하여금 조율하게 하였다. 그러나 무죄가 되었다"

태종 12년 7월 17일에는 전라도에서 조운선 21척, 충청도에서 2척이 바람에 침몰해 104명이 사망했다. 이에 의정부에서 전라 도관찰사 이귀산(李貴山)을 처벌할 것을 청하니 임금은 말했다.

"배에 싣는 일을 지연시켜 7월에 물건을 실었으니 책임이 없다고는 할 수 없다. 그러나 이번의 큰바람은 인력으로 어찌할 수 없었던 것이니 거론하지 않는 것이 좋겠다."

태종은 재난에 대비할 것을 당부한다.

"이번에 큰바람으로 인한 재앙을 만나고 보니 화재도 두려운 것이다. 창고뿐만 아니라 경복궁은 태조께서 세우신 것이니 더욱 화재를 조심해야 할 것이다."

이 두 역사적인 사건은 재앙이나 재난을 대하는 대통령을 비롯한 고위 공직자의 마음가짐과 향후 대책이 어떠해야 하는지를 잘 보여준다. 자신을 선택한 국민들을 사랑하고 책임을 다해야 한다는 것이다.

절대적 왕조시대에 그 누구도 왕을 탄핵할 수는 없으나 그렇게 말할 수는 있었다. 지금은 헌법에 탄핵할 수 있는 법적 장치가 있기 때문에 태종처럼 쉽게 내 책임이다 말하기는 어려울 것이다.

책임, 인류를 지탱하는 강력한 힘이다

사회를 만드는 신뢰는 서로에 대한 책임에서 출발한다. 개개인의 책임은 보잘것없이 약한 존재이나 인류를 유지할 수 있었다. 책임은 인간의 말과 행동을 유지시키는 힘이다.

나심 니콜라스 탈레브는 저서 『스킨 인 더 게임』에서 '선택과 책임의 불균형이 가져올 위험한 미래에 대한 경고'하면서 세상에 존재하는 권한과 책임의 불균형을 세가지 유형의 사람들을 설명한다.

첫째 책임지지 않는 사람들, 둘째 책임지는 사람들, 셋째 자신의 모든 것을 바치는 사람들.

탈레브는 아무런 책임도 지지 않으면서 상황에 개입하는 사람들을 간섭주의자라 통칭하고, 그들이 초래하는 일상의 여러 가지 불균형을 지적한다. 한마디로 '지식인이나 전문가를 자처하면서 아무렇게나 거짓말을 내뱉는 사람들'이라는 것. 그는 그들의 무책임한 행태가 불균형을 만들고 그것이 누적되면 사회에 검은 백조가 출현한다고 꼬집는다.

자신의 모든 것을 바치는 유형의 리더를 기대한 것은 현실적으로 어렵다. 그러나 리더가 되겠다는 사람은 최소한 책임지는 사람들이어야 한다. 그러나 현실은 자신의 욕심만 채우고 책임은 다른 사람에게 떠 넘기면서 책임지지 않는 사람들로 가득한게 현실이다.

나심 탈레브는 "자신의 판단에 책임을 지지 않는다면, 당신은 아무것도 아니다." 책임은 개인과 사회를 강력하게 만드는 힘이다.

"왕관을 쓰려는 자, 그 무게를 견뎌라!"

왕관은 명예와 권한을 상징한다. 국민의 평안과 안전에 대한 책임을 완수할 때만 유효하다. 최악의 리더는 권한과 명예를 누리기만 하고 책임은 다른 사람에게 돌린다.

진정한 리더는 마음대로 결정하는 권한이 아니라 모든 문제를 끝까지 책임지고 해결하는데 있다.

평안할 때는 보이지 않다가도 위기의 순간 나타나 사태를 수습하고 국민들을 안전하게 하고 질서를 지켜 나간다. 책임져야 할 때 이해득실을 계산하고 권한만 챙기며 자신의 책임을 남에게 전가하는 리더는 빨리 사라져 공동체 회복의 노력을 방해하지 않아야 한다. 사회는 책임과 의무를 바탕으로 지속적으로 발전해 왔다.

독일 생태철학자 한스 요나스는 그의 대표작 《책임의 원칙》에서 오직 인간만이 책임을 질 수 있는 유일한 존재이므로 우리 세대의 책임은 미래 세대의 존재 보장을 넘어 그들의 삶의 질까지 책임져야 한다는 것이다. 부모가 어린아이 모든 걸 책임지고 돌보듯이 해야 한다고 말한다. 그러나 우리 사회 책임의 수준은 미래 책임은 그만두고 현재의 일상 안전뿐만 아니라 사태 수습도 제대로 감당하지 못하고 있다. 더 큰 문제는 아무도 책임지려 하지 않고 책임을 따지고 있다.

책임은 당사자 뿐만 아니라 우리에게도 있다. 안전하고 상식적인 시스템을 만들 수 있도록 유권자로서 지도자를 합리적 선택을 하지 못한 책임과 이태원, 세월호 같은 사회 재난을 보면서도 시간이 지나면 바쁜 세상에서 무책임한 분노에 익숙해 버린 책임을 다하지 못한 책임이 나에게도 있다.

참된 개혁은 나를 바꾸는것

개혁은 제도나 체제 따위를 새롭게 뜯어고치는 것을 말한다. 권력이 바뀔 때마다 과거 잘못을 고치고 새 시대를 열겠다고 말한다. 그러나 실제로는 과거 사람 쳐내거나 자신에게 유리하게 만들어 특권은 그대로 두고 사람만 바꾸는 경우가 대부분이었다. 역사에 성공한 개혁 사례도 있다. 새롭게 할 대상을 사람보다 법령 등에 두었다. 그러면 가장 중요한 그 '법령 등을 누구에게 적용할 것인가?' 성공한 개혁가는 바뀐 법령 등을 자신에게 가장 먼저 적용했다. 스스로 특권을 포기한 것이다.

나를 바꾸는 것이 진짜 개혁이다(조선일보, 2022.12.07)

〈일본의 메이지 유신은 수백 년 권력에서 소외됐던 하급 사무라이들이 떨쳐 일어나 봉건 제도의 상징인 막부(幕府)를 타도한 사건이다. 그렇게 정권을 잡은 유신 세력이 심혈을 기울인 것은 막부 인사들을 내쫓고 죽이는 것이 아니라 시대에 뒤떨어진 일본 사회 시스템을 바꾸는 것이었다. 사무라이에게서 칼을 빼앗은 폐도령(廢刀令)이 대표적인 개혁이었다.

막부 시대 사무라이가 허리에 찬 칼은 특권의 상징이었다. 메이지 정권의 개혁가들은 "일본이 서구와 같은 문명사회로 도약하려면 칼 차고 돌아다니는 악습부터 없애야 한다"며 폐도령을 발동했다. 폐도령을 앞세워 막부 세력의 칼만 빼앗으려 했다면 가짜 개혁으로 끝났을 것이다. 메이지 개혁가들은 자기들부터 칼을 버렸다. "우리 세상이 왔다"며 좋아하던 일부 혁명 동조자들이 "이러려고 정권 잡았느냐"고 반발했지만 밀어붙였다. 그 후 일본은 근대로 진입했다.

16세기 말 프랑스에서도 비슷한 개혁 사례가 있었다. 국왕 앙리 4세는 신앙의 자유를 보장하는 '낭트칙령'을 선포하고 종교개혁을 단행했다. 그러나 구교와 신교로 나눠 서로 피를 뿌리던 구태가 고작 법령 하나 도입했다고 사라질 리 없었다. 앙리 4세는 신교도였지만 종교적 관용을 제도로 안착시키기 위해 스스로 개종을 택해 구교도가 됐다. 종교의 자유를 보장하는 근대 국가를 건설하겠다는 강력한 메시지였다. 나라를 개혁하는 정치인의 다짐은 말이나 법령이 아니라 이런 솔선수범과 자기희생을 통해 완성된다〉

대형 사고 시 책임자의 실언(失言), 위기관리 훈련이 필요하다.

때와 장소를 가리지 않고 불시에 닥쳐온 재난은 상황에 따라 항상 다른 형태로 나타난다. 대부분 사람의 실수나 잘못인 경우가 많다. 이미 발생한 재난에 대응하는 리더의 현장에서 첫 메시지가 재난의 여론 흐름을 결정한 경우가 많다. 피해자들 국민 공감을 얻기 위해서는 평소 본인 생각을 말하는 것이 아니라 위기관리 훈련을 통한 절제되고 재난 상황에 맞는 언어를 구사하기 위해서는 무슨 말을 어떻게 할 것인가 훈련이 필요하다.

책임 돌리기에 급급

대한민국은 총기 소지할 수 없으므로 새벽에도 여성이 혼자 조깅할 수 있는 거의 유일한 안전 국가라는 이미지가 있었다. 지금은 현실과 다르다. 과거 발생했던 정부가 책임져야 할 사건사고 대부분은 책임 돌리기에 급급했다. 시간이 지나면 잊어버리는 행태가 반복됐다. 개인이나 정부, 기업에 이르기까지 유사한 위기관리 사례들을 철저히 연구하고 대응책을 수립해 사고가 발생하지 않도록 준비하고 훈련하는 것이 중요하다.

美 위기관리 시나리오 포인트

미국은 거의 모든 나라에 대사관, 영사관을 두고 있는 나라다. 따라서 미 국무부는 매년 또는 불시에 테러 등 다양한 위기 상황을 가정하고 일 년 내내 이 시나리오를 만들어 실행해보고 개선해나가는 팀과 담당자들이 있다. 위기관리 훈련 단순히 일회성 상황 점검이나 확인을 하는 것이 아니다. 일반적으로 예상되는 상황에서부터 갑자기 일어나기 힘든 상황까지 가정한 시나리오를 구성한다.

시나리오 중점 점검 사항으로는

- 사전에 모니터링 시스템이 잘 갖춰져 있는지 점검한다
- 사고 발생 시 1차 대응담당자는 누구인지 정한다
- 1시간 및 24시간 안에 진행되어야 할 첫 메시지와 대응 업무를 준비한다
- 폭력 상황의 경우 대피 동선을 점검하다
- 실제 소요 시간
- 평가받는 대상 기관의 담당자 숙련도 정도
- 최종결정권자의 역할 등을 확인한다.

'다가올' 위기 시나리오를 미리 만들어 대응 훈련을 한다.

실제 상황 발생에 대비해

- 한 시간 이내 워룸(war room) 구성 및 외부에 나갈 메시지 사전 준비
- 온-오프라인 감시체계와 보고체계 구축
- 12~24시간 뒤 상황 변화에 대한 대응
- 희생자 대응
- 정부와 언론에 대한 설명방식

● 참고할 만한 유사한 사례집까지 갖추어 놓고 있다.

국가나 지자체 공공단체, 기업 등 대피 훈련은 하지만 '극한 상황에서 사고' 시나리오를 준비하고 훈련하는 기관은 찾아보기 힘든 실정이다. 침몰, 압사, 붕괴 사고 등이 끊임없이 반복되고 있는 진짜 이유다.

세월호, 이태원 사고 등 해경, 구청, 경찰, 소방이 잘못된 대응이 문제가 아니라 평상시 사고 발생 대비 실전훈련을 하지 않았다. 미국과 같은 상황 관리 매뉴얼과 훈련을 해도 완벽하게 예방, 대응하기 어려운 것이 현실이다.

책임 추궁만 있고, 진상조사 만하고, 몇 사람 처벌하고, 실전훈련을 하지 않는다면 대형사고는 계속 반복될 것이다. 안타깝게도 대부분 국가, 지자체, 공공기관, 기업체 뿐만 아니라 재난관리기관으로 지정된 기관조차도 훈련을 제대로 하지 않고 있다. 반복 훈련을 통해 철저한 대비를 하는 곳이 없다 보니 이전에 없던 새로운 유형의 사고가 터지면 우왕 좌왕 할 것이다.

권력자는 원한과 경멸을 사지 말아야

마키아벨리 『군주론』은 사람의 심리와 현실, 처세술 리더십에 대한 충고와 지침을 제시한다. 권력자가 피해야 할 두 가지가 있다고 한다. 하나는 경멸을 당하는 것이고 또 하나는 원한을 사는 것이다.

어떤 사고를 일어나지 못하게 막아야 할 책임까지 따지는 것은 선진국에서는 거의 하지 않는다. 2001년 9.11테러로 3,000명 이상이 사망한 미국과 1912년 타이타닉 침몰사고로 1,500명이상이 사망한 영국에서는 왜 구조하지 못했느냐, 사고를 미리 막지 못했느냐고 교도소에 보내지는 않는다. 물론 사고 원인에 대한 진상조사는 한다. 세월호, 이태원 사고를 처리하는 과정이 대한민국의 품격이 될 수 있다. 이는 대통령의 헌법상 책임과 의무이다.

4장

재난관리 커뮤니케이션

재난관리 커뮤니케이션

재난 속보보다는 정확한 보도가 먼저다

전쟁, 전염병, 붕괴, 압사사고 등 예측하기 힘든 사고들이 연이어 발생하고 있다. 이런 재난들이 발생했을 때 대응과 극복하는 가장 중요한 요소가 정확한 정보전달이다. 정확한 정보가 재난을 바라보는 국민들의 불안의 크기를 결정하기 때문이다. 재난정보를 어떻게 만들어서 전달하느냐가 중요하다.

첫째, 사회가 다양화, 복잡화, 대형화 되면서 사회와 미디어 환경이 빠른 속도로 변하고 있다. 급속한 정보기술 발달과 정보 생산과 유통 소비 주체와 시스템이 다양하고 복잡하게 발전하면서 효율적으로 운용할 필요성이 있다.

둘째, 빠른 정보 확산이다. SNS, 스마트폰 보급 확대로 정보를 생산하고 확산하는 주체가 정부나 기업을 넘어 일반인까지 확대되었다. 재난 관련 소통전략과 시스템이 부족하다. 재난은 빠른 속도로 예상치 못한 대형화로 진화되는데 정부나 지자체에서는 아직도 전통 지상파 언론매체 중심으로 편성돼 있다.

셋째, 재난이 발생하면 여러 기관에서 참여한다. 재난 수습에 참여한 여러 단체가 처리 과정에 갈등이 나타난다. 관련 법령을 통해 사전에 계획을 수립해서 추진해야 한다. 재난 수습과 관리에 참여한 조직과 기관 간의 갈등을 조절하고 해결하는 커뮤니케이션 전략이 필요하다.

커뮤니케이션 원칙

① 재난관리 가장 중요한 원칙은 신속성이다. 재난이 발생하면 정보가 빠른 속도로 전파되기 때문에 해당 기관은 빠른 의사결정이 필요하다. 재난관련 정보 발표가 늦어지면 재난 피해 뿐만 아니라 재난수습 책임있는 기관에 부정적 정보가 확산될 가능성이 높다. 국민들에게 신속하게 알려질수 있도록 언론사에 정확한 보도자료 제공을 하여야 한다.

② 재난이 발생하면 관련정보를 국민들에게 적극 알려야 한다. 재난관련 정보를 적극적으로 공개하지 않으면 피해를 확산 시킬 수 있으며, 국민들이 효과적으로 대응할 수 없어 엄청난 사회적 혼란을 일으킬수 있다. 정확하고 신속한 정보제공을 통해 재난 복구나 대응에 신속하게 대처할 수 있도록 해야 한다.

③ 일관성 원칙을 유지 발표한다. 현장 상황에 따라 여러 가지 의견이 나올 수밖에 없다. 그러나 대국민 발표할 때 모든 사람이 한 사람이 말한 것처럼 일관되게 말해야 한다. 여러 가지 의견이 나오면 국민들은 발표를 신뢰하지 않는다. 결국 재난 수습과정에서 국민들의 자발적인 참여와 지지를 얻지 못하게 된다.

④ 정확하고 진실한 정보를 언론과 국민에게 전달해야 한다. 만약 정부 책임기관이 자신들의 책임을 축소하거나 진실을 감추면서 재난 현장 상황을 거짓으로 언론과 국민에게 제공한다면 정부에 대한 국민의 신뢰를 무너뜨리고 재난수습 후에도 비난을 받을 것이다.

재난 커뮤니케이션 전략

재난관리는 재난의 예방·대비·대응 및 복구를 위하여 행하는 활동을 말한다. 재난으로 인한 부정적인 결과를 예방하고 피해를 최소화하는 것을 목표로 한다.

티머시 쿰스 이스턴일리노이대학교 커뮤니케이션학부 교수는 책임성 기준으로 위기 유형과 대응전략을 설명하고 있다.

공격(attack the accuser)

위기를 주장하는 사람이나 조직에 맞서는 전략으로 조직을 비난하는 사람들을 대상으로 법적 소송을 하겠다고 위협하는 방식으로 대응한다.

부정(denial)

위기가 존재하지 않는다고 주장하는 전략으로 위기가 존재하지 않는 이유를 설명하고 행동도 함께 한다.

변명(excuse)

조직의 책임을 최소화하려는 전략으로 조직이 원인으로 발생한 사건에 대하여 통제력이 없었다고 주장하거나 부정적인 결과를 의도적으로 인정하지 않는다.

정당화(justification)

위기로 발생한 피해가 대수롭지 않다는 인식을 만들기 위한 전략으로 심각한 피해나 부상자가 존재하지 않는다고 말하거나 희생자들이 그럴만한 이유가 있다고 주장한다.

아첨사기(ingratiation)

이해관계자나 남의 비위를 맞춰 칭찬하거나 과거의 일을 생각나게 하는 전략.

바로잡는 조치(corrective action)

위기로 인한 피해를 회복하기 위한 방법을 찾거나 재발 방지를 위한 조치를 하는 전략.

사과(apology)

위기에 발생 모든 책임을 지고, 용서를 구하는 전략으로 물품이나 돈과 같은 보상을 해주는 전략.

쿰스는 가장 책임을 져야 하는 위기 상황은 조직의 잘못된 행위이며, 그 다음은 현장에서 범죄행위, 기술적인 문제와 악의적 모함, 자연재해로 책임성이 가장 낮은 위기는 루머라고 구분하였다. 조직의 책임성이 적으면 맞서는 전략이나 부정하는 것이 바람직하며 책임성이 크면 시정조치나 사과하는 전략을 선택할 수 있다.

언론 대응 원칙

재난 발생하면 국민들은 언론 매체가 시시각각 보도하는 재난 관련 보도를 통해 재난 상황을 이해하고 받아들이기 때문에 언론 매체가 재난 수습 과정을 부정적으로 보도하면 정부 당국의 재난 대응에 대한 국민들의 신뢰도는 떨어지고 부정적인 여론 형성으로 많은 어려움을 겪게 된다. 재난부서는 적극적이고 능동적인 언론 대응 체계를 구축해 재난 관련 보도에 대응해야 한다.

재난 상황에서 효율적인 언론 대응을 위한 일반적인 원칙은 크게 네 가지로 정리할 수 있다.

첫째 진실성이다. 재난 수습과 관련해 재난 대응 및 수습 당국은 일시적 부정적인 여론이 형성될 수 있는 나쁜 소식이라 하더라도 절대로 숨기거나 왜곡하여 발표해서는 안 된다. 재난 상황과 관련해 비록 정부 당국에 부정적인 이미지를 심어 줄 수 있는 정보라 하더라도 사실에 근거해 사과의 표현과 함께 발표하면, 정부 당국이 정직하다는 이미지를 줄 수 있기 때문에 오히려 국민에게 신뢰를 줄 수 있다. 그러나 비난이 두려워 재난 관련 정보를 은폐하거나 왜곡된 거짓 정보를 언론에 발표했다가 나중에 그 사실이 밝혀지면 정부 당국에 대한 국민의 신뢰는 다시 회복하기 힘들 정도로 추락하게 되고, 이후에도 재난 수습 과정과 관련된 정부 당국의 발표에 대해 항상 의심과 불신의 시선을 보낼 것이다.

둘째, 재난 상황과 관련 정확한 사실 확인이 되지 않은 상태에서 추측이나 해명을 삼가야 한다. 재난 상황에서 재난관리 커뮤니케이션 담당자는 기자들의 질문이나 인터뷰 또는 언론 브리핑에서 재난 관련해 정확하게 확인되지 않은 정보를 추측해서 발표하거나, 부실한 재난 대응에 국민들의 비판에 대해 해명을 시도하는 발표를 해서는 안 된다. 추측이나 해명은 언론사 기자들의 취재와 보도 과정에서 오해나 유언비어를 유발할 위험성이 급격히 높아지기 때문이다.

셋째, 기자들을 상대로 불필요한 언급은 자제하되 기자들을 피해서는 안 된다. 재난관리 커뮤니케이션 담당자는 기자들의 질문, 인터뷰 또는 언론 브리핑에서 불필요한 언급은 가급적 자제해야 한다. 재난관리 커뮤니케이션 담당자가 무심코 던진 발언이나 언급은 언제든지 재난 수습하는 정부 이미지와 국민들의 신뢰에 부정적인 영향을 줄 수 있기 때문이다. 특히 불필요한 발언이나 언급은 대부분 부정적으로 보도되기 때문에 최대한 자제해야 한다.

반면, 재난관리 커뮤니케이션 담당자는 정부 당국의 재난 수습 활동을 알리는 홍보활동에는 적극적으로 나서야 하며, 기자들에게 보도자료를 제공하거나 브리핑을 통해 재난 수습 과정을 적극적으로 알려야 한다.

넷째, 기자들의 질문에 신속하게 대응해야 한다. 재난 관련 상황에 대한 기자들의 질문에 재난 관리 커뮤니케이션 담당자들이 신속하게 응대하지 않으면, 기자들은 재난 피해자들이나 희생자 가족들을 대상으로 취재한 내용으로 재난 관련 기사를 작성하게 된다. 이 경우 일반적으로 재난 피해자나 희생자 가족들은 재난을 부정적으로 인식하기 때문에 재난 대응 활동이 부정적으로 보도될 가능성이 높다. 따라서 재난 관리 커뮤니케이션 담당자는 이를 예방하기 위해 취재기자들의 질문에 신속하고 적극적으로 응대할 필요가 있다.

커뮤니케이션 담당자가 기자들의 질문에 신속하게 그리고 자신 있게 응대하는 모습을 보여 주면, 기자들은 재난과 관련된 정부의 공식 입장을 기사 작성에 반영할 뿐만 아니라 재난관리 담당자가 재난 관련 상황에 대해 제대로 파악하고 있다고 인식하게 되어 재난관리 당국에서 제공하는 정보를 더 신뢰하게 될 것이다.

대변인 선정

재난관리 조직의 전문적인 경험과 이해, 지식을 갖춘 대변인을 선정하는 일이 중요하다. 언론매체나 시민들은 대변인을 조직과 동일시하기 때문에 신중하게 선택해야 한다. 만약 대변인 부재 상황을 대비하여 부대변인도 미리 선정해 둬야 한다.

복잡한 현대사회 발생하는 재난의 종류도 다양하고 복합적으로 일어나기 때문에 재난 유형별로 전문 대변인을 지정할 필요가 있다. 전문 대변인은 자신의 전문 분야와 관련된 재난 발생시 현장에 즉각 투입 역할을 효과적으로 할수 있다. 언론에 주목을 받기 때문에 대변인은 어떤 질문에도 냉정한과 평정심을 유지하고, 간결하고 분명한 어조로 답변을 하여야 한다.

대변인 일반적인 기준

대변인은 재난 구분에 따라 전문 분야를 고려 선정하는 것이 바람직하다.

- 인명 피해와 관련된 사건 기술적인 전문 분야가 아닌 경우→최고 책임자
- 인명 피해와 관련된 사건 기술적인 전문 분야→최고 책임자, 내부 전문가 공동
- 인명 피해와 관련되지 않은 사건 기술적인 전문 분야가 아닌 경우→홍보 책임자
- 인명 피해와 관련되지 않은 사건 기술적인 전문 분야→내부 전문가

대변인이 갖추어야 할 능력

① 언론 인터뷰를 통해 설득력 있는 정보를 전달할 수 있는 능력이 최우선이다.

② 답변 곤란한 기자의 질문에 '노코멘트'보다는 적절한 답변을 할 수 있는 상황 대처능력을 갖추어야 한다. 질문을 정확하게 이해

하고 침착함을 유지하여야 한다.

③ 재난 상황을 인터뷰나 브리핑을 통해 전달할 때 전문용어보다는 일반인이 쉽게 이해할 수 있는 용어를 사용, 명확하게 전달하는 능력이 있어야 한다.

④ 캐묻는 기자들의 질문에 정확하지 않는 내용을 찾아 말해주고, 가장 적합한 답변을 해야 한다. 복잡한 질문에 중요도와 우선순위에 따라 적절하게 답변할 수 있는 능력이 필요하다.

대변인의 상황대처능력을 강화하기 위해서는 전문가를 통해 자문을 받거나 전문교육을 수료한다. 과거 재난 사례들을 연구분석해서 재난 유형별 대응 방안과 매뉴얼을 작성 사전에 대비하는 자세가 필요하다.

언론 브리핑(briefing)

대형 사건사고가 발생하면 정부, 지자체, 기업 등 관련 정보를 국민에게 알려야 한다. 잘못된 정보나 유언비어가 발생할 가능성이 있을 때 정확한 사실을 보도하는 수단으로 활용할 수 있다. 일방적인 언론 방송으로 정부나 지자체 기업 등은 회복하기 어려운 타격을 입을 수 있다.

언론 브리핑을 할 때 다음 내용을 포함시켜야 한다.

① 재난으로 사망자, 부상자, 유가족 등에게 진심어린 위로와 사과를 표해야 한다.

② 재난 발생 원인과 책임에 철저한 규명을 약속해야 한다.

③ 재난 발생 원인부터 수습과정 등을 의혹을 갖지 않도록 관련 정보를 투명하게 공개한다.

④ 유사한 재난이 반복되지 않도록 대책을 수립하고 구체적인 내용

을 포함한다.

⑤ 재난관련 책임있는 기관은 희생자 유족과 국민에게 재난 예방하지 못한 책임을 사과하고 최선을 다하는 모습을 보여야 한다.

재난보도 신속성보다는 정확해야 한다.

재난발생시 언론의 지나친 보도 경쟁과 각종 정보 매체의 자극적 방송으로 공포와 불안을 가져온 결과를 자주 경험하기도 한다. 생명과 직결된 위험한 정보를 다룰 때는 특종 경쟁으로 관심을 끌기보다는 정확한 정보를 국민에게 전달할 수 있어야 한다.

서해훼리호 '백 선장' 생존 오보

"선장이 몰래 일본으로 밀항했다"

"선장이 혼자 탈출해서 집으로 돌아간 것을 본 목격자가 있다"

93년 10월 10일 전북 부안 위도 앞바다에서 서해 훼리호 침몰했다. 당시 선장 '백씨'가 생존해 있다는 실로 어처구니 없는 상황에서 출발한다. 당시 J일보는 백선장 생존설이 나돌고 있다는 기사를 내보냈다. 그러나 이때까지 별다른 파장은 없었다. 그러다 생존설 본격적으로 보도경쟁이 불붙기 시작한 때는 H신문이 12일자에 "선장 백○○씨 살아 있다"고 보도하면서부터 시작된다. 사고 직후 백선장이 배를 타고 파장금항으로 들어오는 것을 똑똑히 봤다는 최씨 등은 백선장이 침통한 표정으로 배고물에 서 있었으며 한손에는 평소 쓰고 다니던 빨간모자를 들고 있었다는 구체적인 묘사도 덧붙였다. 그리고 하루에 한 번 꼴로 백선장을 봐왔기 때문에 절대 잘못볼 리 없다고 누차 강조했다. 목격자가 비슷한 사람으로 엄청난 착각을 하고 있었다.

기자들이 도주했다고 보도한 선장은 사고 발생 5일 후에 무선통신실 안에서 시신으로 발견되었다. 이날 선장과 함께 도피 의혹을 받고 있던 갑판장과 기관장 역시 같이 시신이 발견되며 사망한 것으로 확인되었다. 발견 위치가 통신실인 점으로 미루어 선장은 도망은커녕 끝까지 구조 요청을 시도하다가 배가 전복되며 사망한 것으로 추정된다. 백 선장의 사망이 알려지자 언론들은 허겁지겁 사설 등으로 사과문을 올렸지만, 이미 때는 늦었다. 유가족들은 그 며칠간 억울하게 욕을 먹으며 큰 상처를 받은 뒤였다.

이 서해훼리호 오보 사건은 시간이 지났지만 두고 두고 회자 되는 대한민국 최악의 오보 사건 중 하나로 기억되고 있다. 당시 유족들이 선장의 시신이 발견된 뒤 찾아온 기자들에게 "당신들이 살아있다고 했으니, 이제 우리 아버지를 살려내시오"라고 언론 오보를 꾸짖었다.

그러나 이러한 사고가 있었음에도 국내 언론의 무책임은 달라진 게 없다. 2011년 아시아나항공 991편 추락 사고, 2014년 세월호 침몰 사고, 2019년 헝가리 유람선 침몰 사고에서도 여전히 반복하고 있다.

세월호 '전원구조 오보'

2014년 4월 16일 오전 8시 52분. 세월호 참사 당일, '119 신고전화'로 한 고교생의 다급한 목소리가 전달됐다. "살려주세요!".

그런데, 1시간 반쯤 세월호 참사가 발생 직후 '탑승자 전원구조'라는 방송국 보도가 있었다. 오보였다.

검찰 세월호 참사 특별수사단(특수단) "MBN이 11시1분경, MBC가 11시1분경, KBS가 11시26분경 각각 단원고 학생 전원구조 보도를 했다"고 밝혔다.

'단원고 학생 전원구조' 소식은 언론사 속보 경쟁을 타고 순식간에 퍼져나갔다. 경기도교육청 역시 별다른 사실 확인을 하지 않고 '전원 구조' 보고를 출입 기자들에게 두 차례나 알렸다. 각 언론사 정정 보도는 오보 후 7~26분이나 걸렸다.

언론사 경쟁적으로 잘못된 정보 발표는 긴급한 사태 대응을 느슨하고 안이하게 만들어 결국 꽃다운 젊은 304명의 생명을 앗아갔고, 온 국민에게 깊은 마음의 상처를 남겼다.

해외 언론 보도 사례

『재난관리론, 윤성사, 2020년』 위험관련 정보는 신속성보다 정확성, 신뢰성의 중요성을 해외 언론 보도사례를 소개하고 있다.

미국 뉴욕 맨해튼 아파트 폭발사고 당시 뉴욕타임스는 가장 빨리 사고 현장에 도착하였지만 사고 발생 1시간 45분 뒤에야 첫 속보를 전하였다. 확인되지 않은 소식을 빨리 전하기보다는 정확한 사실을 보도하여 오보를 줄인다는 원칙 때문이다.

일본 언론사는 사실 보도에 충실하지만 통곡이나 아비규환, 아수라장 같은 자극적인 단어는 쓰지 않는다. 취재 과열로 인한 오보 발생에도 철저히 대비한다.

영국 BBC는 2005년 런던 지하철 사고 당시 재난보도 준칙에 따라 정부 발표가 있기 전까지 피해자 수를 일절 보도하지 않았다. 피해자나 가족을 배려하는 내용도 있다. 특히 사망자 보도에 대해서는 더욱 신중을 기하고 있는데, 이는 미디어를 통하여 알게 되었을 때 느끼는 유가족이나 관계자들의 고통을 감안한 조치이다.

프랑스 르몽드는 초상권 보호를 위해 피해자 사진을 싣지 않는다.

5장

재난 책임의 한계는 어디까지인가?

재난 책임의 한계는 어디까지인가?

서해훼리호 침몰사고

1993년 10월 10일 오전 10시경, 전라북도 부안군 위도 인근 해상에서 여객선 서해훼리호가 침몰하면서 292명이 사망한 참사였다.

서해훼리호는 낚시 명소로 유명했던 위도와 부안군 격포항을 잇던 여객선으로 정원은 승무원 14명을 포함해 모두 221명이었다. 그러나 사고 발생 당시 훼리호에는 정원보다 141명이나 많은 362명이 탑승한 상태였다. 여기에 자갈도 7.3톤을 실었는데 쉽게 짐을 내리기 위해 이 화물을 뱃머리에 두는 바람에 배가 중심을 잃은 채 운행된 것으로 알려졌다. 또 출항 당시 강풍과 파도가 높다는 기상예보가 있었음에도 출항을 감행했는데, 당시 사고 해역에는 초당 10~14m로 북서풍이 불면서 파도의 높이가 무려 2~3m에 이른 것으로 알려졌다.

여기다 승무원들의 부주의도 문제가 됐는데, 당시 항해사가 휴가 중이어서 갑판장이 항해사의 업무를 대신했고 안전요원도 고작 2명만 이 배치된 상태였다. 위도는 낚시 명소로 인기를 끌자 전국 각지에서 몰려온 낚시꾼들 때문에 방문객 급격한 증가로 주말에는 200~300명이 초과 승선이 상습화 되었고, 위도 관광객과 주민들은 정부에 운항 횟수 증편을 요청했으나 보조금 받는 영세업체라며 증편 허가를 거부했다. 전형적인 탁상행정이 만든 대참사 원인이었다.

사고 당일 날씨도 좋지 않았고, 결정적인 원인은 그날이 일요일이었다. 직장에서 단체로 여행 온 사람들이 많았으며, 다음날 출근해야 하는 사람들은 왕복 1회 운항으로 서해훼리호를 놓치면 무조건 하루

더 머물러야 했다. 결국 사람이 정원을 초과 출항을 강요할 수밖에 없었다.

서해훼리호 침몰사고 8일 후 당시 김영삼 정부는 교통부장관과 해운항만청장을 경질하고, 들끓는 여론의 분노를 잠재우기 위해 유족의 보상을 위해 정부로서 할 수 있는 최선의 조치를 다할 것을 약속했다.

재판부는 판결문에서 "국가는 운항 관리자를 사고 선박에 배치하지 않았고 한국해운조합 측은 사고 선박의 낙후된 무선 설비를 방치했으며, 서해훼리 측은 사고 당시 기상 상태가 좋지 않았음에도 무리하게 출항시킨 책임이 있다"고 하면서도 "피해자들도 소형 낚싯배 등을 이용해 이미 만원이 된 사고 선박에 무리하게 승선해 출항을 강요한 과실(20%)이 인정된다"고 밝혔다.

대형사고에도 불구하고 개인의 안전의식을 강요하고 사고 원인과 책임을 맨 아래 개인에게 돌리고 법과 원칙, 제도적인 문제점을 고치지 않았다.

결국 똑같은 원인으로 터진 게 세월호 참사이다.

삼풍백화점 붕괴

1995년 6월 29일 오후 5시 52분경 서울 서초동 소재 삼풍백화점이 부실공사 등의 원인으로 갑자기 붕괴되어 인명피해는 사망 502명, 실종 6명, 부상 937명이었다. 6.25전쟁 이후 가장 큰 인적 피해였다.

무리한 설계변경, 용도변경, 부실공사, 유지관리 부실 등 사실 삼풍백화점 붕괴는 어느 정도 예견된 일이었다. 붕괴 전부터 건물 전반에 위험 신호가 발견되었기 때문이었다

결정적인 것은 백화점의 안전 불감증이다. 사고 당일 오전, 건물의

균열이 벌어지고 기둥이 옥상을 뚫고 나오는 상황에서 긴급 안전 진단을 실시한 설계 감리 회사가 '붕괴 우려' 진단을 내렸음에도 정상영업을 강행한다. 참사를 피할 기회를 놓쳤다. 하루 5억 원의 매출을 건지려다 6.25전쟁 이후 가장 큰 인명피해였다.

붕괴사고와 관련하여 삼풍그룹 회장 이준 등 백화점 관계자와 공무원 등이 기소되었다.

역사상 유례가 없는 대참사에 국민들의 분노가 쏟아졌다. 관련자들에 대한 엄정한 처벌을 요구했다. 이준 회장을 비롯한 백화점 경영진들에 대한 철저한 진상규명과 엄중한 처벌을 하라는 시위를 벌였을 정도였다.

이후 1996년 8월 23일, 대법원에서 삼풍백화점 붕괴 사고 관련 피고인들에 대한 판결이 확정되었다. 삼풍백화점 회장에게 업무상과실치사상죄를 적용하여 징역 7년 6개월이 확정되었고, 삼풍백화점으로부터 뇌물을 받고 설계변경 등을 승인해 준 전 서초구청장 이○○, 황○○에게는 각각 징역 10월에 추징금 300만원과 징역 10월에 추징금 200만원이 확정되었다. 전 서울특별시청 상정계장 정○○, 우성건설 형틀반장 김○○, 전 서초구청 주택과장 김○○ 등 피고인 10명도 징역 2년에 집행유예 3년과 추징금 300만원에서 선고유예 및 추징금 100만원으로 원심형량이 확정되었다. 2심에서 징역 7년형을 받은 삼풍백화점 사장 이○○(회장 이준의 차남) 등 12명은 상고를 포기하여 형이 최종 확정되었다.

1,000명의 사상자를 낸 대형참사 처벌로 충분하지 않다는 비판, 뇌물을 받은 구청공무원들이 징역형을 면한 것에 대한 비판도 있었다.

2022년 1월 광주 화정아이파크 공사 현장(시공방식 무단 변경에 따른 과도한 하중 증가)에서 건설 중인 아파트의 콘크리트 구조물이 23층부터 38층까지 무너져 내렸다. 공사 작업자 중 6명이 무너져내린 콘크리트 더미에 묻혀 사망했다.

2023년 7월 인천 검단신도시 아파트 지하 주차장 붕괴 사고가 발생했다. 지하 주차장을 받치는 32개 기둥에 있어야 할 보강철근이 설계상 15곳에서 빠졌다. 설계, 시공, 감리까지 총체적 부실로 붕괴된 사고로 두 아파트 단지 전체를 철거 후 재시공하는 어처구니없는 일이 반복되고 있다.

대구지하철화재참사

2003년 2월 18일 오전 9시 53분

대구광역시 중앙로역 구내에서 뇌졸중 후유증과 우울증으로 자신의 신병 비관 방화로 총 12량의 지하철 객차가 불에 타고 192명의 승객이 사망한 대형참사로, 대한민국 역사상 최악의 방화 사건, 최악의 대량살인 사건이 발생했다. 처음 불이 번진 1,079호 전동차는 열차는 중앙로역에 정차 중이어서 승객들이 대부분 빠져나갔으나, 반대편 선로에 진입하여 정차한 1,080호로 불이 옮겨붙었다. 1,080호 전동차 기관사와 지하철 사령이 적절히 대처하지 못하는 동안 불은 순식간에 번졌으며, 이 열차에서 대부분의 사망자가 발생하였다.

소방차 84대, 소방관, 경찰 등 3,200명이 출동했지만 제대로 안전조치가 이뤄지지 않았다.

사고 발생 근본 원인을 구조적 문제점에서 찾기보다는 하위직의 개인 실수에서 찾아 처벌하려고 하였다. 참사 다음 날 대구시와 대구지하철공사는 군병력을 동원해 불탄 전동차를 이동 조치하고 사고 현장을 물청소하는 등 참사 흔적을 지우기에 급급했다. 고위 정치인 현장방문에 대비한 현장 훼손 유족들의 거센 항의 원망 등 문제점이 많았다.

관련자 처벌

사고 발생 2시간 뒤, 병원에서 치료하고 있는 50대 남자를 유력한 용의자로 체포.

사고에 대한 일차적인 책임은 방화범 김○○에게 지웠다.

2003.2.8. 방화범 김○○을 현존 전차 방화 치사상죄로, 기관사, 관제사, 역무원, 시설 책임자 등 지하철 직원 8명을 업무상 중과실 치사상죄로 각각 구속기소하고, 2명을 업무상 과실죄로 불구속 기소했다.

8월 6일 열린 선고 공판에서 방화범 김 씨에 대해 검찰은 사형을 구형했으나, 김 씨가 심신 장애는 없으나 범행 당시의 온전한 정신 상태에서 일으킨 범행이라 보기 어렵고, 직접 방화한 1,079호 열차에서는 인명피해가 거의 없었던 점(1,080호 열차 진입으로 불이 크게 확산)을 참작 2004년 1월 7일에 대구고등법원에서 무기 징역이 선고되었다. 교도소 복역 중 지병 악화로 사망한다.

현장 사고 대처를 제대로 하지 못한 지하철 직원들에게는 3~5년을 선고받았다.

1,080호 열차의 기관사 최○○은 열차의 출입문을 닫아 버려 승객들의 탈출을 막아 많은 사상자를 내게 한 점에서 구형대로 5년 금고형이 선고되었다. 1,079호 열차 기관사 최○○과 가장 먼저 화재 사실을 연락받은 관제사 방○○에 대해서는 초동 조치를 제대로 하지 않았다는 이유로 각각 금고 4년, 홍○○, 손○○ 등 나머지 관제사들에 대해서는 각각 금고 3년이 선고되었으며, 나머지 세 피고인(시설 사령 2명 및 중앙로역 역무원)에 대해서는 직접 책임이 없음을 이유

로 집행유예가 선고되었다. 그러나 선고 공판 직후 재판부의 양형에 불만을 품은 유족들이 격렬히 항의하며 법정을 점거하기도 하였다.

유족들은 참사 현장 훼손에 대한 책임을 대구지하철사장에게 돌리려했다. 그러나 대법원은 "증거를 인멸하거나 은닉할 의도로 청소 작업을 행했다고 보기 어렵다"고 판결했다. 결국 현장 증거훼손 책임은 아무도지지 않게 되었다.

『세월호 우리가 묻지 못한 것, 박상은, 진실의 힘』에서는 대구시가 분석한 사고 원인을 소개하고 있다. 2005년 대구시는 「대구지하철 중앙로역 화재사고 백서」를 발간했으며, 2003년 검찰수사와 재판결과가 크게 다르지 않는 원인 분석을 하고 있다.

〈대구시는 "한 개인의 방화가 대규모 피해로 이어지게 된 원인은 전동차의 내장재 불량, 역사 소방시설의 미비 등에서도 찾을 수 있지만 지하철공사와 소방관서 등 외부 대응기관 직원들의 위기 대처 능력 부족 등도 주요 원인으로 작용했다고 생각한다. 백서가 꼽는 가장 중요한 사고 원인은 '미흡한 초기대응'이다. 백서는 '초기대응만 신속하고 적절히 이루어졌다면 대형참사는 막을 수 있었을 것이다'라며 1079호 기관사와 1080호 기관사의 잘못을 상세히 지적하고 있다.

백서에서 전동차 내장재 문제나 역사 소방시설 등 검찰수사에서는 크게 다뤄지지 않은 구조적 원인도 짚고 있다는 점은 주목할 만하다〉

대한민국 역사상 최악의 방화로 192명 사망한 대형참사를 방화범이 원인을 제공했으니 모든 문제점 앞에 안도의 한숨을 쉰다면 사고는 계속되고 그 누구도 책임을 지지 않고 떠넘길 그 누군가를 계속 찾을 것이다.

재난조사의 방향

재난이 복잡화됨에 따라 기술적, 인간의 오류 등 연구 경향에 변화가 진행되고 있다.

인간의 기술에 주목→인적오류에 주목→조직내 구조적문제에주목→여러 조직간 관계 등 사회구조적 문제에 주목하고 있다.

해외 재난조사가 기술적조사와 사법적 조사를 분리하는 원칙을 채택하고 있다. 우리나라 재난조사는 사법적 조사가 기술적조사를 포괄하는 즉, 검찰 수사가 조사인 방식으로 자리 잡았다.

검찰에 대한 불신을 가지면서 수사기관에 진상규명을 요구하고 더욱 의지하는 모순이 있다.

재난조사가 법적인 책임에만 집중할 경우 누군가는 책임에서 면제되는 일이 일어날 수 있다. 법적인 책임만 묻게 된다면 최고 책임자뿐만 아니라 구성원 모두가 책임에서 벗어난다는 것이다. 나 자신도 사고에 책임 있다는 생각에서 벗어나게 된다. 이런 생각에서 멀어지면 법과 규정을 바꾸기 위한 노력을 멈추게 된다.

세월호

세월호 사고는 한국 사회에 많은 문제점과 앞으로 나갈 방향을 제시한 긍정적인 측면과 국가 모든 기관을 동원한 점, 정권이 바뀌었는데도 결론이 나지 않은 아주 특별한 사고라고 할 수 있다. 정치적인 문제는 별론으로 하고, 과연 책임은 누가 얼마만큼 져야 하는가? 책임의 한계에 대해 살펴보기로 한다.

세월호 조사와 수사(9차례)

① 검경 합동 수사본부 수사(2014년)

② 국회 특위 국정조사(2014년)

③ 감사원 감사(2014년)

④ 해양안전심판원 조사(2014년)

⑤ 세월호 특조위 조사(2015~2016년)

⑥ 세월호 선체 조사위 조사(2017~2018년)

⑦ 사회적참사 특조위 조사 1·2기(2018~2022년)

⑧ 대검찰청 세월호 특수단 수사(2019~2021년)

⑨ 세월호 특검수사(2021년)

재난조사, 정치의 장이 아니라 과학의 장으로 바뀌야

2021.8.10 세월호 참사 진상규명 특검은 수사 결과 발표했다.

"세월호 CCTV 조작 의혹과 DVR(영상녹화장치) 바꿔치기 의혹은 모두 증거가 없어 기소하지 않는다" 청와대, 정부 대응이 적정하지 않았다는 의혹에 "범죄 혐의를 발견하지 못했다"며 기소하지 않기로 했다.

수사팀 68명이 3개월간 막대한 분량의 디지털 증거, 해경·해군 음성 교신 등을 조사했는데 수사 대상 의혹들이 모두 근거가 없다는 결론이 나왔다.

2014년 세월호 사고 발생 후 여덟개 기관이 아홉 차례 수사·조사를 했다. 검찰 수사와 국회 국정조사, 감사원 감사, 해양안전심판원 조사, 세월호 선체 조사위 조사, 사회적참사 특조위 조사, 대검 특별수사단 수사 등을 받았지만 검찰의 처음 수사에서 밝혀진 내용에서 더 나아간 것은 사실상 없다.

세월호 조사는 8년 동안 9차례의 진상 조사에 수백억원의 예산과 막대한 인력이 투입됐지만 유가족과 정치인들이 제기했던 여러 의혹들에 대해 이들이 원했던 결과는 나오지 않았다.

세월호 희생 유족은 물론 국민 전체에 깊은 상처를 남긴 이 비극을 언제까지 조사를 해야 결론이 날까?

관련자 처벌

법원은 업무상 과실치사 등 혐의로 기소된 김○○전 해경청장 등 해경 지휘부 9명에게 원심과 동일하게 무죄를 선고했다. "업무상 과실에 대해 유죄가 입증됐다고 보기 어렵다"고 했다.

세월호는 2014년 4월 16일 오전 8시49분 침몰하기 시작했다. 해경은 오전 8시52분쯤 이 사실을 알게 됐고 오전 9시30분 전후로 해경의 구조 헬기와 선박이 침몰하는 현장에 도착했다. 승객을 구조할 수 있는 '골든 타임'은 오전 9시50분쯤까지로 해경에 주어졌던 구조 시간은 사실상 20분 정도였다고 재판부는 판단했다.

재판부는 "피고인들의 업무상 과실을 인정하기 위해서는 구조활동 당시 상해 결과 발생을 예견할 수 있어야 하고 조치를 하지 않았다는 부분이 명확히 증명돼야 한다"고 지적했다.

또 "참사 당시 서해지방해양경찰청 상황실이 진도해상교통관제시스템(VTS)에서 전달받아 인지하던 정보는 세월호가 50도가량 기울었고 세월호에서 승객 비상 탈출 여부를 문의한다는 제한적 정보였다"며 "이를 근거로 세월호 침몰이 임박했는데도 승객들이 선내에 대기 중이란 사실을 예견하긴 힘들었을 것"이라고 판단했다.

이어 "구조 세력이 현장에 도착하기 전 임무를 다하지 않아 피고인들에게 업무상 과실이 있었다고 합리적 의심 없이 증명됐다 보기 어렵다"고도 말했다.

전 목포해경서장과 전 3009함 함장은 직권남용 권리행사 방해 혐의 등에서 유죄를 받은 원심 판단이 유지돼 각각 징역 1년 6월에 집행유예 3년, 징역 6월에 집행유예 2년을 선고 받았다.

이들은 참사 당시 초동조치 미흡을 숨기기 위해 사고 직후 퇴선방송을 한 것처럼 조치내역을 조작하라고 지시한 혐의를 받았다.

재판부는 세월호 사고에서 사상자가 많은 원인은 선장·선원의 무책임뿐만 아니라 세월호의 침몰 속도가 배의 구조적 결함 때문에 예상보다 빨랐다는 점도 지적했다.

세월호 사고 수사 재판 과정에서 가장 억울한 사람은?

세월호 사고 때 현장에 맨 먼저 도착, 구조 활동을 지휘, 승객 172명을 살리는 데 가장 큰 역할을 한 해경 123경비정의 김○○ 정장(당시 57세)에게 업무상과실치사 및 공문서허위작성 등의 죄를 적용, 징역 4년형을 선고, 법정구속하였다(2심에선 징역 3년, 대법원에서 확정). 재판 선고문에서 피고인에게 불리한 점과 유리한 점을 동시에 고려, 형량(刑量)을 정하였다고 밝혔다.

〈피고인은 세월호 사고 발생 당일 사고 현장에 출동하였을 때 123정의 승조원들에게 눈앞에 보이는 사람들을 건져 올리도록 지시하였을 뿐 다수의 승객들이 세월호를 빠져나오지 못하였다는 사실을 알면서도 이들이 세월호에서 빠져나올 수 있도록 유도하기 위한 적절한 조치를 이행하지 않았다. 피고인의 업무상 과실로 인하여, 적절한 퇴선 유도 조치가 실시되었을 경우 생존할 수 있었던 일부 승객들이 세월호를 빠져나오지 못하여 사망하게 되었다.〉

〈세월호의 전복 사고 및 피해자들의 사망 또는 상해에 관한 주된 책임은 회사의 이윤을 추구하기 위하여 승객들의 생명과 안전을 도외

시한 청해진해운 임직원들과 자신들의 안위를 위하여 승객들을 저버린 세월호의 선원들에게 있다…피고인은 34년 동안 해경으로 일하였으며, 이 사건 이전에 아무런 범죄전력이 없고, 처와 취업을 앞둔 두 명의 자녀를 두고 있다.〉

"피고인이 지휘하였던 123정의 평소 주된 임무는 불법어업 단속이었고, 구조임무는 해양사고가 발생한 경우에만 수행하는 것이었다. 세월호 사고는 해상 근무 경력이 길었던 피고인으로서도 접해보지 못한 대형사고였다"고 판시했다.

김 정장이 잘한 일은 172명 목숨을 살린 것이고, 잘못한 일은 즉시 퇴선 조치를 안 한 것과 초동 대처 관련 기록을 나중에 조작한 허위공문서 작성이다. 다시 보면 잘한 점이 훨씬 많고 잘못한 일은 이해할 수 있거나 그가 살린 목숨 들에 비하면 비교적 적다고 할 수 있다. 그렇다면 정치와 언론의 영향이 미친 것은 아닐까?

무엇이 재앙을 만드는가?

찰스 페로 예일 대학의 사회학 교수가 미국의 스리마일 섬 핵발전소 사고에서 영향을 받아 쓴 책이다. 현대 산업사회는 불가피하게 장애를 초래하는 시스템의 복잡성 때문에 경고 장치와 안전장치를 추가하는 전통적인 대책이 통하지 않는다는 것이다. 즉 사고 방지 대책이 오히려 복잡성을 높여 새로운 범주의 사고를 일으킬 수도 있다는 점을 경고한다.

배, 비행기, 화학공장, 원자력발전소의 공통점은 모두 다양하고 복잡한 요소들이 결합하여 작동하는 거대한 시스템이다. 이 시스템은 서로 복잡하게 얽혀 있다.

이런 복잡한 요소들 가운데 몇 개가 동시에 오작동, 실수하거나 상태가 좋지 않거나 고장 나면, 전혀 예상치 못한 엄청난 재앙이 터질 수도 있다. "상호작용성 복잡성과 긴밀한 연계성이 가진 시스템의 속성에 따라 발생하는 사고를 '정상 사고' 혹은 '시스템 사고'라고 한다."

침몰한 여객선은 기계적 시스템뿐만 아니라 해상재난구조 제도적 시스템도 '정상 사고'를 일으키기에 최적화된 상황이었다. 재난구조 체계는 혼란스러웠고 제대로 작동하지 않았다. 항해하는 선박들은 사고 시 진도해상교통관제시스템(VTS)이 아닌 제주VTS로 무전을 보내는 관행에 익숙했으며, 가장 중요한 인명 구조 1차 책임자인 선장, 승무원, 선원들은 승객을 구조 할 의지가 전혀 없었으며, 비상시 꼭 필요한 재난구조 훈련도 하지 않았다. 아주 사소한 '정상적' 잘못된 관행과 무책임이 뒤엉켜서 비참한 결과를 가져온 것이다.

세월호 참사 후 진상조사위원회가 진상 조사한게 아니라 '비난의 정치'만 증폭됐다. 누구에게 책임을 지우느냐를 따지는 정치적 갈등은 커졌는데 아직까지도 시스템은 개선되지 않았다.

대형사고는 반복되고 있다. 대응 방식도 똑같이 반복되고 있다.

대형사고가 터졌을 때 책임자를 찾아 처벌하고 많은 손해배상을 청구한다고 사고를 줄어들지 않는 것이 현실이다. 하인리히법칙에서도 증명되었듯이 '아주 작은' 사고를 막지 못하면 결국에는 심한 부상을 입는 대형사고로 이어진다. 사고 예방의 핵심은 '사소한 작은' 사고들을 꾸준히 살펴보고 사고 예방 시스템을 만드는 것이다. 잘못한 사람을 찾아 처벌하면 된다는 식으로 사건을 바라 보면 안된다. 각 사람에게 맡겨진 책임을 철저하게 한다 해도 어쩔 수 없이 발생하는 실수가 대형사고가 터지는 현실이다.

철저히 주의를 기울여도 발생할 수밖에 없는 사고는, 사소한 사고들이 모여 대형 사고로 이어지는 경우가 많다. 이것을 막을 수 있는 방법은 아주적은 사고나 징조가 보일 때 신속하게 대응하고 고쳐나가야 대형사고를 예방할 수 있다. 이때까지 발생한 사고가 증명하고 있다.

제천 스포츠센터 화재

2017년 12월 21일 15시 53분에 충청북도 제천시 하소동 9층짜리 스포츠센터 주차장에 있는 천장에서 화재가 발생했다. 이 사고로 29명이 사망하고, 36명이 부상을 당했다.

화재출동, 현장도착, 진화, 인명구조 과정에서 소방대가 제대로 대처하지 못한 많은 문제점이 드러났다. 그중에 가장 큰 문제점은 2층 여탕에서만 20명이 사망한 것이다. 왜 2층 여탕에 초기에 진입하지 않았을까? 높이 4.5m 유리창을 파괴하지 못했을까?

구조 먼저 vs 진화 먼저

〈유족측 주장〉

"2층 여탕과 3층 남탕은 탄 부분이 없었고 다른 층도 그을음이 대부분이었다"면서 "2층 유리만 일찍 깼어도 다 살릴 수 있었다"고 분개하며 구조를 최우선으로 했어야한다고 주장하였다.

"1층과 2층 사이가 4.5m 정도다. 그렇다면 나같이 키가 큰 사람들은 흔히 노동판에서 쓰는 해머(망치)라고 있는데 2m짜리를 들고 아래층에서 위를 때려서도 유리창은 깨졌을 것이라 한다"

– 현장 지역주민

"오죽하면 인근에 군부대 연락해서라도 소형 박격포로 쏘아서라도 저 유리를 깨 달라고 절규했는데 현장 지휘관은 답이 없었다고 한다" 고 전했다.

- 구조를 기다리는 유족

〈소방당국〉

"현장에 도착했을 때 화재 건물 옆에 2t 용량의 가스탱크가 있어 불길이 닿아 가스탱크가 폭발하면 반경 3㎞까지 피해가 번질 수도 있었다"며 "건물 외벽을 중심으로 불길이 크게 번져 통유리 창문을 깨더라도 즉각 진입이 곤란한 상황이었다"

- 소방당국 관계자

"1층 주차장 화재 때문에 2층에 진입할 사다리를 설치할 수 없었고, 건물 외벽 등에 매달린 위층 요구조자를 구조하느라 (2층의 여탕) 진입이 늦어진 것"이라고 해명했다. 스포츠센터 건물 주차장 부지내 인접한 2t LPG 탱크 폭발 위험도 진입 지연의 이유로 들었다.

인명구조보다 상부 보고가 우선이었다.

현장 대응 부실한 이유는 소방대원들의 부족이 가장 큰 이유이고, 중소도시에서 이렇게 큰 규모화재를 한번도 경험해보지 못했기 때문에 차량부서, 인명구조 우선순위, 사다리전개를 통한 유리창 파괴 등이 순서대로 진행되지 못한 것으로 보인다.

「제천화재 1년, 우리는 얼마나 달라졌나」(세계일보 2018.12.20.) 당시 현장에서 소방대원들이 제 역할을 못한 상황과 이유를 분석했다.

"잘 안 보이잖아, 좀 더 돌려봐."

지난해 충북 제천 스포츠센터 건물 화재 당시, 현장 지휘차량에 달린 카메라로 실시간 모니터링을 하던 중앙재난안전상황실(중대본) 관계자는 답답한 듯 전화상으로 촬영 조정 지시를 되풀이했다.

그러나 카메라 각을 조정하는 것만으로 화재 현장을 실시간으로 보여주기에는 한계가 있었다. 결국 지휘 차량은 불법주차 차량과 뒤엉킨 좁은 이면도로에서 '윗선'을 위한 라이브 중계를 위해 전진과 후진을 반복해야 했다.

첫 신고를 받고 7분여 만에 가장 먼저 화재 현장에 도착한 '선착대' 소방대원들은 현장 상황 파악을 비롯해 건물 내부 진입과 인명구조, 화재진압 등을 하느라 촌각을 다투는 와중이었지만 중대본의 촬영 지시는 계속됐다. 차량 4대와 인력 13명의 선착대 규모로는 인명구조와 화재진압 등 현장 수습을 하기에도 벅찬 상황이었다. 그러나 상부 보고까지 신경 쓰느라 모든 대원이 제역할을 하기 어려웠다.

또 다른 현장인 119신고센터에서는 정치권과 관계기관, 언론 등의 전화 세례로 수화기를 내려놓을 틈이 없었다. 이로 인해 화재 현장에서 들어오는 각종 신고와 제보를 접수해 현장 대원에게 전파해 주는 기능을 제대로 할 수 없었다.

제천 화재 현장에서 활동한 한 소방 관계자는 "사고 발생 초기에 현장이 아닌 상부의 지시에 신경을 써야 하고 전방위적인 연락에 시달리는 상황에서는 매뉴얼에 따라 역할과 단계를 나눠 대응하는 체계가 제대로 작동하기 힘들다"며 "재난 시 현장지휘소를 방해하는 요소를 제거하는 것에 대한 연구·대응이 필요하다"고 지적했다.

이런 내용은 빠져 있었다.

화재 당시 중대본 등 현장대응 지휘체계 전반에 많은 문제가 있었던 것으로 드러났다. 하지만 화재진압 후 합동조사단 조사결과 '건물 구조취약성, 안전관리부실, 인명구조 역부족' 등 문제점을 발표했으나 가장 중요한 "재난현장 방해요소인 상부 보고제도"에 관한 내용은 빠져 있었다.

세월호 당시에도 인명구조가 급박한 상황에 침몰 현장 동영상과 사진을 찍어 상부에 보고하느라 너무 바빴다. 상부에서 끊임없이 진행 상황보고를 요구하기 때문이다. 현장대원들이 시시각각으로 변하는 현장상황에 집중해도 좋은 결과를 거두기 힘든 상황에 보고하느라 제 역할을 하기 어렵다. 참사를 겪고도 달라진 게 하나도 없다.

누가 처벌을 받았나

소방청 합동조사단은 조사 결과에 따라 당시 제천소방서장과 지휘조사팀장, 도소방본부 상황실장에 '화재현장 상황 수집과 전달 등 초동대처가 미흡했다'는 이유로 중징계를 요구했다.

징계위원회는 전 제천소방서 지휘조사팀장은 정직 3개월, 전 제천소방서장은 감봉 3개월, 제천·단양소방서 소속 소방관 2명은 각각 감봉 1개월, 전 종합상황실장은 견책 처분을 받았다. 제천소방서 소방관 1명은 불문 처리됐다.

검찰은 당시 소방 지휘부에 대해 무혐의 처분했고, 이에 반발해 유가족이 법원에 낸 재정신청도 기각되었다. 화재 진압도 벅찬 소방관들에게 인명 구조 지연에 따른 책임을 묻기 어렵다는 이유였다. 유족 측이 낸 재정신청 역시 법원은 "최선의 조치였다고 할 수는 없으나, 업무상 과실이 있다고 보기에 부족하다"며 기각했다.

제천 스포츠센터 화재처럼 위험한 업무에 종사하는 공무원의 책임을 어디까지 물을 수 있을까? 아직까지는 그 명확한 판례나 규정 등이 없기 때문에 쉽지 않다.

유족이 충북도를 상대로 제기한 손해배상 청구소송에서도 1심 재판부는 "구조 및 피해자 생존 가능 시간, 화재 확산 속도 등을 감안할 때 사망과의 인과관계를 인정하기 어렵다"며 지자체 손을 들어줬다. 유족들은 대법원 최종심서 패소하여 소송비용까지 부담하게 됐다.

이태원

2022년 10월 29일(토요일) 22시 15분경 토요일, 서울 이태원동 세계음식거리의 해밀톤호텔 서편 좁은 골목 등에 핼러윈 축제를 즐기려는 수많은 인파가 몰리면서 발생한 압사 사고.

이 사고로 사망자 159명(남성 27, 여성 102, 외국인 사망자 26명 포함)이 사망하였다.

재난현장, 공직자는 말을 조심해야 한다.

'청와대는 재난 컨트롤타워가 아니다'

"(대통령실의) 국정상황실은 대통령 참모조직이지 대한민국 재난 컨트롤타워가 아니다"

"재난 컨트롤타워는 국정상황실이 아니라 중앙재난안전대책본부로 봐야 한다"

– 비서실장

"경찰과 소방을 미리 배치해 해결할 수 있는 문제가 아니다"

– 행자부장관

"핼러윈은 주최자가 없어서 축제가 아니라 현상이었다"

– 구청장

"소방에 책임을 묻는 게 불가능하면 경찰에는 어떻게 책임을 묻냐. (소방이) 당연히 안전 관리를 했어야 했는데 안 했다"

- 한 경찰 간부

"사고 전부터 신고와 경찰 공동대응 요청도 들어왔다. 요청이 들어오기 전이라도 근무자가 배치돼 있었다면 소방이 출동해야 했다"

- 경찰 관계자

"국회 국정조사 특위는 활동기간과 조사 범위 한계 때문에 유족들이 원하는 수준의 진상규명이 되지 않았다"며 "책임자 처벌 역시 제대로 수사가 되지 않았다고 본다"

- 민주당관계자

"직원 20명이 오후 6시부터 10시까지 최선을 다했으나 역부족이었다"

- 이태원 파출소 직원

"불똥은 면하겠습니다 ㅎㅎㅎ"

- 경찰청 경비국 관계자 메시지전송

"나라 구하다 죽었나…"

- 시의원

책임자는 불가항력을 호소해서는 안된다.

재난상황에서 부적절한 언행과 처신은 많은 국민들을 분노케 한다. 문제 해결을 위해 적극적으로 나서야 하며 '공직자는 국민안전에 무한책임이 있다'는 자세로 국민의 생명을 지키는 일에는 할 수 있는 모든 것을 쏟아부어야 한다는 사실을 명심해야 한다.

권한만 누리고 책임은 다하지 못한 리더의 자세는 각 담당부서 전체의 정체성, 책임성, 자율성을 망가뜨리는 원인으로 작용한다는 점을 명심해야 한다.

재난과 각종 사고를 예방하고, 그 피해를 최소화하는 것은 모든 국가의 중요한 과제 중 하나이다. 그러나 인간 능력은 한계가 있기 때문에 국가, 지자체, 기업 등과 개개인이 주의를 기울인다 해도 각종 재난과 사고를 완벽히 방지하기 어렵다.

국민에 책임을 진다.

헌법제7조1항 ①공무원은 국민 전체에 대한 봉사자이며, 국민에 대하여 책임을 진다.

국민주권 원리로 공무원은 국민 전체에 대한 봉사자이며, 국민에게 책임을 지며 직무상 불법행위로 손해를 입은 국민은 국가 또는 공공단체에 배상을 청구할 수 있는 이외에, 공무원 자신의 민사책임과 형사책임도 물을 수 있다.

공직자의 책임은 어디까지일까?

'국가가 책임져야 한다' 사고인가, 참사인가부터 논쟁은 시작된다.

'자발적으로 모인 곳에서 발생한 사건에 대해 왜 국가가 책임져야 하는지 납득하기 어렵다'

이태원 골목길에서 158명의 생명이 안타깝게 희생됐다. '군중이 모이면 사고는 발생할 수밖에 없는데 왜 책임져야만 하는가'라며 억울해하는 공무원도 있다.

국민이 직접 선출하지 않은 정부가 임명한 공직자는 어디까지 책임을 져야 하는가?

행정학에서도 이 같은 물음에 명확한 답이 없다. 공직자는 상명하복하는 존재가 아니라 인간 가치를 고민하고 양심에 따라 판단하는 능력이 요구된다. 대한민국 공직자 행동지침에는 공직의 가치를 말하기보다는 하지 말아야 할 행동을 규정하고 있다.

국민의 기본 의무인 납세의 의무를 다하고 있다.

개인의 생명과 안전을 보장하고 사회질서 유지를 할 것이라는 믿음이 있기 때문이다. 국가와 국민 간의 믿음의 계약이라 할 수 있다. 재난 상황에서 국가의 책임 개인의 책임이 나눠지는 것은 아니다. 예고없이 발생한 사고에 국가에 책임을 묻는 것은 국가가 존재하는 이유이기도 하다.

공직자의 직책은 누리는 권한 못지 않게 책임지고 국민을 위해 봉사하라고 주어진 자리이다.

맡은 바 소임을 다하지 못한 깊은 자기반성과 재난을 예방하기 위한 노력 없이는 국민들의 지지를 받기 어려울 것이다. 고위 책임자와 정치인들은 누군가 질책과 처벌에 집중하는 일은 멈춰야 한다. 공직은 맡은 분야 무한 책임지는 자리이므로 변명과 무책임한 발언으로 피해자와 국민들의 원성을 사는 일은 더 이상 없어야 한다.

처벌과 진상규명

진상조사를 위해 특별수사본부(특수본)에 500여명의 인력을 투입했다.

참사당일 현장 대응 직무 소홀한 혐의로 이○○ 전 용산경찰서장과 류○○ 전 서울청 상황관리관, 정모 전 서울청 112 상황 3팀장과 송○○ 전 용산서 112 종합상황실장 등 6명을 수사 의뢰한 게 전부다. 이 중 2명은 참사 전 '핼러윈 안전사고 우려' 내용이 담긴 보고서 삭제 의혹을 받는 박○○ 전 서울청 정보부장과 김모 용산서 정보과장이다. 용산서 정보계장은 극단적 선택을 해 충격을 줬다.

경찰 조사가 사고 원인 보다는 현장 실무자들을 책임 추궁과 형사 처벌을 위한 수사에 중점을 두면서 참사 원인 규명은 뒷전으로 밀렸다.

세월호 때 국정조사, 특별조사위, 검·경 합수본, 특수본·특검을 거쳐 책임 추궁을 위해 대통령 비서실장·안보실장, 해경 수뇌부를 재판에 넘겼으나 대부분 무죄를 선고했다. 사고 발생 대응 등의 책임을 없애 주자는 것이 아니다. 이런 상태로 과학적인 진상 규명과 체계적 대책 마련없이 추궁과 처벌에 중점을 둔다면 어이없는 사고는 계속될 것이다.

이태원 사고 관련 부실 대응으로 인명 피해를 키운 혐의(업무상 과실치사상)를 받는 전 용산경찰서장과 용산서 112치안종합상황실장이 보석으로 풀려나는 등 구속 상태로 재판을 받던 이태원 관련 피고인 6명 모두가 석방됐다. 구속된 지 6개월여 만에 석방된 것이다.

안전사고에 대한 책임을 넓게 인정하려는 추세로 변하고 있음을 알 수 있다.

사건 사고가 터지면 가정 먼저 나오는 죄명이 업무상 과실치사상죄(형법제268조)다. 업무상 과실로 인하여 사람을 죽거나 다쳤을 때 적용되는 죄다. 업무상 주의 의무를 누구에게, 어떤 조치를 하였다고 하여도 적절한지는 각 사건의마다 다를 수 밖에 없다. 법률 전문가들도 죄가 된다, 안 된다 말하기가 어려운 이유다.

사회가 발전하고 먹고사는 문제가 어느 정도 해결되면 국가나 개인의 안전에 관한 문제이다. 안전 문제 책임은 어디까지이며, 개인의 안전과 관련하여 국가나 사회가 책임져야 할 범위는 과연 어디까지일까?

법에서는 국가, 지자체, 기업 등에 여러 가지 의무를 규정하고 있다. 따라서 안전을 위해 의무를 다해야 한다. 의무 이행을 다하지 못했을 경우 처벌 받는 것은 당연하다. 그러나 어느 정도까지 구조자가 구조과정에서 위험을 감당해야 하는지에 대한 국민의 공감대와 사회적인 여론도 반영해야 할 시점이 되었다. 재난 예방을 위해 관련 법령들도 정비해야 되겠지만, 국민 정서와 현시대에 맞는 합리적인 안전 처벌 기준도 함께 준비하는 것이 우리 사회의 숙제가 될 것이다.

행자부장관의 책임과 탄핵소추

재난 사고나 위험직종의 공직자는 법적인 이해를 돕기 위해, 앞으로 다가올 불이익에 대비 정치적인 문제와 법적인 문제의 구별 기준은 무엇인가 이해를 돕고자 법학 교수들의 견해를 정리해 본다.

대형 사건 사고 관련 고위공직자에 대한 탄핵제도는 권력의 오남용을 막기 위한 제도적 장치로서 세계 각국에서 널리 인정되고 있다. 우리나라는 독일처럼 국회에서 소추하고, 헌법재판소에서 결정한다. 국회에서는 정치적 고려에 따라 소추 여부를 결정할 수 있지만, 헌법재판소는 헌법 제65조에 따라 오직 법적 책임을 따져서 탄핵 결정을 내리는 것이다(탄핵결정은 공직으로부터 파면함에 그친다).

고려대 법학전문대학원 헌법학 J교수는 "핼러윈 참사에 대해 행자부 장관의 정치적·도의적 책임을 부인하는 것이 올바른 태도는 아니지만, 법적 책임을 묻기는 매우 어렵고, 탄핵 소추가 잘못인 법적 이유"를 이유를 이렇게 설명하고 있다(문화일보, 2023.2.10).

첫째, 핼러윈 참사는 세월호와는 달리 특정 기관이 주최하는 시설이나 행사에 참여한 것도 아니고, 이를 감독한 국가기관이 있는 것도 아닌, 일종의 길거리 사고다. 이에 대해 경찰이나 소방서 등의 법적 책임을 묻기 위해서는 충분한 예측 가능성과 회피 가능성이 인정돼야 하는데, 과연 그런지에 대해 견해 차이가 크기 때문이다.

둘째, 더욱이 이를 근거로 일선 행정기관도 아닌 중앙 부처인 행정안전부 장관의 법적 책임을 묻는다는 것은, 전국적으로 발생하는 수많은 사건·사고에 대해 언제라도 소관 장관들의 법적 책임을 물을 수 있다는 뜻이 된다. 이는 사건·사고에 미친 장관의 영향력을 따지지 않는 무리한 책임 추궁이 된다.

셋째, 탄핵 결정의 효과는 파면이다. 그렇다면 탄핵 결정의 근거가 되는 불법의 정도는 파면을 정당화시킬 정도로 중대한 것이어야 한다. 그런데 이 장관이 이태원 핼러윈 참사 발생에 직접적인 원인을 제공했는가? 아니면 사고 수습에 큰 문제를 일으켰는가?

결국, 행자부 장관에 대한 탄핵 소추는 충분한 법적 검토 없는 정치 공세로 추진된 것으로 볼 수밖에 없다.

장관 탄핵은 정치의 무능을 보여준 것이다.

서울대 정치외교학부 G교수는 대통령제 탄핵은 국회와 대통령 사이 극단적인 대립을 상징한다고 말하면서 탄핵제도를 너무 가볍게 여기는 정치권의 무능함을 지적하고 있다.

"탄핵은 대통령을 포함한 고위 공직자의 잘못을 국회가 견제하도록 제도적으로 부여한 권한이지만 예외적인 경우에 해당된다. 미국 사례에서 1789년 조지 워싱턴이 초대 대통령으로 취임한 이후 230여 년 동안 탄핵으로 물러난 대통령은 없었다. 판사 8명단이 탄핵으로 물러났고, 장관은 한 차례 이뤄졌을 뿐이다.

우리나라에서 벌써 대통령 두 명 탄핵, 한 차례 법관 탄핵, 이번에 장관 탄핵까지 벌써 네 번째 탄핵이다. 대통령에 대한 탄핵 성사 이후 정치권은 매우 무거운 탄핵제도를 쉬운 일로 생각하고 있다. 이번 장관 탄핵은 장관 한 명의 퇴진이 아니라 우리 정치 시스템의 근본적인 문제점을 보여준 것이다. 본질적으로 정치 문제를 사법부에 맡겨 최종적 결론을 얻겠다는 탄핵 시도는 정치권의 무능을 보인 것이다. (조선일보, 2023.2.13.)

고려대 법학전문대학원 K교수는 어떤 좋은 제도도 순기능과 역기능이 있다. 본래 취지는 선한 것이나 오남용 때문에 제도 자체가 불신받는 경우도 많다며 지금 대한민국의 탄핵제도가 안고 있는 '정치의 사법화'는 항상 위험을 동반한다고 한다.

"행정안전부 장관의 정치적·도의적 책임을 부인하는 것이 옳은 태도는 아니지만 이에 대해 탄핵 소추를 통해 법적 책임을 묻겠다는 것도 정상적인 문제 해결이 될 수 없다. 이 장관에 대한 국회 탄핵 소추에서 주목해야 할 점은 탄핵은 정치적·도의적 책임이 아닌 법적 책임을 묻는 제도이며 이 제도가 정치적으로 오남용되면 국가 전체의 불행한 선례가 될 수 있다는 점이다. 정치와 사법이 제 역할을 못하게 되면 양쪽 모두 혼돈에 빠질 수밖에 없기 때문이다"(서울경제, 2023.2.13.)

헌법재판소 '핼러윈 참사' 관련 행정안전부 장관 탄핵안 판결(2023.7.25.)

재판관 9명 전원 일치로 기각했다.

"헌법과 법률의 관점에서 이 장관이 재난안전법과 국가공무원법을 위반해 국민을 보호할 헌법상 의무를 다하지 못했다고 보기 어렵다.…이태원 참사는 어느 하나의 원인이나 특정인에 의해 발생·확대된 것이 아니다…각 정부 기관이 대규모 재난에 대한 통합 대응 역량을 기르지 못한 점 등이 총체적으로 작용한 결과이므로 그 책임을 피청구인에게 돌리기 어렵다"고 강조했다.

다만, 이 장관의 일부 발언에 대해 "국민의 오해를 불러일으킬 여지가 있는 것으로 부적절하다"면서도 파면을 정당화할 정도는 아니라고 판단했다. 탄핵안 기각으로 이 장관은 직무에 복귀했다. 국무위원이 재난 상황에서 최적의 판단과 대응을 하지 못했다는 이유만으로 물러나라고 할 순 없다는 것이다.

결국 "핼러윈 참사는 특정인 때문이 아니라 매뉴얼·교육 부재 등 총체적 결과"라며 이 장관에게 법률적 책임을 묻기는 어렵다고 본 것이다.

이 땅에서 대형사고만 나면 과학적이고 합리적 원인 규명과 재발 방지 대책은 뒤로 밀려나고 정치판이 벌어지는 형태도 이젠 끝나야 한다. 세월호 사고 이후 해난 사고가 오히려 더 증가했고 한다. 사고 원인이 다 밝혀졌는데, 대책은 간곳없고 없는 진상구명하느라 정치적 싸움의 장으로 변했다. 정말 중요한 안전은 사라지고 사고는 반복되고 있다.

참고문헌

1. 도서

재난관리론, 국가위기관리학회, 윤성사
안전심리, 정진우, 청문각
안전 및 재난관리의 주요이론, 오태근외 5명, 윤성사
하인리히 법칙, 김민주, 미래의 창
창조경제시대의 경영학, 최수형 외 2명, 피엔씨미디어
사람을 살리는 것은 결국 사람이다. 휴앤스토리, 송재빈
인간은 왜 제때 도망치지 못하는가, 히로세 히로타다, 민요사
바이러스 쇼크 역사(virus shock history) 최강석, 매일경제신문사)
재난인류, 송병건, 위즈덤하우스
건물이 무너지는 21가지 이유, 함인선, 글씨미디어
1995년 서울,삼풍 서울문화재단, 도서출판 동아시아
6.25동란과 트로이목마, 현대사상연구회, 인영사
대한민국근대사시리즈4, 박윤식, 도서출판 휘선
트루먼과 스탈린의 한반도 게임 비사, 조갑제, 조갑제닷컴
공산주의를 허문 8인의 결단, 조갑제, 조갑제닷컴
김일성이 일으킨 6.25전쟁, 강규형외 4, 기파랑
트루먼, 정승호, 인간사랑
김일성이 일으킨 6.25전쟁, 강규형외 4, 기파랑
미국에 당당했던 대한민국의 대통령들, 이춘근, 글마당
이승만의 삶과 국가, 오인환, 나남
일본의 가면을 벗긴다, 이승만, 비봉출판사
이승만 평전,이주영, 살림
우남 이승만 대한민국을 세우다, 이한우, 해냄출판사
독립정신, 이승만, 동서문화사
건국대통령 이승만의 생애, 안병훈, 기파랑
류성룡, 나라를 다시 만들 때가 되었나이다. 송복, 시루
이순신의 일상에서 리더십을 읽다, 김헌식, 평민사

이순신 신은 이미 준비를 마치었나이다, 김종대, 시루
이순신처럼 생각하고 리드하라, 유성은, 평단
리더십 난중일기에 묻다, 김윤태, 성안당
난세의 혁신 리더 유성룡, 이덕일, 위즈덤하우스
이순신 파워인맥, 제장명,행복한 나무
원균과 이순신, 도현신, 비봉출판사
리더라면 처칠처럼, 윤상모, 플래닛미디어
CEO히틀러와 처칠,리더십 비밀, 앤드류 로버츠지음, Human & Books,
독재자의 최후, 셜리 클라인, 도서출판 길산
어니스트 섀클턴 극한 상황 리더십(데니스 NT,퍼킨스, 뜨인돌 출판)
아문센 탐험기(R.아문센, 계몽사/종로학원)
인듀어런스(캐놀라인 알렉산더, 뜨인돌출판사)
어니스트 섀클턴(윌리엄 그릴, 찰리북)
진심은 어떻게 전해지는가, 김은성외 2명, 21세기북스
최고의 나를 만드는 공감 능력, 헬렌 리스, 리즈 네포렌트, 코리아닷컴
리더십 불변의 법칙, 존 맥스웰, 비즈니스북스
리더십 난중일기에 묻다, 김윤태, 성안당
언론홍보핸드북, 신동호, 코리아뉴스와이어
홍보도 전략이다. 장순옥, 책이 있는 마을
홍보 머리로 뛰어라, 시노자카 료이치, 월간조선사
스킨 인 더 게임 Skin in the Game 나심 니콜라스 탈레브, 비즈니스북스
재난관리론, 국가위기관리학회, 윤성사

2. 기사 및 사설

"미국서 재난에 늑장 대응했다간, 해임되거나 청문회 서야" 조선일보, 2019.4.15.
"재난은 매뉴얼대로 일어나지 않아… 노인·장애인 소방교육 강화해야", 조선일보, 2019.5.15
[이학영 칼럼] 역풍(逆風)은 축복이다, 한국경제신문, 2019.05.02.
매슬로우의 욕구단계이론, 여기에 뉴스, 2017.2.14.
러시아-우크라이나 전쟁 평가와 전망, 교훈 월간조선, 2023.2월호
[로터리] 우크라이나 사태가 한국에 주는 교훈. 서울경제 2022.5.10
[채희창칼럼] 우크라이나 사태의 교훈, 세계일보, 2022.3.7

러시아의 우크라이나 침공이 우리에게 주는 5대 교훈, 조선일보, 2022.3.1
우크라이나 사태의 교훈, MBN뉴스 2022.2.24
[기고] 우크라이나 사태의 교훈, 중앙일보 2022.3.5.
히틀러식 선동술[임용한의 전쟁사]〈255〉 동아일보, 2023.3.21.
[정치 그날엔]세월호 슬픔이 분노로…靑 재난사령탑 해명, 아시아경제, 2023.4.15
세월호 구조실패, 김석균 전 해양경찰청장 1심 무죄, 조선일보, 2021.2.15.
[김창준 칼럼]세월호와 9.11 사태, 중앙일보 2014.5.13.,
부시 3일 뉴욕 다시 방문, 연합뉴스, 2001.10.2.
부시 '추모의 날' 뉴욕방문 국난극복 호소, 동아일보, 2001.9.16.
'미국은 어쨌든 하나' 부시 기념관의 힘. 주간동아, 2013년 887호
[판결] '세월호 구조 실패' 김석균 前 해양경찰청장, 2심도 "무죄". 법률신문. 2023.2.7
[강인선 LIVE] 공감능력이 리더십이다, 조선일보, 2021.07.23.
[아무튼, 주말]오바마 대통령실 홍보라인은 어떻게 국민들을 감동시켰나,
조선일보, 2022. 8. 27.
파이어스톤, 타이어 350만개 추가 리콜, 연합뉴스, 2001.10.5.
[포드, 파이어스톤사 대립 배경] 95년 밀월관계 '펑크' 동아일보, 2001.05.23.
[이한우의 간신열전] [159] 대형 사고에 임하는 태종의 자세, 조선일보 2022.11.03.
책임의 책임, 중앙일보 2022.11.18.
[태평로] 나를 바꾸는 것이 진짜 개혁이다, 조선일보, 2022.12.07.
세월호 '전원구조 오보' KBS·MBC·MBN 책임자 '무혐의' 미디어 오늘, 2021.1.19.
서해`훼리호`백선장`생존' 보도, 미디어오늘, 1995.6.7
[사설] 9번째 민변 특검도 "세월호 의혹 근거 없다", 이제 놔줄 때 됐다, 조선일보 2021.08.11.
월간조선 2022년 12월호
'세월호 구조실패' 김석균 前해경청장 등 해경지휘부, 2심도 무죄, 이데일리, 2023.2.7.
박근혜가 해경 해체를 발표한 날, 나는 정권의 종말을 예언했다! 조갑제닷컴, 2014.5.19

[북리뷰] 초대형 참사는 작은 사고로부터, 주간경향 1074호, 2014.5.6.

[김창균 칼럼] 이태원 참사 왜 못 막았냐고 비판할 자신은 없다 2022.11.03
'핼러윈 참사' 국조 두달만에… 특조위 또 만들겠다는 민주당 2023.03.29.
이태원 참사 수습 방해하는 가짜뉴스·혐오·정략 발언, 중앙일보 2022.11.01.
소방에 칼 겨눈 경찰 "우린 보조일뿐"…전문가는 의문 들었다 [안전 국가, 길을 찾다]
중앙일보 2022.12.02.
'제천 화재참사' 전 소방 지휘팀장 징계 정직→감봉, 동아일보, 2019.7.1.
제천 화재현장 본 한국당 지도부 "박격포 쏴서라도 구했어야"? 미디어오늘, 2017.12.25.
제천화재 1년, 우리는 얼마나 달라졌나, 세계일보, 2018.12.20.
안전사고 처벌기준·전례 어떻게?…'이태원참사'가 남긴 또다른 과제, 한겨레, 2023.1.13.
이태원 '처벌'만 능사 아니다, 중앙일보, 2022.11.30
[세상만사] 재난에서 배우지 못하는 재난 2022.11.25
[시론] 공직자의 책임 2022.11.23.
[朝鮮칼럼] 탄핵 사태가 보여주는 정치의 부재와 무능, 2023.2.13
[포럼]이상민 탄핵소추가 잘못인 법적 이유, 문화일보, 2023.2.10
[시론] 혼돈 부른 탄핵소추 오남용, 서울경제, 2023.2.13
헌재, 이상민 행안부장관 탄핵 전원일치 기각, 동아일보, 2023.7.26
[사설]이상민 탄핵 기각… 野 발의 무리했지만 李 면책 아니다, 동아일보, 2023.7.26
[사설] 헌재 전원일치 기각으로 끝난 민주당의 '이상민 탄핵' 떼법, 한국경제, 2023.7.26
[사설] 李 장관 탄핵 전원 일치 기각, 거대 야당 폭주 여기서 멈춰야, 조선일보, 2023.07.26.
소설가 복거일 "이승만 걸어온 길 들여다보라, 우리 시대 어려움 하찮아 보일 것" 한국경제신문, 2023.7.30

3. 기타

[네이버 지식백과] 집단사고 [groupthink] (심리학용어사전, 2014. 4.)

박지선(경찰대학교 행정학과)
[네이버 지식백과] 매슬로 [Abraham Harold Maslow] (상담학 사전, 2016. 01.15., 김춘경, 이수연, 이윤주, 정종진, 최웅용)
[네이버 지식백과] 맥그리거의 XY이론 (경찰학사전, 2012. 11. 20., 신현기, 박억종, 안성률, 남재성, 이상열, 임준태, 조성택, 최미옥, 한형서)
경찰학사전, 책보러가기 2012. 11. 20.
[네이버 지식백과] 힐즈버러 참사(1989) (시사상식사전, pmg 지식엔진연구소) 위키백과
[네이버 지식백과] 2019년 뉴욕 대정전 (시사상식사전, pmg 지식엔진연구소)
[네이버 지식백과] 초연결 사회 [hyper-connected society, 超連結社會] (IT 용어사전, 한국정보통신기술협회)
[네이버 지식백과] 의병 운동 [義兵運動] (Basic 고교생을 위한 국사 용어사전, 2001. 12. 10., 황병석)
[네이버 지식백과] 의병 [義兵] (한국민족문화대백과, 한국학중앙연구원)
[네이버 지식백과] 조총 [鳥銃] (두산백과 두피디아, 두산백과)
[네이버 지식백과] 존슨앤존슨 타이레놀 독극물 투입 사건 (해외 성공 사례에서 배우는 리스크 커뮤니케이션 전략, 2015. 11. 1., 송해룡, 김원제, 조항민, 김찬원, 박성철)
[네이버 지식백과] 언론 대응 전략 (재난 관리 커뮤니케이션, 2016.09. 01. 최진봉)
나무위키, 서해훼리호 침몰사고
[네이버 지식백과] 서해훼리호 침몰사고(1993) (시사상식사전, pmg 지식엔진연구소)
[네이버 지식백과] 삼풍백화점붕괴사고 (한국민족문화대백과, 한국학중앙연구원)
위키백과, 대구지하철참사, 삼풍백화점 붕괴

재난에 강한 리더

순간 결정은 리더의 운명이다

1판1쇄 2023년 9월 20일

저자 송재빈
발행인 이경화

발행처 디자인21
주소 04560 서울특별시 중구 퇴계로 293-1 3층
전화 02-2269-6561(대)
팩스 02-2269-6568
e-mail 21publish@naver.com

등록번호 제1-1128호
등록일자 1991.2.12

ISBN 978-89-6131-122-9 03330

정가 18,000원

http://21publish.co.kr
https://blog.naver.com/publish21